명리 진학정보론 Ⅲ

국립중앙도서관 출판예정도서목록(CIP)

(여자대학생을 모델로 한) 명리 진학정보론 : 여자대학교 재
학생을 대상으로 연구!. 3 / 지은이: 안성재. — 서울 : 상
원문화사, 2014
    p. ;   cm

ISBN 979-11-85179-09-4 03180 : ₩27000

명리학[命理學]
진학 지도[進學指導]

188.5-KDC5
133.3-DDC21   CIP2014034210

여자대학교 학생들을 모델로 한

명리 진학정보론 Ⅲ

안
성
재

著

祥元文化社

진로에 대한 관심은 날로 증가하게 된다. 특히 진학을 준비하는 학생들이 가장 갈등하고 고민하는 내용이다. 지금도 많은 학생들이 성적에 맞추어 대학을 진학하게 되고 명문대학교를 계획하고 공부에 전념한다. 진학생의 입장에서 성적도 상위권이고 명문대학교에 입성할 수 있지만 상위 10%를 제외하고는 원하는 바대로 명문대학교에 입성하기가 어렵다.

대학은 상대평가를 통하여 T/O를 기준하고 학생을 선발하게 된다. 명문대학교에 입성한 학생들은 자신이 좋아하는 계열과 학과를 선택하여 간 경우가 대부분이라고 생각할 수 있다. 고등학교에서 열심히 공부하는 이유가 명문대학교를 들어가는 것이 1차 목표이고, 다음으로 자신이 좋아하는 분야를 전공하는 것이다.

내신 2등급이나 3등급에 해당되는 학생은 자신이 계획하고 명문대학교를 입성하기 위하여 정보 분석과 데이터를 기준하여 자신의 성적에 맞는 학과를 찾아보게 된다. 여기에는 자신이 좋아하던지 좋아하지 않던지 우선적으로 명문대학교에 입학하는 것을 우선시하기 때문이다.

필자가 출간한 책에서는 명문대학교(서울대, 경인교대)에 입성한 재학생들을 대상으로 설문조사를 실시하고 그 결과를 분석하여 책으로 출간하였고, 이번 책에서는 명문여대(이화여대) 재학생을 대상으로 분석한 자료를 출간하게 되었다. 여대생들의 격국을 통하여 진학계열 관계뿐만 아니라 통합분석을 하여 살펴보는 것으로 하였다.

일간을 기준하여 나타난 결과와 격국을 통하여 나타난 결과, 3개 대학에 대해 일간, 격국, 진학년도 그리고 설문응답을 통한 자료를 비교분석을 실시하여 진학을 준비하는 학생들에게 도움이 되도록 하였다.

본 서는 일반인이 접하기 어렵고 또한 초보 입문자들이 읽기에도 어려움이 따른다. 그러나 현재 철학원을 운영하시는 선생님들이 반영해야 할 내용들을 수록하였다. 직업 이전에 거쳐 가야 할 곳이 바로 진로이다. 진로를 결정하는 곳이 중·고등학교 과정이고 고등학교 2, 3학년은 자신이 선택한 학과를 기준하여 성적을 향상시키고 좋은 대학을 들어가기 위함이다. 교육학이나 심리학에서는 학생들의 적성이나 흥미를 많이 가진 분야를 기준하여 진로를 모색해 주고 있다.

학교 현장에서는 진학상담교사가 배치되어 진학에 대한 지도를 열정적으로 하고 있다. 그렇지만 명리교육학적인 관점에서 진학상담교사들의 진학방법에 대해 알아본 결과 낙관적인 부분보다 비관적인 부분이 더 많다는 것을 알았다.

명문대학교 대학생들의 설문응답 결과 담임이나 진학상담교사의 조언을 듣고 진학한 비율(3개 대 평균 13%)과 본인이 결정한 경우(67%)를 보면 본인이 결정한 경우가 압도적으로 많다는 것을 알았다.

이제는 명리학에서도 다양한 방법을 기준하여 진학지도에 심혈을 기울여

야 할 시기라고 판단하여 『명리 진학정보론』 『명리 진학정보론 II』를 출간
하였고, 이번에 여대생의 구조를 분석하여 진학과 관련된 내용을 출간하게
되었다.

甲午年 壬申月
학습진로상담사학회 연구실에서
統建 안성재 배상

|目次|

PART01

구성

맹키 진화정치론 Ⅲ

1
연구의 구성

대학을 진학하는데 가장 중요한 요소가 전공 선택이다. 전공과 관련하여 출간된 서적【『명리진학정보론』, 안성재, 2014)】이 있었고, 논문으로 【〈격국용신과 전공 선택과의 상관관계 연구〉, 안성재 박사논문, 2011)】 기록되어 있다.

대학을 진학하는데 있어서 명리학적 관점에서 어떻게 하면 진로에 대해 정확한 정보를 제공해 줄 수 있을까를 늘 고민하게 된다. 특히 자신의 적성을 찾아주고 적합한 학과를 안내해 주는데 명리학의 격국이나 용신뿐만 아니라 사주가 없어도 심리성격을 통하여 학과를 안내해 주는 방법을 연구하였다.

전공을 선택하는데 크게 작용하는 부분으로는 성적이다. 성적을 기준하여 가장 뛰어난 과목을 중심으로 진로를 선택하게 된다. 입시를 앞둔 고등학교 3학년은 전국학력 평가시험이나 모의고사를 통하여 점수가 높은 과목이나 내신등급이 가장 좋은 과목을 선택하여 학과를 결정하게 된다. 이렇게 과목별 성적 분포도가 확연하게 나타나는 경우는 자신의 주관과 진학상담의 멘토를 통하여 결정할 수 있지만, 전 과목이 모두 우수하여 전공과목을 선택하는 경우와 성적이 낮으면서도 과목별 고른 경우에는 학과를 선택하는데 고민을 할 수밖에 없다.

성적이 상위 10%에 해당하는 학생은 학교나 학과를 선택하는데 큰 어려움이 없겠지만 중간에 해당하는 학생은 여러 가지를 비교하여 진학을 준비하게 된다. 진학을 하는데 첫째, 적성에 맞아 진학을 하는 경우가 상위권에 해당하는 경우에 해당한다. 둘째는 성적에 맞추어 진학을 하게 된다.

과거에는 명문대학교를 졸업하면 취업이 보장되었지만, 지금은 명문대를 나와도 자신이 전공한 분야가 아니면 잘 받아주지 않는 시대에 와 있다. 그래서 학생들이 희망하는 조건이 명문대에 자신이 희망하는 학과를 들어가는 것을 가장 원하고 있다. 대학은 상대평가를 통하여 학생을 모집하기 때문에 자신이 원하는 대학을 들어가지 못하면 그다음 단계의 대학을 선택할 수밖에 없다. 그렇기 때문에 교육학에서는 외국문헌을 기준하여 심리유형을 검사하여 진로에 대한 정보를 전달해 주고 있다.

청소년기는 인생에서 가장 중요한 시기이고 한번 선택한 분야를 가지고 삶을 살아가게 된다. 청소년기에 자신이 원하는 분야로 가지 못할 경우에는 인생을 살아가면서 시행착오와 노고가 많기 때문에 조기에 자신에게 적합한 분야로 나아가도록 적성을 찾아주는 시대에 이르렀다(한국직업능력개발원).

심리학의 에니어그램에서도 심리분석을 통하여 학습유형이나 성격유형, 나아가서는 진로에 대해서도 방향을 제시해 주고 있다.

진로교육에 관한 자료를 보면 초·중등학교부터 고등학교 교과 과정에서 학생들이 방향을 정하고 나아가기 위한 정책이 나와 있다. 초등학생 시절에서 행할 내용과 중학교 과정에서 해야 할 진로교육과 고등학교 과정에서 준비해야 할 진로교육에 대해 설명하고 있다. 이처럼 유년기 시절부터 진로교육을 통하여 자신의 흥미와 적성을 조기에 찾아주고 전문성을 갖추고 사회에 참여할 때 자기 만족도나 직업의 연속성이 오래도록 지속될 수 있다고 한다(교육부 커리어 넷).

초·중등학교 진로 탐색을 살펴보면 학습의 중요성을 이해하고 다양한 방법으로 주위의 직업을 살펴보고 수집하는 능력을 갖도록 한다. 그 이유는 자신의 꿈을 이루기 위해서는 학업 성취가 필요하다는 것을 알도록 올바른 학습방법과 태도를 기르도록 한다. 그러면서도 주변에 속한 여러 가지 직업에 대해 정보를 탐색하고 수집하는 능력이 중요하다는 것을 일깨워준다. 즉, 자신의 꿈과 비전에 맞는 진로계획 수립의 중요성을 알고 간단한 진로계획을 수립하도록 알려준다.

일반 고등학교의 진로탐색을 살펴보면 첫째, 자신의 미래에 대한 진로목표가 있는가? 자신의 성격, 흥미, 적성, 강점, 가치관을 파악하고 있는가? 희망 직업, 희망 학교가 있는가? 희망 학과가 어느 계열(인문계열, 이공계열 등)인가를 파악한다. 진로계획이 세워지면 진학할 계열(인문계열 혹은 이공계열 등)을 선택하게 된다. 주요 과목에 대한 성적이 우수한가?

예를 들어 이공계열 주요 과목인 과학·수학·영어, 인문계열 주요 과목인 사회·국어·영어를 기준하여 살펴본 후 다른 계열의 성적이 더 우수한 경우는 첫째, 계열 주요 과목 성적 향상 방법 찾기. 둘째, 희망 직업과 관련 있는 직업군 탐색하기. 셋째, 성적이 우수한 다른 계열의 관련 직업군 탐색하기. 넷째, 진로 진학상담교사 신청하기를 한다(한국직업능력개발원, 커리어 넷).

진로에 대해 오랜 기간 외국에서도 고민하고 성격심리 분석을 통하여 진로와 직업에 대해 안내를 해주고 있다. 오늘날 대한민국에서도 교육제도 개선화를 통하여 자신의 적성을 조기에 발견하고 대학에 들어오도록 창구를 4단계로 구조화되어 있다. 바로 입학사정관제와 수시 1차, 수시 2차 및 정시진학을 통하여 대학을 진학하는 유형이다.

입학사정관제의 내용은 자신의 적성이나 특기가 발달된 분야를 조기에 발굴하여 입학시킨다는 훌륭한 제도이다. 이미 조기교육을 통하여 10대에 두각을 나타내고 있는 분야가 예능과 체육 분야이다. 그래서 아이가 유년기부터 예·체능으로 발달하면 예·체고로 진학하여 경쟁력을 갖추도록 하고 대학도 예·체대나 예·체능계열로 입학하여 전문성을 쌓아가게 된다.

이렇게 대학의 문은 인재를 육성하고 발굴하기 위하여 부단한 노력을 기울이고 열려 있다. 다른 분야도 이와 같이 전문성을 찾아주도록 노력해야 하는데 그 과정 중 가장 결정적인 시기는 고등학교 과정이다. 진학을 준비하는 고등학생의 경우 상위 10%를 제외한 학생들의 인식이 지금도 명문대를 더 고집하게 된다고 한다. 이제는 생각이 변화되고 여러 심리 분석 자료를 통하여 자신의 특기나 적성을 발견해야 하고 좋아하는 분야로 나아가야 한다.

명리학은 오랜 역사를 유지해오고 있지만 고전이나 문헌을 살펴보면 학과에 대한 기록이 없다. 근래에 들어 대학원에서 논문이 나오고 있으나 진학과 관련된 논문들이 아직은 적다는 것이 안타까웠다. 명리학은 인간에게 길흉화복을 예지해 주는 학문이라고 하면서 진학 문제로 고민하는 학생들에게 올바른 미래예측을 해주지 못하고 있다는 것이 너무나 아쉬워 진학에 관련하여 명리학적으로 접근해 통계를 내보았다. 『명리 진학정보론Ⅲ』에서도 명문대에 진학한 재학생을 대상으로 설문조사를 실시하여 일반적 통계 분석과 설문응답에 관한 자료를 정리하는 것으로 하였다.

명리학은 계절의 학문이고 절기의 학문이다. 계절과 절기를 주관하는 곳이 월지에 해당한다. 또한 월지는 격국을 추출하는 곳이고 내면의 성격이 지배하는 자리이며 청소년기에 해당하는 곳이다『명리상담술』, 안성재, 2012)』. 명리학에서도 성격을 기준하여 심리 분석을 실시할 수 있다고 판단하였다. 성격은 직업과 연관성이 매우 크고, 직업은 자신이 전공하는 학과를 기준하여 취업을 한다는 것을 학생들과의 면담에서 얻어낸 자료이다. 명리학에서도 다중지능이론과 같이 성격 심리 분석을 통하여 진로에 대한 정보를 제공해 줄 수 있다고 판단되어 연구한 자료를 본 서에 수록하였다.

선행연구 자료에서 나타난 내용을 보면 명리학으로도 진학에 관련된 정보를 제공해 줄 수 있다고 언급하였다[홍재관 외 『명리 진학정보론』, 2014)]. 진학과 관련하여 격국을 기준하여 진학에 대해 분석을 한 경우와 월지를 기준하여 분석하는 경우가 있었다.

그 외에도 본 서에서 연구하려는 내용이 선행연구 자료에 나타났다 (앞의 책). 학생들이 대학을 진학하는 과정이 고등학교에 해당한다. 교과 과정에서 담임들의 역할이나 진학상담교사들의 역할이 학생들에게 제대로 이루어지지 않고 있는 것으로 나타났다.

『명리 진학정보론 III』에서는 실제 명문여대에 진학한 학생들을 대상으로 설문조사를 실시하여 선행연구 이론에 대한 내용을 검증하는 것으로 하였다. 여대생들은 어느 계열로 진학을 많이 하였는가를 생년, 월, 일, 시를 기준하여 검증하는 것으로 하였다. 앞으로 대학을 준비하는 학생이나 유년기부터 고등학생에 이르기까지 자신의 적성을 조기에 찾아 그 분야로 전문성을 가져야 할 것이라 생각하였다.

현대의 시기를 하원갑자의 시대라 하기도 하고 여성들이 사회 진출에 더 많은 참여를 하고 있다. 이러한 현실에서 자신의 적성을 찾기가 쉽지 않기 때문에 여성들은 학부과정이 끝나고 일시적으로 직장생활을 하다 좋은 배우자를 만나 가정생활에 충실하려는 성향이 강했다. 현대에 와서는 현모양처보다는 자신의 전문성을 살려 경제적 창출을 하려는 의욕이 강하다는 것을 면담을 통해 알게 되었다. 지금은 많은 여성들이 당당하게 사회 진출을 하고 있으며, 다양한 분야에서 CEO 역할을 하고 있다는 것은 여성들이 사회활동을 지속적으로 증가하고 있다는 것을 알 수 있다.

학과는 곧 미래의 직업과 연관성이 있다고 하였다. 학생들은 자신이 전공한 학과로 직업을 가질 것인지에 대한 결과를 살펴보려고 한다. 2011년도 노동부 기준에 의하면 고학력 비경제 활동인구가 300만 명의 시대라고 하였다. 그 이유 중 하나가 전공 불일치이기 때문이라고 한다. 자신이 전공한 분야로 직업을 가질 것인지에 대한 결과를 분석하려고 한다〔『명리 진학정보론Ⅱ』, 안성재, 2014)〕.

이제는 전문화 시대이고 여성들도 자신의 고급인력을 사회에 기여하는 시대이다. 그러기 위해서는 대학을 진학하는 과정부터 면밀하게 자신의 적성을 발견하고 전문성을 개발해 가야 한다. 명문여대를 진학한 학생들을 대상으로 성격분석을 실시하고, 성격과 전공 선택과는 어떤 관계성을 갖고 있는지 연구하였다.

명문여대에 진학한 학생들의 설문응답을 기준하여 명리학적으로 다음과 같은 문제를 연구하여 본 서에 정리하였다.

1 생년, 월, 일, 시에 의한 자료

❶ 일간을 기준하여 가장 진학률이 높은 일간은 어느 일간인가?

❷ 격국을 기준하여 진학률이 가장 높은 격국은 무엇인가?

❸ 격국과 계열관계에서 진학률이 높은 계열은 있는가?

❹ 격국과 진학년도에서 어느 십성일 때 유리하였는가?

❺ 3개 계열에서는 어느 격국이 높았는가?

❻ 6개 계열에서는 어느 격국이 높았는가?

■ 일간과 계열관계에 대해 선행연구[『명리 진학정보론 I.II』]된 자료와 비교 분석을 실시한다.

■ 격국도 마찬가지로 계열관계를 분석하고 가장 진학률이 높은 격국과 가장 진학률이 낮은 격국은 어느 것인가에 대해 표, 그림을 통해 연구한다.

2 설문응답을 기준한 자료

❶ 담임 및 상담교사, 본인의 역할 중 어느 것이 진학에 많이 반영되었는가?

❷ 자신이 처음 희망한 계열로 진학하였는가?

❸ 대학 진학시 학교와 학과 중 어느 것을 더 중요시하였나?

❹ 전공 선택 방법으로는 어떻게 결정하였나?

❺ 입학사정관제와 수시 1차, 2차 진학률과 정시 진학률은 어느 정도 되는가?

❻ 명문대학교에 많이 진학한 경우는 어느 일간인가?

■ 여기서도 선행연구된 내용 외에도 3개 대를 기준하여 통합 통계를 내고 검증하여 독자들이 더 많은 진학정보를 알 수 있도록 하였다.

③ 미래예측학적 문항

❶ 자신이 전공하는 분야로 직업을 갖겠는가?

❷ 직업을 갖는다면 어느 분야로 계획을 하고 있는가?

④ 통합 데이터 자료

❶ 3개 대학을 통합 분석하여 비교분석을 실시한다.

❷ 설문 문항에 대해서도 비교분석을 실시한다.

❸ 격국과 계열에 대한 비교분석을 실시한다.

⑤ 격국별 사례를 밝혀본다

❶ 30개의 사례를 나열하였다.

⑥ 대학에서 수업이 진행되는 계열과 대학에 대해 안내한다

⑦ 성격을 알면 진로가 보인다

〈PART 13 ❶ 적성검사와 진로〉 참조

2
연구의 필요성

진학에 관하여 통계분석을 실시한 자료가 논문으로 나온 경우가 미미하다는 것을 알았다. 명리학은 인간에게 꿈과 희망을 심어주는 학문이며 길흉화복을 전달하는 학문이라 하고 있다. 다양한 분야에서 이정표 역할을 하고 있지만, 청소년기에 해당하는 학생들에게 꿈과 희망을 심어주기 위해서는 자신들이 목표하는 방향으로 나아가도록 안내를 해주는 역할이 필요하다고 느꼈다.

대학에서는 인재를 발굴하고 양성하기 위하여 입시전형이 다양하게 구성되어 있다. 입학사정관제나 수시 1차, 2차를 통하여 진학할 수 있도록 개방하였다. 그렇지만 대학을 진학하는 교육과정을 보면 성적을 위주로 진학하기 때문에 진학을 준비하는 학생들은 항상 고민을 하게된다.

시대가 변하고 학생들의 인식도 변화되면서 자신이 선택하는 학과를 졸업하고, 졸업 후에는 곧바로 직업으로 전환하려고 하는 성향이 지배적이라는 것이다. 그만큼 자신의 전문성을 갖추고 사회에 기여하려는 움직임이 각 대학이나 기업에서 요구하고 있다. 학교 현장에서는 학력평가시험이나 전국모의고사를 실시하여 나온 결과를 기준으로 진로를 결정하게 된다. 또한 교육학의 성격분석이나 심리학의 심리분석을 토대로 자신의 진로를 선택하기도 한다.

명리학에서도 표면적인 성격과 내면적인 성격으로 구분하게 되고 내면의 성격은 직업과 관계성을 갖게 된다. 직업은 학과와 관계성을 지니고 있어 이번 책에서는 성격을 기준하여 계열에 대해 분석하여 그 결과를 도출하려고 하였다.

성격의 유형을 10개 항목으로 분류하고 계열을 9개로 나누어 해당되는 성격과 계열관계를 살펴보려고 한다. 그만큼 성격이 지닌 특성이 직업을 선택하는 것과 연관성이 크기 때문이고 직업 이전에 우선시하는 내용이 진로이다. 이 책에서는 진로에 대해 명리학의 격국을 기준하여 연구하였다.

특히 여자대학교를 지원하는 학생들의 구조를 분석하여 결과가 나오게 되면 여자대학교로 진학을 준비하는 여학생에게 많은 도움이 될 것이라 판단하였다.

3
연구의 목적

진학을 준비하는 학생들에게 자신에게 적합한 계열과 학과를 선택하는데 도움이 되면 좋겠다는 생각을 늘 해 왔다. 필자의 자녀가 대학을 준비하는 과정을 보면 부모로서 무엇을 어떻게 도와주어야 하는지 답답하기만 하고 조언을 해주어도 자녀가 지향하는 것과는 너무 대조적이었다. 담임이나 진학상담교사를 통하여 진학상담을 해봐도 결과적으로 성적이 가장 우수한 과목을 선택하여 진학정보를 해주고 있다.

이 과정에서 필자의 자녀가 생각하는 것과 진학상담을 받는 필자 자녀와의 공간 속에서 부모의 역할이 너무도 미약하다는 사실을 알았다. 초등학교에서 고등학교를 거치면서 성격심리 검사도 여러 번 해보았지만 대학을 진학하는 과정에서는 성적을 기준하여 학교를 선택하는 것이 현실이었다.

그러면서 고민한 것이 통계분석을 통하여 보다 검증된 자료를 기준하여 상담을 해주면 자녀들이 직업을 갖고 살아가는데 시행착오를 줄일 수 있다고 판단하였다. 그 과정에서 명리학에서도 성격을 분석하는 내용을 접하면서 성격심리 분석을 통하여 계열과의 관계성을 발견하게 되었다. 선행연구된 이론서를 중심으로 필자의 자녀에게 적용한 결과 유의미한 관계로 구성되어 있다는 것을 알게 되었고 주변에 있는 재학생들을 대상으로 상담을 해주고 반응을 살펴본 결과 학생들의 반응이 매우 만족스럽게 생각하고 정확성이 높다는 의견을 제시하였다.

자료를 수집하기 위해 명문대학교에 재학 중인 ○○여대를 방문하여 설문조사를 실시하고 그 결과를 도출하였다. 아직까지 명리학에서는 성격심리를 기준하여 계열이나 학과 안내에 대한 정보가 미흡하였다. 선행 논문에서는 성격과 직업에 대한 자료가 있었으나 성격과 학과에 대한 자료가 전무하다는 것을 알았다.

성격은 곧 직업과 연관성이 매우 크고 직업은 자신이 전공한 학과와 밀접성이 크다는 것을 알게 되어 재학생을 대상으로 설문조사를 실시하고 그 결과를 알고자 하였다.

앞으로 진학을 준비하는 학생들에게 많은 조언과 역할을 할 수 있으며, 꿈과 희망을 주는데 목적을 두고 연구하였다.

4
연구의 제한

    본 연구에서는 여자대학교에 재학 중인 학생을 대상으로 설문조사를 실시하고 응답한 자료를 기준하여 결과를 도출하였다.

- 설문조사는 명문대학교(E대) 1개 대학에 제한하였다.
- 설문조사 기간을 종강 후 학교에 나와 공부하는 학생을 대상으로 하며 토요일과 일요일에 실시하는 것으로 하였다.
- 남녀공학에 해당하는 학교는 제한을 두었다.
- 서울에 속한 대학에 제한을 두었다.
- 학년에 관계없이 설문응답을 받는 것으로 하였다.
- 다른 대학에 속한 학생이 설문응답을 한 경우는 제외하는 것으로 하였다.
- 각 계열별 인원을 정하지 않고 도서관을 이용하는 학생을 대상으로 하였다.

5
연구의 정의

▮ 설문조사 실시 방법

이화여대를 대상으로 종강이 된 후 계절학기를 맞이하는 7월 중 토요일과 일요일 이틀간에 걸쳐 설문조사를 실시하는 것으로 하였다. 오전 10시부터 오후 6시까지 설문조사를 실시한 인원에 대해 연구하는 것으로 하였다. 당초 계획을 350부를 받는 것으로 목표를 정하고 실시하였다. 이 중 7명이 설문을 무응답으로 제출하여 총 343명을 대상으로 연구하였다.

회수한 설문지를 기준하여 생년, 월, 일, 시를 구성하고 자료를 추출한다.

❶ 일간을 분석하여 어느 일간이 많았는가?
❷ 일간과 진학계열에 대해 연구한다.

❸ 일간을 기준하여 격국을 분석.

❹ 격국을 분석하여 어느 격국이 많았는가?

❺ 격국과 진학계열과의 관계 분석.

❻ 설문 문항에 의한 자료 분석.

② 격국을 정하는 방법

격국은 품격·인격·성품·직업과 관계성을 갖고 있다. 옛 속담에 "될 성싶은 나무는 떡잎부터 알아본다"고 하였다. 왜 이런 속담이 나왔을까 고민해 보면, 어려서부터 인성이나 행동, 성격을 보고 판단을 하였던 것 같다. 그만큼 어려서부터 행동하는 모습이나 실천하는 모습을 보고 어른들이 나눈 대화이다. 과거에는 장군감이라는 말을 많이 썼다. 명예를 중시하는 시대였다.

격국은 1세부터 30세 이전에 형성되고 그 길로 나아가게 된다. 격국은 명리학에서 정하는 방법이 월지를 기준하게 된다. 월지에서 투간된 것을 정하는 것이 일반적이지만 본 서에서는 월지 지장간 중 자신의 본기를 격국으로 취하게 된다.

격국을 정하는 방법은 자신의 생일을 기준하여 과거 절기까지 일수를 계산하면 잔여일수가 나오게 된다. 잔여일수가 초기·중기·정기 중 해당하는 것이 격국이고 내면의 성격에 해당한다.

격국은 직업과 관계성이 있고 직업 이전에 진행되는 과정이 진로이다. 즉, 자신이 어느 방향으로 직업을 가지면 좋다라는 예측을 해주는 것이 격국이며 해당 방향으로 진로를 안내해 주는 것도 격국이다.

③ 에너지(氣) 분석 방법

에너지는 12운성을 기준하여 판단하게 된다. 많은 학자들이 용신에 무게를 두고 있는데 진학에서는 용신이 크게 작용하지 않았다. 또한 신약구조든 신강구조든 진학을 하는 데는 영향을 미치지 않았다. 그러나 에너지는 기(氣)에 해당되고 이를 자신감, 긍정성, 적극성으로 받아들이기 때문에 노력을 하려는 성향이 강하게 작용하게 된다. 반대로 에너지가 하락을 할 때 의욕감소, 소극적, 부정적 사고를 지배하게 되어 자신이 목적하는 방향에서 수정하거나 변동을 하는 경우가 많다는 것을 검증하였다.

에너지를 판단하는 곳은 일간과 둘째 대운, 그리고 진학년도의 관계를 분석하게 된다.

대운은 첫째 대운과 둘째 대운의 관계에서 상승하는 경우와 하락하는 경우로 분류할 수 있다. 상승할 때에는 의욕이 증가하고 '하면 된다' 라는 긍정적 요소를 갖고 실천을 하게 되지만 에너지가 하락하면 의욕이 감소하거나 자신이 공부하면서 반문을 하게 된다. 즉, 생각의 차이가 행동으로 실천하느냐 하지 않느냐와 관계성을 갖고 있다.

세운도 전년도 대비 진학년도가 상승하는가를 진학년도와 익년도를 비교하여 살피게 된다. 전년도보다 에너지가 상승하면 성적이 향상되거나 노력을 더 많이 하게 되지만, 에너지가 하락하면 공부를 하면서도 자신감이 약해지거나 의구심을 갖게 된다. 생각이 소심해지고 자신감이 약해지면 어느 과목을 공부하더라도 집중력이 약해지고 실천이 잘 안 된다. 에너지는 생각, 실천, 자신감 등과 연관성이 크므로 전년도보다 진학년도의 에너지가 상승할 때 목적 실현이 더 잘된다는 것을 알 수 있었다. 반대로 전년도보다 에너지가 하락하면 자신이 원하는 학과보다는 계열을 변동하여 진학하는 비율이 높다는 것을 알았다.

에너지는 신강과 신약을 논하기 위한 것이 아니고 긍정적인 마인드와 부정적인 마인드를 지니고 공부를 하는가에 초점을 맞추고 연구하였다.

본 서는 진학생들을 위한 연구 자료이다.

6
연구의 기대 효과

앞으로 여자대학교를 진학하거나 일반대학에 진학할 때 여학생들이 유리한 계열과 학과에 대한 정보를 제공해 줄 수 있다고 판단하였다. 월지가 지닌 특성을 기준하여 진학에 관한 정보를 진학생들이 반영해야 할 내용이다.

진학에 관한 정보를 전달해 주는 과정을 보면 주로 외국문헌을 기준하여 심리분석이나 성격유형을 가지고 판단하거나 가장 성적이 우수한 교과목을 중심으로 진로를 결정하게 된다. 그러면서도 설문조사를 실시하여 나온 결과에 대해 검증하는 문제에서는 아직 어떠한 분야든 결과를 내놓을 수 없다는 것이다.

그 이유는 교차분석 또는 비교분석을 실시해야 하는데 그렇게 하려면 몇 년이 지나야 하고 재차 설문을 받기가 어렵다. 가령 중학생 시절에 적성검사를 실시하고 나타난 결과에 대해 조사기관이 대학에 들어

가는 시기에 해당 학생들에게 재차 설문을 실시하기 어렵다는 것이다. 그렇기 때문에 유사한 성격유형을 분석하기 위해 대학 재학생을 기준 하여 설문조사를 분석하게 된다. 때문에 어느 학과가 적성에 맞을 수 있다는 상담 방법은 제시형으로 정보를 제공할 수밖에 없다.

명리학에서는 보다 현실적이고 구체적으로 검증을 하기 위하여 대학 에 재학 중인 학생을 대상으로 적성검사를 실시하였고, 고등학교 3학 년에 해당하는 학생을 집단으로 설문조사를 실시하고 이듬해 2차 설문 조사를 실시하여 결과를 도출하였다.

또한 심리구조를 분석하기 위하여 명문대 7개 대학에 재학 중인 학 생들을 대상으로 분석한 자료와 본 책에 나열하는 명문대 3개 대학을 통하여 나타난 결과를 게재하게 되었다. 특히 여자대학교에 해당하는 경우의 심리분석과 지능구조 분석을 통하여 입시를 준비하는 학생들에 게 유익한 정보를 전달해 주기 위함이다.

일간과 계열관계 뿐만 아니라 격국과 계열에 대해서도 비교분석을 통하여 정보를 제공하려고 하며 설문응답을 받은 내용을 대상으로 연 구한 자료를 밝혀 보았다.

진학상담과 관련하여 명리학에서 나타난 내용을 토대로 진학상담법 과 인연이 되는 대학명 예측과 자신의 적성에 대한 지능구조에 대해 전달해 주며 내재되어 있는 성격을 정확하게 알려주어 진학에 많은 도 움이 되도록 안내하려고 한다.

그리고 성격심리 분석을 통하여 발달된 지능구조에 대해 수록하고 학생의 성격분석을 통하여 진학 안내를 해주는 시대에 접어들었음을 연구한 자료를 게재하였다.

이제는 교과 과정에서 진학상담을 해주는 담임이나 진학상담교사들이 진로상담 지도사로서의 역할을 올바르게 할 수 있는 시대에 접어들었다. 즉, 사주를 몰라도 진학에 대해 정보를 전달해 줄 수 있으며 직접 상담에 임한 학생을 대상으로 검증을 실시해 볼 수 있게 되었다. 이러한 자료를 3~5년 모아 자신의 학술논문으로도 가능할 수 있다.

담임이나 진학상담교사들은 매년 학생들이 대학에 진학한 내용을 알 수 있다. 이러한 자료를 기준하여 계열뿐만 아니라 대학명까지 제공할 수 있으며, 통계분석을 실시할 수 있는 좋은 기회가 오게 될 것이다. 상담과 검증을 할 수 있는 유일한 방법이라는 것을 교육자들은 알게 된다.

필자는 앞으로 각 고등학교를 방문하여 교사 및 진학상담교사 그리고 학부모를 대상으로 진로에 관한 강의를 진행할 예정이며 그 기대효과가 많은 사람들에게 꿈과 희망을 전달해 줄 수 있다고 확신하였다.

맹구 진화정보론 III

PART**02**

교
육
학
론

맹귀 진화 정보론 Ⅲ

1

교육 과정

1 일반고등학교 교육 목표

진로와 관련된 교육 정책을 살펴보면 구체적이고 체계적인 목표를 정하고 시행하고 있다. 일반고의 진로탐색과 진로에 대한 계획에 대해 나열하였다(교육부).

진로 과정에 있어서 첫째, 교육 기회의 탐색과 둘째, 직업정보의 탐색으로 분류할 수 있다. 셋째, 진로 계획에 있어서는 진로의사 결정과 능력을 개발해야 한다. 넷째, 진로 계획과 준비를 해야 하는 과정을 일반고등학교에서 실시하고 있다.

첫째, 교육 기회의 탐색방법으로는 구체적인 노력을 해야 한다.

❶ 학업성취를 하기 위해서는 자신의 진로에 대한 학습의 중요성을 알고

성취 수준을 높이기 위해 지속적인 노력을 해야 한다.

❷ 성취 수준이 낮을 때에는 포기하지 말고 끈기 있게 실천해야 한다.

❸ 고등교육기관의 다양한 유형과 특성을 구체적으로 탐색해야 한다.

❹ 대학의 전공계열 및 학과 정보, 그리고 여러 대학의 입학전형 방법을 파악하고 분석할 수 있다.

❺ 지속적인 진로개발을 위해 다양한 학습의 기회를 분석·평가하여 자신의 진로개발과의 연계성을 설명할 수 있다.

둘째, 직업정보의 탐색으로는 희망 직업이 구체적인 특성을 파악한다.

❶ 여러 경로를 통해 희망 직업에 관련한 다양한 정보를 수집할 수 있다.

❷ 수집한 정보를 분석하고 평가하여 희망 직업이 갖는 구체적인 특성을 파악할 수 있다.

❸ 희망 직업의 직업 경로, 학업 및 자격을 구체적으로 파악한다.

❹ 다양한 정보원을 통해 희망 직업의 경로 및 자격과 관련한 교육·훈련 방안을 탐색할 수 있다.

❺ 희망 직업의 직업 경로, 학업 및 자격을 구체적으로 설명할 수 있다.

셋째, 진로 계획에 있어서는 진로의사 결정과 능력을 개발해야 한다.

❶ 자신의 진로의사 결정 방식을 분석·평가한다.

❷ 자신의 진로의사 결정 방법을 합리적으로 평가하고 수정할 수 있다.

❸ 자신의 진로 장벽 및 갈등 요인을 파악할 수 있다.

❹ 진로 장벽의 해결 방안을 탐색하여 자신의 진로의사 결정에 반영할 수 있다.

넷째, 진로 계획과 준비해야 하는 과정을 일반고에서 실시하고 있다.

❶ 자신의 진로계획에 따라 단계별 세부과제를 설정하여 실천할 수 있다.

❷ 진로계획의 문제점을 재평가하고 수정할 때에도 결과보다 과정이 중요함을 인식하고 실패에서도 배우는 태도를 가질 수 있다.

❸ 진로계획의 목표와 관련된 대학, 학과, 전공을 선택하고 준비할 수 있다.

❹ 희망하는 대학의 입학전형 방법에 맞추어 적절하게 준비할 수 있다.

❺ 장기 진로계획의 목표와 관련된 기초적인 취업 역량을 기르도록 노력할 수 있다.

❻ 개인 및 직업세계의 변화를 검토하여 자신의 진로계획을 재평가하고 수정할 수 있다(교육부 일반고 교육).

2
특성화고 교육 목표

첫째, 자아 이해 및 긍정적 자아개념을 형성

자아 존중감을 갖고 스스로를 돌보는 능력을 향상시킨다. 자기 관리 능력을 갖고 생활에 적용할 수 있다. 자신의 장단점과 능력을 평가하고 향상시키려고 노력한다. 자기 평가와 타인 평가를 종합하여 자신의 장단점과 능력을 평가할 수 있다. 자신의 장점을 발전시키고, 단점을 보완하는 방법을 찾아 노력할 수 있다. 자신의 꿈과 비전을 진로와 연결시킨다. 자신의 비전과 희망 직업과의 관계를 설명할 수 있다.

둘째, 대인관계 및 의사소통 역량 개발

자신의 대인관계 능력을 평가하고 발전시킨다. 친구·가족·지인을 대하는 자신의 태도를 성찰하고, 부족한 측면을 개선할 수 있다. 협동 과제 수행 등에서 타인과 협동하고 존중하는 태도를 유지할 수 있다.

현장실습 상황에서 다른 사람들과 원만한 관계를 맺을 수 있다. 상황 (사적 대화, 발표, 회의 등)에 맞는 적절한 의사소통을 할 수 있다. 현장실습에서 자신의 의견을 명확히 제시할 수 있고, 타인과 의견을 조율할 수 있다.

셋째, 일과 직업의 이해

직업세계의 변화와 자신의 진로와의 연계성을 파악한다. 미래사회의 변화에 따라 자신의 전공 변화를 예측할 수 있다. 일과 직업세계의 변화에 대해 관심과 능동적인 태도를 가질 수 있다. 사회가 필요로 하는 새로운 직업을 상상할 수 있다.

넷째, 건강한 직업의식 형성

자신의 희망 직업에서 요구되는 직업윤리와 그 중요성에 대해 설명할 수 있다. 직장에서 요구되는 책임감과 예의를 이해하고 설명할 수 있다. 근로자들의 구체적인 권리를 이해하고 정당한 대우의 중요성에 대하여 설명할 수 있다. 직업에 대한 자신의 고정관념을 성찰하고 개선하기 위해 노력한다. 자신의 직업에 대한 고정관념을 인식하고 이를 극복하기 위해 적극적으로 노력할 수 있다. 현장실습 상황에서 직업에 대한 고정관념이나 편견을 찾아낼 수 있다(교육부 특성화고편).

3
학교 현장에서의 진학상담

　고등학교에서 실제 진로와 관련된 진학상담[1]이 어떻게 이루어지고 있는가에 대해 살펴본 결과 학급담임이 진로지도를 실시하는 과정과 진학상담교사가 구체적으로 어떤 방법으로 진학지도를 실시하고 있는지 그 과정에 대해 살펴보았다.

학교 현장 진로상담

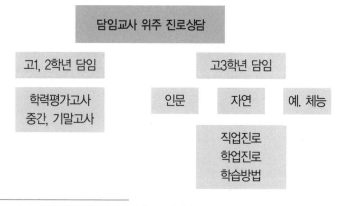

---

1) 연두석(2013), "리포트자료", 국제문화대학원대학교 미래전략학 석사.

▌1 학급담임 교사의 진학상담

학급담임 교사도 고등학교1, 2학년 과정과 고3의 담임교사의 진학 상담이 이루어지는 과정에 대해 살펴보았다.

(1) 고등학교1, 2학년을 대상으로 한 담임교사의 진학상담

매년 학기초와 학기말 그리고 전국 학력모의고사를 실시하고 여기에서 나온 결과를 기준하여 진학에 대한 상담이 이루어지게 된다. 주로 성적을 중심으로 가장 결과가 좋은 과목을 기준으로 상담이 진행되며, 학생들은 고등학교에서 홀랜드이론에 의한 성격검사를 실시하고 그 결과지를 참고하여 담임은 제시를 하게 된다. 이 중 가장 진학상담을 많이 실시하는 경우는 첫 번째 모의고사를 실시하고 나온 결과를 학생과 학부모가 참여하여 실시하게 된다.

(2) 3학년 담임교사의 진학상담

3학년인 경우는 주기적으로 실시하고 있다. 매 학기초와 모의고사 결과지를 받은 직후에 실시하는 경우가 많고, 성적에 의한 상담이 주를 이룬다. 의무적으로 세 번을 상담하게 되며, 교육과정평가원의 시험이 6월과 9월 사이 실시되며 그 결과에 의하여 학부모와 함께 면담이 이루어진다.

(3) 교과 담당교사의 진학상담

가. 인문(人文)계열과 자연(自然)계열의 교과 담당교사로 나뉘며, 자기 반 학생뿐만 아니라 수업에 참여하는 학생을 대상으로 수시로 교과

에 관련된 최신 동향이나 추세와 도움이 될 만한 직업진로와 학업진로, 학습방법에 대해 상담을 실시한다.

나. 예·체능계열의 교과 담당교사의 경우는 3년간 꾸준한 지도(指導)를 받으며, 수시로 자신의 특기와 적성을 파악한 후 진학에 대한 조언과 지도를 한다.

(4) 진학상담교사의 역할

가. 진학담당 부서의 상담 방법으로는 1학년부터 3학년까지 전 학생을 대상으로 하며 주기별로 필요한 내용과 계획을 세워 수시로 권장하게 된다. 특히 모의고사 결과를 분석하여 본인의 성적 추이(推移)를 알아가며 성적 및 대학 합격 여부를 연도별로 통계를 낸 자료를 제시한다. 또한 상위권 학생에 대한 진학지도는 별도로 추진하며, 그 상황에 맞는 정보를 제공한다. 전국 학력평가시험 결과에 의하여 학교에서는 스크린상담이라는 것을 실시하며 입시담당 교사와 학부모가 함께 진학상담을 받게 된다.

나. 학교 정보뿐만 아니라 외부 전문 진학상담가를 초빙하여 진학 설명회를 개최하여 최근의 중요한 정보를 학생들이 인식하도록 하고 있다. 그 이유는 각 대학마다 학생을 선별하는 방법이 다양하여 학교 담임, 상담교사뿐만 아니라 학생들도 정보를 접해야 진학에 많은 도움이 되고 있다. 최근에는 많은 학교들이 외부전문가를 초빙하여 진학과 관련된 내용을 많이 접하고 있으며, 학생들의 호응도 매우 좋은 것으로 나타났다.

다. 논술 전문가에 의한 진학지도를 실시하기도 한다. 주로 외부에서

초빙하여 다양한 주제를 접해 볼 수 있는 기회를 마련해 보고자 노력하고 있다. 학교 현장에서 현직교사의 수업과 외부 초빙을 통하여 논술지도 및 진학정보에 대한 자료를 얻게 된다.

위 내용은 학교 현장에서 이루어지고 있으며, 진로·진학상담의 형태이다. 학교에서는 주기적 또는 수시로 학생이 필요할 때 상담이 이루어지고 있지만 어려움도 많다. 자신의 성적뿐만 아니라 적성에 맞는 학과를 선택하는 학생이 점차 증가하고 있지만 아직도 시험 점수대에 맞추어 진학을 결정하는 학생이 많은 것도 사실이다. 자신의 성적은 물론 적성과 특기, 흥미를 고려한 진학이 이루어진다면 진정한 진로교육이 성립될 수 있다고 본다(권상도, 국제문화대학원대학교, 박사논문, 2013).

효율적 학습시간 관리

효율적인 학습이 이루어지는 시간을 활용하는 방안에 대해서도 많은 연구가 이루어지고 있다. 방과 후 효율적인 시간을 어떻게 사용해야 성 공할 수 있는가를 고민하게 된다. 시간의 의미와 철학에 관하여 일깨워 준 학자가 있다. 〈The Execu-Time News Letter〉의 발행자인 미국인 Laurren R Januz가 밝힌 내용을 게재한다.

▮ 창의적인 시간 활용과 자기 점검

보다 효과적인 시간 관리[2]를 원하는 경우에는 적극적인 수단을 제시 하는데 자신이 실행에 옮기는 것이 중요하다. 실행에 옮길 수 있는 독 특하고 실제적인 방법에 대해 일곱 가지로 요약하였다.

---

2) 이승영, 『시간을 창조하라』, 유나이티드컨설팅, 1994), P.16~17

가. 단기적인 계획과 장기적인 계획을 수립한다.

나. 교과 과정에서의 시간과 하루 일과의 체계적 운영.

다. 친구 및 가족들과의 효율적인 인간관계.

라. 통신기기의 폭넓은 이용.

마. 자신의 발전에 도움이 될 수 있는 스터디 운영.

바. 시간을 능률적으로 사용할 수 있는 자료나 서비스 이용.

사. 스트레스를 피하고 가급적 여유 시간에 스트레칭이나 운동, 사색, 동아리 모임 등 즐거운 활동에 사용할 수 있는 시간을 증대한다.

2 시간 관리의 효율성

시간을 활용하는데 있어서 고려해야 할 내용이 유형에 따라 달라진다. 아침형과 저녁(한밤중)형으로 분류하여 살펴볼 수 있다.

아침형은 하루를 시작할 준비를 하게 된다. 이런 경우 학생은 새벽에 일어나 공부를 하거나 복습을 하게 되면 집중력이 높아지고 효율적[3]인 공부가 이루어지게 된다. 그리고 늦은 오후가 되면서 에너지가 감소하고 집중력이 약화된다. 반면에 저녁형인 경우는 새벽이나 아침에는 집중력이 약화되고 의욕이 감소하여 학습이나 공부가 제대로 이루어지지 못하지만 저녁이 되면서 에너지가 생성되고 집중력이 높아지게 된다.

자신의 유형이 학습에 미치는 정도가 극명하게 나뉘게 된다. 이러한 사실을 본인이 모르면 효율적인 시간을 낭비하게 되고 공부를 해도 결과가 약하게 작용한다.

---

3) 안성재, 「사주와 학습시간과의 상관 관계」, 국제문화대학원대학교 석사학위논문, 2006. 53~58

(1) 시간 관리 체계적 접근

가. 목표 설정의 시작

목표를 정하고 계획을 수립하려면 충분한 시간을 갖고 지킬 수 있는 계획을 만들고 실천해야 한다. 먼저 1주일이면 1주일 내에 실천할 수 있는 계획을 세우고 시작한다. 그런 후에 한 달, 1년의 계획을 세우고 이것이 습관화되고 지켜지게 되면 장기적인 계획을 세우게 된다.

나. 앞을 내다보고 그다음으로 뒤를 돌아보라

심리학자들에 의하면 개인의 전기나 자서전을 쓰기 위해서는 살아온 발자취나 중요한 사건, 사고에 대해 표면화함으로 미래를 계획하는 데 필요한 기본적 원리를 얻을 수 있다고 한다. 삶을 돌이켜 볼 때 자신이 살아온 과정에서의 특성이나 가치 기준을 여러 가지 단계를 걸쳐 드러난 심리상태 등을 기억하고 기록하게 된다.

인생을 살면서 긍정적인 요소들과 부정적인 요소들로 구성되어 있게 된다. 미래를 구상하고 실천하기에 앞서 자신의 과거에서 부정적인 요소들을 다시 전철을 밟지 않으려 할 것이다. 앞을 내다보며 진보된 삶을 영위하기 위해서는 계획을 세워 실천하는 것이 곧 목표를 실현하게 된다.

다. 도표를 많이 활용하고 말은 적게 하라

자신이 계획하고 구상한 스케줄에 맞추어 실행하는 것이 가장 관건이다. 아무리 좋은 계획이라도 실천하지 않으면 무용지물이 될 수밖에 없다는 것이다. 아이디어를 도표화하여 실천하도록 권장한다. 그렇게 되면 생각하지 못했던 내용들을 살펴보게 되고 비교하면서 실행을 하게 된다.

목표를 달성하기 위한 단계별 대조표와 각각의 행위에 책임지는 노력이 자신을 성공의 길로 나아가는 데 매우 중요한 역할을 하게 된다.

라. 성취 가능한 목표를 세워라

성과를 올리기 위하여 각자가 부단한 노력을 하게 되지만 너무 무리하거나 지키지 못할 계획은 뜬구름과 같으므로 지킬 수 있는 범위를 갖고 목표를 정해야 한다. 가령 하루에 6개 과목을 공부하더라도 6개 과목에 대해 매일 복습이나 예습을 한다는 것은 바람직하지 않게 된다. 이런 경우 하루에 2과목씩 나누어 한다거나 가장 성적이 부족한 교과목을 먼저 공부를 한다거나 하여 성취 가능한 목표를 세워야 한다.

5
문헌 이론

① 다중지능 이론

지능 이론은 다양한 접근에서 많은 학문적 연구가 논의되고 진행되어 왔다. 다중지능 이론은 하워드 가드너 박사에 의해 주창되어 그가 학문적으로도 정립하여 발표한 이론인데, 그 핵심은 인간의 단일적 측면의 지능이 아니라, 다양한 접근에서의 지능이 상호 유기적으로 작용하며 각 개인마다 독특한 지능발달이 있다는 것이다. 하워드 가드너 박사의 다중지능 이론은 IQ와 EQ의 통합적인 접근으로 이론을 정립하여 제시하고 있다.

인간은 다중지능의 영역면에서 8가지 영역의 지능을 갖고 있으며, 최근에 1개 지능영역을 추가하여 발표한 바도 있다. 그 특성영역의 다중지능은 언어, 논리수학, 공간, 자연, 음악, 신체운동, 대인(인간 친밀,

인간 친화, 사회성), 개인 내(자기 이해, 자기 성찰) 지능의 8가지와 실존 지능(영적인 존재로서 인간을 바라봄. 종교적, 철학적, 윤리적 지능을 말함)을 말한다.

다중지능 영역에서 모든 지능이 골고루 발달하지만 그중에서 1~3개 지능영역이 타인보다 더 발달하는 과정을 형성하며 가장 높은 지능이 발달하기 위해서는 다른 지능과 유기적이고 상호적으로 보완하면서 발달한다는 것이다. 즉, 자신의 지능은 한두 개의 영역에서 매우 급속적인 발달을 하지만 그렇다고 다른 지능은 발달하지 않는 것이 아니라, 강점지능이 발달할 수 있도록 잠재되어 있다는 것으로 보면 된다. 그러나 발달하지 않는 지능영역을 그대로 놔둔다면 퇴보할 수 있기 때문에 서서히 발달시켜 주는 것이 필요하다.

하워드 가드너의 다중지능 이론은 교육적인 부분에서 지능발달을 하고자 할 때는 그의 주장을 근거로 몇 가지 교육적 시사점을 제시하고 있다. 그것은 각 사람마다 지능의 발달영역이 다르기 때문에 교육에 있어서 획일적인 교육보다는 다중지능에 맞게 그에 적합한 교육들을 통해 개인의 발달을 향상시켜야 한다고 말한다. 다중지능 이론에 근거한 교육적 시사점들을 정리하면 아래와 같다.

(1) 다중지능 이론의 교육적 시사점

첫째, 개인이 갖고 있는 강점이 규명되어야 하며 그것을 계발할 수 있는 기회를 주어야 한다.

둘째, 기존의 획일적인 교육에서 벗어나 강점지능, 잠재력을 극대화시킬 수 있는 새로운 교육 개혁이 필요하다.

셋째, 기존의 언어적 능력, 논리 및 수학적 능력만을 지나치게 강조하는 종래의 지능은 지양해야 한다.

넷째, 인간이 지니고 있는 다양한 능력에 대응할 수 있는 지도 교육법이 필요하다.

다섯째, 개인의 다양한 적성을 고려하여 교육적 평가가 이루어져야 한다.

다중지능 이론

개인에 맞는
다양한 적성 고려
맞춤 교육

기존 언어, 논리수학적 능력만을
강조하는 것에 대한
다양성 제시

학생 각자가 갖고 있는
강점 파악하여
자기계발 기회 제공

인간이 갖고 있는
다양한 능력에 대응하는
다양한 교수법 사용

획일적인 교육에서 벗어난
개인의 잠재력, 지능을 극대화한
학교교육의 개혁 제시

하워드 가드너 박사의 다중지능 이론에 근거하여 최근 교육 경향도 조금씩 이론을 접목하여 적용 및 활용하는 방향으로 바뀌어 가고 있는 추세이다. 미국에서부터 이러한 다중지능 교육이 시작되어 성과를 거두고 있으며, 최근 우리나라의 각 교육현장에서도 사용되어 가고 있다.

청소년의 다중지능 교육의 경우에는 진로·진학 나아가서는 진로 직업과 연계하여 체험활동이나 모듬 워크숍, 스크랩 만들기, 기사 만들기, 관련 직업 조사하기 등등의 다양한 형태로 창의적인 활동 내용으로 구성하여 자기 이해를 하며, 자신의 진로 적성에 맞는 활동들을 통해 비전동기 학습에도 좋은 영향을 준다. 자신의 다중지능 영역을 이해함으로써 자신의 적성을 발견하고 그에 맞는 학습 활동이나 진로 직업군을 이해하는 차원에서 다중지능의 교육적 시사점은 최근의 교육에서 좋은 대안들을 제시한다(다중지능 이론의 교육적 시사점).

6
성격심리의 특징

성격심리학이란 인간의 총체적 행동에 대한 관심을 갖게 된다. 인간의 전체성이나 주체성, 자아성, 고유성을 존중한다. 단편적 지식보다는 총체적인 인간행동에 의한 개인의 성격을 찾게 된다. 성격은 타고나기 때문에 변하지 않는다. 다만 인성에 의하여 인내하고 참으려는 내성이 지배하게 되어 자신을 통제하게 된다.

성격심리학과 밀접한 관계성을 가진 심리학으로는 사회심리학과 발달심리학 그리고 상담심리학이 있다.

1 성격심리학의 역사

성격심리학은 1930~40년대에 Cattel, Eysenck의 요인분석 기법을 성격 연구에 도입하면서부터 시작되었다. 이 시기에 MMPI(미네소타 다면적 인성검사)가 개발되었고 Carl Rogers의 이론이 형성되었다.

② 성격의 이론과 요인

성격 이론을 요약해서 살펴본다면 다섯 가지로 분류할 수 있다.

첫째, 유형론

둘째, 특성론

셋째, 성격의 정신역학

넷째, 성격의 장이론

다섯째, 성격의 역할 이론으로 나눌 수 있다.

③ 성격 형성의 요인

성격 형성 요인으로는 생물적 요인, 사회적 요인, 학교제도, 경제적 요인으로 살펴볼 수 있다. 성격 이상의 문제로는 학교, 가정, 사회에서 흔히 볼 수 있는 여러 가지 이상 행동과 아울러 이상심리학에서 문제시하는 성격 이상의 형태로는 정신병, 신경증, 반사회적 성격, 정신결함 등이 문제되며 그 외에도 성적 이상도 커다란 영역으로 다루어지고 있다고 한다.

Ⅲ 맹그로브 숲과 해양의 진화

PART 03
명리학론

맹귀진하정상보론 Ⅲ

1

음양오행(陰陽五行)

■ 음양론

　음양오행은 만물·우주·사물·인체 및 모든 것에는 그 음양의 조화가 변화무쌍하며 늘 존재한다는 것이다. 음양에 비추어 논한다면 남자(男子)는 양(陽)이요 여자(女子)는 음(陰)이라 하고, 낮은 양이요 밤은 음이라 한다. 계절(季節)로 보아 여름은 양이고 겨울은 음이다.

천간 음양론

양간(陽干)	음간(陰干)
甲(木 봄 청색 신맛 仁)	乙 (陰木) 양간과 동일
丙(火 여름 붉은색 쓴맛 禮)	丁 (陰火)
戊(土 중앙 노란색 단맛 信)	己 (陰土)
庚(金 가을 흰색 매운맛 義)	辛 (陰金)
壬(水 겨울 검은색 짠맛 智)	癸 (陰水)

양(陽) - 빠르다, 가볍다.

밝다, 발랄하다, 따뜻하다, 남쪽, 외적이다, 발산한다, 조급하다,

하늘, 여름, 낮, 웃음, 기쁨, 남자, 동남, 남극

음(陰) - 느리다, 정적이다.

어둡다, 고요하다, 차갑다, 내적이다, 땅, 겨울, 밤, 눈물, 슬픔, 여자,

노후, 북극, 서북

2 오행이란

오행이란 木, 火, 土, 金, 水를 말한다.

3 오행의 성품과 속성

① 木

인(仁)의 성품(性品)으로는 인자(仁者)·의욕(意慾)·정신(精神)·의지(意志)를 나타낸다. 기(氣)의 속성은 성장·약진·발육을 의미한다.

② 火

예(禮)를 주관하는 성품으로는 예의 바르고 명랑하며, 기(氣)의 속성은 위로 치솟아 타오르는 화기로 만물을 정화시키는 기운이다. 열정·온도·태양·별·예능·화술에 능하다.

③ 土

신(信)의 성품은 신용이 있고 참되며, 기(氣)의 속성으로는 만물을 번식·번성시키는 근원이자 중심으로 모든 것을 중용(中庸)으로

감싸며 보호해 주는 기운·믿음·조화·중심·안정·산·평야·정원
등을 대표한다.

④ 金

의(義)의 성품은 의리와 결단성이 있으며, 기(氣)의 속성은 사물의
형태를 바꾸고 변형시켜 따르게 하는 기운이다. 정의·심판·권
력·군인·경찰·쇠로 만든 각종 기구·자동차·중장비·유리·귀금
속과 같은 물질이 이에 해당한다.

⑤ 水

지(智)의 성품은 슬기롭고 계획성이 탁월하며 기(氣)의 속성은 만물
을 적셔주고 위에서 아래로 끊임없이 흐르고 굽이치며 변화·변동
하는 기운이다. 지혜·총명·성교·바닷물·시냇물·지하수·비·이
슬·수리학 등이 이에 속한다.

월지의 특성

① 자 子 해설

時	日	月	年
		子 11월	

子는 가장 어둠 속에 어둠이 존재하고 있다. 그러면서도 陽이 잉태하기도 한다. 시간으로는 밤 11시 반부터 새벽 01시 29분까지 나타내며 야자시(11시 30분~12시 29분)와 조자시(00시 30분~01시 29분)로 나뉘며, 계절은 겨울이 깊어가는 시기이다. 子를 두고 천문학과 명리학에서 바라보는 견해 차이가 분명 존재하게 된다. 그런데 자연을 바라보면 一陽이 태어났다고 어떤 사물을 분별할 수 있는 시간대인가 고민해

봐야 한다. 어떤 사물을 판단하기 시작하는 시간은 寅시가 되어야 사물을 분별할 수 있다. 역학적으로 동지가 될 때 논밭을 갈거나 봄이라고 하는 농민은 없다. 입춘이 되어야 비로소 논밭에 불을 지펴 태우고 거름을 주기 시작한다.

동지는 준비하고 계획하며 정신적인 세계가 관장하고 있어 이 시기부터 생각이 긍정적이고 계획을 세우는 사람은 한 해를 슬기롭게 보낼 것이며 준비나 계획이 없이 한해를 맞이한다면 금년이나 내년이나 별반 다를 것이 없게 된다. 그래서 동지는 정신적인 면이 먼저 나타나게 된다는 것을 알 수 있었다. 子의 응축된 에너지를 간직하고 봄을 맞이하게 된다. 11월에 태어나면 지혜와 총명함을 내포하고 있다[『명리상담술』, 안성재, 한솜미디어, 2012].

子월은 음력으로 11월이고 양력으로는 12월에 해당한다.

2 축丑 해설

동토(凍土)라 한다. 얼어 있는 땅은 잘 활용하면 되는데 스케이트장이나 스키장 또는 비닐하우스를 쳐서 내부에서 야채를 심어 얻을 수 있는 것 외에 쓸모면에서는 제한적일 수밖에 없다. 겨울의 土는 어쩔 수 없이 봄을 준비해야 하니 지장간에 응축된 水는 봄을 기다리게 된다.

얼어 있는 土를 활용하기 위해서는 火가 존재하거나 木에 의존하며 살아가게 된다. 12월에 태어나면 준비성, 계획성이 발달하고 중화의 기질을 갖고 있다.

③ 인寅 해설

봄이 들어오기 시작을 하였고 어느덧 산 위로 어스름하게 어둠이 걷히며 밝음을 확인하기 시작하게 된다. 낮이 길어지기 시작하여 사람들이 잠에서 깨어나고 역할을 하기 시작한다. 이 시기부터 부지런해야 농부나 새벽장사를 하는 사람에게는 이익이 많게 된다. 그만큼 계획하고 준비한 것을 행동으로 실천을 하는 시기이다. 寅월은 입춘과 우수가 준비되어 있는 달이다.

1월은 역동성이고 역마라 부지런하고 실천하려는 기질이 강하다.

④ 묘卯 해설

봄의 제왕이다. 봄이 가장 왕성하게 활동하는 시기이고 태양이 대지를 환하게 비추니 농부는 논밭으로 향하고 직장인, 학생, 사업자는 분주해지기 시작한다. 이 시기에 잠이 많거나 게으르고 나태하면 지각이나 기회를 자주 잃게 되고 장사하는 경우에 준비가 철저하지 못하면 고객은 오지 않게 된다. 나무나 풀잎은 태양을 의지하여 꽃을 피우기 위해 부지런히 성장을 하게 된다. 경칩과 춘분이 있는 달로서 실천하고 노력하는 만큼 결과가 따른다.

2월에 태어나면 자기 주관이 강하고 리더십과 추진력이 있으며, 남에게 기쁨을 주는 역할을 잘한다.

5 진辰 해설

봄의 끝자락이며 여름에게 자리를 물려주게 된다. 기름진 土는 木의 잎에 영양을 공급하며 꽃을 피우도록 도와준다. 용은 신비의 동물이며 정신적인 세계와 연결이 된다. 辰은 오전 7시 반에서 9시 반에 해당하니 태양이 점점 밝아지고 바빠지게 되는 시기이다. 즉, 일을 하러 나가거나 출근을 하거나 자신의 일터에서 본격적으로 일을 하는 시간이다. 부지런하게 땅을 가꾸고 씨앗을 뿌리며 노력의 대가가 따르게 되니 부지런하게 실천하는 시기이다.

3월에 태어나면 중화, 중재, 가교역할이 발달하고 호기심, 탐구심이 많고 창의력이 발달한다.

寅은 새벽에 해당하고 사물을 구별하기 시작하는 시간으로 새벽과 관계된 직업을 갖는 경우가 많다.

6 사 巳 해설

계절이 여름으로 진입하고 태양은 가장 빛나는 시기이다. 동물로는 뱀에 해당하며 9시 30분에서 11시 30분에 해당한다. 태양이 중천으로 향해 가면서 에너지가 가장 활발하게 작용하게 된다. 나무는 푸르름이 더해 가고 온 산에 꽃이 만발하며 춥지도 덥지도 않은 계절이 시작된다. 인간에게는 가장 희망이 솟고 활력이 넘치며 활동량도 가장 많은 시기이다. 소가 가장 분주하게 바쁜 시기이고 농부들은 논, 밭에 나가 가장 바쁘게 지내는 시간이기도 하다. 봄의 햇살은 새싹을 돋아 성장하게 되니 **巳**의 지장간에 **庚金**이 있어 뿌리를 튼튼하게 내리니 모든 곡식이나 채소를 심으면 뿌리를 내리고 성장한다.

4월에 태어나면 태양이 중천을 향해 가고 있으니 봉사업, 의사, 간호, 침술, 복지사, 요양사 등이 많게 된다.

7 오午 해설

계절은 가장 무더운 여름이고 열기와 에너지가 모두 위로 솟아오르며 태양은 가장 지구와 근접해 있는 시기이다. 이 시기는 또 하나의 음이 생겨나게 되니 가장 무덥지만 계속해서 무더워지지 않고 점차 서늘함으로 전환되기도 한다. 모든 식물은 성장하여 무성함이 가득하게 되고 수기가 필요한 시기이다.

지장간의 己土는 너무나 더운 열기를 조절하는 土로 역할을 하여 온 대지의 땅은 열기가 가득하게 되고 인간은 산과 계곡을 찾아 휴식이 필요한 시기이기도 하다. 제왕성으로 표현하기도 한다.

말은 앞으로 달리는데 익숙한 동물이고 달릴 때 채찍으로 용기를 북돋아준다. 항상 서 있다 보니 말굽을 해주어야 오래도록 서 있게 되니 주로 직업을 선택할 때 구두, 신발, 발과 관계된 분야에 종사자가 많은 것도 눈여겨 볼 필요가 있다.

5월에 해당한다.

8 미未 해설

여름의 土는 열기를 품고 있다. 그렇기 때문에 땅이 건조해지기 시작하고 뿌리나 줄기로 영양을 공급하던 것을 서서히 멈추고 열매를 맺도록 한다. 열매를 맺지 못하는 초목은 잎이나 꽃에 공급을 하게 된다. 양은 그래서 6월에 방목을 하고 온갖 풀을 찾아다니게 하고 자손을 번영하는 시기도 6월이다. 농부는 이 시기가 되면 왕성한 풀을 말려서 건초를 만들게 되고 농작물 중 보리나 밀을 수확하는 시기도 이 시기이며 밭에서는 온갖 채소가 양산되기도 하는 시기이다. 여름의 火를 조절하고 풀의 성장을 점차 멈추는 처서가 있는 달이다.

6월에 태어나면 맛이나 요리에 능하다.

9 신申 해설

申은 가을에 해당하고 金旺之節금왕지절에 해당하여 木은 성장을 멈

추게 되고 자기 관리에 들어간다. 푸르던 잎으로는 영양공급이 되지 않고 뿌리에 신경을 쓰게 되니 잎은 변색되기 시작하고 열려 있는 열매도 점차 색이 변하게 된다. 초목 역시 성장을 멈추게 된다. 그래서 음력 7월 말이 되면 벌초가 이루어지는 것도 이러한 이치이고 가을의 비는 크게 반갑지가 않아 많이 오는 것을 두려워하는 것이다. 역마에 해당하니 논밭을 돌봐야 하고 건초를 말려 집안에 쌓아두는 시기이니 소나 말 그리고 농부는 분주해지기 시작한다.

7월은 재주가 많거나 기술이 뛰어나다.

⑩ 유酉 해설

가을이 절정에 이르는 시기이다. 金旺之節금왕지절이고 낫이나 칼이 필요한 시기이다. 木은 열매가 무르익어 수확을 해야 하고 논밭에 곡식은 풍성해지기 시작하고 밭작물이나 열매가 생산되기 시작하는 시기이다. 열매는 단단해지고 풍성하게 맺게 되는 과정에 속한다.

8월에 태어나면 결단력과 실천력이 강하다.

⑪ 술戌 해설

깊어가는 가을에 해당하며 아직 땅에는 열기가 있어 모든 작물이 막바지에 이르고 수확을 준비하게 된다. 戌 중 丁火의 에너지가 땅을 건조하게 만들고 땅 위의 곡식은 수확을 해야 하는 시기이다.

모든 자연은 서서히 휴식기에 접어들고 木은 자생력을 갖기 위하여 나뭇잎마저 떨어뜨리기 시작한다. 사람들은 동절기를 준비하며 곡식이나 열매, 채소를 건조하거나 수확하여 겨울을 준비한다.

9월에 태어나면 정신세계가 발달하고 생각이 높다.

⑫ 해亥 해설

겨울이 들어서는 관문이며 모든 자연은 휴면 상태로 들어가기 시작한다. 木은 응축되어 뿌리에 자생력을 두고 火가 필요한 계절이다. 모든 농작물을 곳간에 쌓아두고 동물은 우리에서 양육이 되는 시기이다.

亥의 지장간에 戊土의 역할이 과연 존재하는 것인가를 살펴보면 戊土의 작용은 실질적으로 크게 작용하지 않는다. 이미 큰 산들은 변화가 되고 단풍마저도 떨어지니 土의 작용은 거의 없는 것으로 봐야 한다. 亥 중 甲木이 지배하니 木의 뿌리를 양육하는 것으로 만족해야 하며 봄을 준비하기 위한 휴식의 시간이라고 볼 수 있다.

10월은 휴식기이고 안정이 필요하다. 연구력, 구상력, 기획력이 발달한다.

3
계절론

1 봄의 계절

봄[4]은 절기상 입춘을 기준하여 입하 전까지를 말한다. 봄을 알리는 입춘은 양력 2월 4일을 기준하게 된다. 학설적으로 동지(밤 11시 30분)를 기점으로 일양이 시생하여 하늘은 어둠 속에 밝음이 시작하지만 아직 인간의 눈으로 분별할 수 없는 상태이다. 인간의 눈으로 어둠과 밝음을 구별할 수 있는 시간대는 새벽 3시 30분이 지나야 하늘이 밝아옴을 알 수 있고 대지의 사물을 구별하게 된다.

---

4) 안성재, 『진로와 전공』, 한솔미디어, 2012

이러한 사물을 관찰할 수 있는 것은 태양이 밝아옴을 시작으로 사물을 바라보며 판단하게 된다. 이러한 일련의 과정을 자연을 통하여 발견하게 된다.

가. 새벽 3시 30분에서 5시 30분이 寅時에 해당한다.

나. 寅을 월로 구성한다면 1월에 해당한다.

다. 1월은 모든 것을 시작하게 되니 역마라 불린다.

라. 寅은 木에 해당하기도 하고 방향으로는 동쪽에 해당하고 천간으로는 甲에 속한다.

마. 甲의 속성은 위로 솟아오르려는 기질이 강하고 많은 가지를 뻗어 가고 꽃을 피우고 열매를 맺는 과정을 거치게 된다.

바. 卯는 음력 2월에 해당하고 시간으로는 5시 30분~7시 29분을 나타낸다. 이 시간에 태양이 밝아오고 어둠이 걷히는 것을 확연하게 알 수 있다. 농부들이 기지개를 켜고 논밭에 나가 준비하는 과정이다.

사. 봄의 계절이 왕성해지고 甲木은 줄기에 양분을 공급하며 서서히 잎이 푸르러지거나 새싹을 돋게 한다. 乙木은 대지를 뚫고 솟아나며 싹을 틔우고 자태를 나타낸다. 卯월은 모습을 드러내고 성장을 하는 시기이다.

아. 辰은 본 오행은 土이지만 계절은 봄에 속한다. 甲木은 싱그러운 잎이 성장하고 乙木은 苗木을 시작하거나 자립하도록 移種하거나 군락을 이루게 된다. 木은 土에 의지하여 성장하게 되니 辰土의 계절에 성장, 발육을 하게 된다.

자. 辰은 봄과 여름을 중화하고 조율하며 자신을 희생하며 만물이 성장

하도록 하니 음력 3월에 해당하고 시간은 오전 7시 30분~9시 29분의 시간을 배속하고 있다. 이 시간은 태양이 따스하게 비추고 모든 사물을 명확하게 식별하게 된다.

차. 濕土가 자연을 아름답게 포용하고 군락을 이루거나 꽃을 피우는 역할을 한다.

절기 분류

봄은 지난 겨울을 보내고 만물을 성장하는 역할을 하며 생명감을 불어 넣어주는 역할을 하게 된다. 濕土의 辰이 가교 역할을 하며 봄을 무성하게 하며 木이 잘 성장하도록 역할을 하며 木을 더 번성하도록 땅속에 기운을 습하게 하니 土는 본연의 역할을 하면서도 봄의 역할을 충실히 이행하는 양면성을 가지게 된다.

1월은 양력 2월 4일부터 3월 5일경 경칩까지는 寅월에 해당하고 봄의 첫 출발을 대지에서 느끼게 만든다.

2월은 양력 3월 6일 경칩에서 4월 5일 청명까지 卯에 해당하고 甲木은 줄기와 잎에 활력을 불어 넣어주고 乙木은 싹을 대지 위로 솟게 한다. 아직 대지가 얼어 있는 상태와 같으니 태양인 丙火가 매우 소중하게 필요하다.

3월은 양력 4월 6일 청명부터 5월 4일(입하 전)까지는 濕土의 작용이 나타나게 되고 육안으로 큰 나무나 작은 풀잎 또는 화초가 무성하게 성장하며 잎에는 푸른 잎이 성숙하게 되고 乙木은 대지를 초록색으로 물들이고 꽃을 피우는 것을 볼 수 있다.

봄은 새로운 활력소를 주기 때문에 부지런하고 발전하려는 甲木, 乙木은 자태를 뽐낼 수 있지만 게으르거나 희망이 없는 나무나 풀은 자태를 뽐내지 못하고 죽거나 한줌의 흙으로 돌아가게 된다. 봄에는 그런 이유에서 金이 옆에 있으면 좋은 결과를 내기가 어렵다.

봄은 희망을 갖게 하고 부지런하게 움직이게 만든다. 이를 발전, 성장에 비유하게 된다.

2 여름의 계절

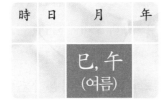

여름[5]은 절기상 입하를 기준하여 입추 전까지를 말한다. 여름을 알리는 立夏는 양력 5월 5일경을 기준하게 된다.

만물을 무성하게 성장시키고 꽃을 피우고 열매를 맺는 시기가 바로 여름이다. 이러한 사물을 관찰할 수 있는 곳은 산이나 들판에 나가서 큰 나무나 풀잎을 보면 가능하게 된다. 따라서 어떤 사물에 대한 분별을 하려고 한다면 자연에서 그 시작을 해야 한다.

여름은 음력으로 4월(입하), 5월(망종), 6월(소서)로 구분한다.

---

5) 안성재, 『진로와 전공』, 한솜미디어, 2012

가. 巳는 불에 해당하지만 비추는 불이고 모든 생명의 자원이 되니 꽃이 피고 잎에 영양을 공급하는 것이 여름이다.

나. 巳는 9시 30분에서 11시 29분에 해당한다. 巳는 입하에서 망종 전을 나타내니 양력 5월 5일경 ~ 6월 5일경에 해당한다.

다. 巳를 월로 구성한다면 4월에 해당한다.

라. 4월은 이묘를 하게 되고 자기 스스로 성장할 수 있도록 홀로서기를 하니 역마와 같다.

마. 甲木은 꽃을 피워 자신의 존재감을 드러내게 되고 乙木은 꽃을 만발하여 자신을 화려하게 한다.

바. 巳는 밝음으로 나아가게 되고 가장 밝음 중 밝음에 해당하니 생명을 불어넣어 주거나 아름다움을 추구하려 한다.

사. 午는 화 중에 화이고 여름 중에 여름이다. 또한 낮 중에 가장 왕성한 낮이기에 陰이 탄생하게 된다. 午는 망종부터 소서에 해당한다.

아. 꽃잎은 활기를 띄고 열매를 왕성하게 성장하게 되니 甲木은 잎과 열매를 풍성하게 성장시키고 乙木은 화려함을 최고조에 올려놓는다.

자. 午는 시간상으로 11시 30분에서 13시 29분에 해당하며, 계절은 여름이며 음력으로 5월에 해당한다.

차. 未는 본 오행은 土이지만 계절은 여름에 속한다. 甲木은 싱그러운 꽃잎이 지며 열매를 맺는데 공급을 다하고 乙木은 열매를 맺거나 군락을 이루어 자태를 뽐내게 된다.

카. 未는 시간상으로 13시 30분에서15시 29분이며, 월은 6월이며 서서히 낮의 길이가 짧아져 있다.

타. 未土는 火의 기운이 내재되어 있기에 甲木은 열매를 무르익게 만들

고 乙木은 서서히 뒤안길로 물러가게 된다.

절기 분류

여름은 만물을 성장시키고 활력을 불어넣게 되며 그 결과를 탄생시키게 된다. 甲木은 잎과 열매에 생기를 넣어 주거나 잎에 영양을 공급하여 꽃을 잉태시키게 된다. 乙木은 성장하여 꽃을 피우고 대지 위로 군락을 이루고 자신의 종족을 남기기 위해 씨를 바람에 날려 보낸다.

양력 5월 4일부터 6월 5일경에는 巳월에 해당하고 여름의 첫 출발을 산과 들을 통해 관찰할 수 있다.

양력 6월 5일 망종에서 7월 6일 소서 전까지 午에 해당하고 甲木은 잎, 꽃에 활력을 불어넣어 주고 열매를 맺는다. 乙木은 줄기를 성장하고 나아가서 꽃을 피우게 한다.

양력 7월 6일 소서부터 8월 5일(입추 전)까지는 조토(燥土)의 작용이 나타나게 되고 육안으로 큰 나무나 작은 풀잎 또는 화초는 열매를 맺고 열매로서 가치를 가지려고 영양을 공급한다. 여름은 지난 봄을 보내고 만물이 성장하고 익어가는 역할을 하게 된다.

여름의 특징

여름은 자연에서 태양에 해당하고 성장하려는 기질이 강하게 작용한다. 여름의 입장에서 가장 필요로 하는 것이 水라는 것을 알게 된다. 甲木은 태양이 땅에 있고 열매를 맺기 위하여 水가 필요하니 濕土가 밑에 받쳐주거나 옆에 있을 때 꽃을 피우고 열매를 맺게 된다. 乙木도

지지에 태양이 있으니 꽃을 피우고 己土가 있으면 많은 꽃들이나 풀들이 군락을 이루고 자생하게 되어 여름의 乙木은 濕土나 물만 있으면 살아남을 수 있다는 것을 알게 되었다.

여름은 생각, 정신, 열정을 갖게 하고 에너지를 갖게 만든다. 또한 어떤 결과를 만들어 가는 준비과정에 속하게 된다.

③ 가을의 계절

가을[6]은 절기상 입추를 기준하여 입동 전까지의 절기를 말한다. 가을을 알리는 입추는 양력 8월 7일경을 기준하게 된다. 만물이 무성하고 열매를 서서히 맺기 시작하는 시기가 가을이다. 사물에 대한 판단은 나무를 통해 관찰할 수 있다.

가을은 음력으로 7월(입추), 8월(백로), 9월(한로)로 구분한다.

가. 申은 金에 해당하며 원석이고 역마에 해당한다.

나. 申은 15시 30분에서 17시 29분에 해당한다. 음력 7월.

다. 가을이 시작되면서 과일이 풍성해지기도 하고 乙木은 열매나 잎을 출하하게 되고 甲木은 모든 영양을 열매에 주게 된다.

---

6) 안성재, 『진로와 전공』, 한솜미디어, 2012

라. 7월은 과일이나 열매를 성장하고 익도록 하기 위해 몸이 바쁜 시기이다.

마. 7월은 절기상 입추에서 백로 전이다.

바. 酉는 태양이 서서히 어둠으로 나아가게 된다. 가장 金이 왕성한 시기이고 甲木이 잘 자라도록 주변의 풀을 제거하게 되고 乙木은 더 이상 줄기에 영양을 공급하지 않는다.

사. 乙木은 酉월에 벌초가 시작되기도 하고 건초를 만드는 작업이 이루어진다. 乙木이 가장 싫어하는 것도 바로 酉이다.

아. 酉는 백로부터 한로 전을 말한다. 백로는 흰 이슬이 처음으로 시작하니 이를 서리라 한다. 甲木은 서서히 잎에 영양을 중단하기 시작하고 자신의 자생력을 가지려 하는 시기이다.

자. 戌은 土의 계절이면서 火의 열기를 지니고 있다. 즉, 여름의 열기를 간직하고 있지만 土는 열기를 식혀 주고 곡식을 익게 만든다.

차. 戌은 본 오행은 土이지만 계절은 가을에 속한다. 甲木은 열매를 맺어 상품가치나 일용할 양식으로 탄생하여 많은 나무에 과일이 맺게된다. 이제는 열매에 양분을 공급하는 것을 중지하게 되고 乙木은 줄기나 잎, 열매에 영양을 중단하고 자신의 자생력을 가지려 한다.

카. 戌은 시간상으로 저녁 7시 30분에서 9시 29분이며, 9월이며 어둠으로 진입한다.

절기 분류

가을의 계절은 열매를 성장시키고 견고하게 하며 그 결과를 탄생시키게 된다. 甲木은 맺은 열매에 정성을 다해 공급하기도 하고 시간이 지나면 공급을 중단하고 상품으로서 가치를 받고 싶어 한다. 乙木은 자신을 희생하고 종족번성을 위해 모든 것을 내려놓아야 한다. 가을은 줄기나 가지 또는 잎에 영양을 중단하고 열매에 영양을 공급하는 시기이다. 백로가 되면 서리가 내리니 乙木은 건초가 되고 더 이상 자라지 못하니 벌초를 하게 되고 甲木은 한로를 기준하여 열매에 영양을 중단하며 자신이 살아가야 하기에 뿌리에 영양을 응축시킨다.

▌가을의 특징

가을은 결실의 계절에 해당하고 결실을 맺기 위해 태양이 필요하다. 가을의 입장에서 필요치 않은 것이 水라는 것을 알게 된다. 甲木은 태양이 천간에 있고 열매를 맺기 위하여 땅은 조토를 원하게 된다. 乙木도 천간에 태양이 있으니 꽃을 피우고 지게 되며 己土가 있으면 많은 풀들을 건초로 만들어 가축이나 인간에게 유용한 가치를 부여한다.

가을은 사고력, 이상, 결실을 갖게 하고 결과를 갖게 만든다.

④ 겨울의 계절

時	日	月	年
		亥, 子 (겨울)	

겨울은 절기상 입동을 기준하여 입춘 전까지의 절기를 말한다. 겨울

을 알리는 입동은 양력 11월 7~8일경을 기준하게 된다. 만물이 성장을 멈추고 열매를 거둬들이기 시작하는 시기가 겨울이다.

나무를 통해 관찰하면 甲木은 잎이 변색되고 낙엽이 되어 떨어지게 된다. 乙木은 건초로서 역할을 하거나 줄기와 잎이 말라버리게 된다.

겨울은 음력으로 10월(입동), 11월(대설), 12월(소한)로 구분한다.

절기 분류

가. 亥는 水에 해당하며 큰물이고 역마에 해당한다.

나. 亥는 오후 9시 30분에서 11시 29분에 해당한다.

다. 겨울이 시작되면서 과일은 수확을 하게 되고 乙木은 불을 지피는 역할이나 짐승에게 먹이로 제공하게 된다.

라. 10월은 곡식을 저장하고 겨울을 준비하기 때문에 거둬들인 곡식을 잘 관리하고 甲木은 잎, 가지, 줄기에 영양을 중단하고 뿌리에 응축하기 시작한다. 乙木도 뿌리에 물을 응축하여 겨울을 준비한다.

마. 11월은 절기상 대설에 해당하며 서서히 눈이 오고 찬바람을 맞이하게 되니 자연은 휴면상태로 돌아가고 인간은 수확한 곡식이나 열매를 창고에서 꺼내어 사용하게 된다.

바. 11월을 子월이라 하며 얼음이 얼게 되고 가축이나 인간은 외부활동이 적어지게 된다.

사. 子는 태양이 가장 멀리 있고 어둠 속에 陽이 태어나기도 한다. 11월은 태양이 필요하고 인간에게는 丁火가 더욱 필요한 시기이다.

아. 木은 제 역할을 하기 어렵고 土가 木을 보호하게 되니 11월은 火와 土가 중요한 역할을 하게 된다.

자. 12월은 丑월이고 소한부터 입춘 전을 말한다. 소한은 추위가 막바지
　에 이르고 추위가 서서히 물러감을 알 수 있다.

차. 丑은 土의 계절이면서 水의 기운을 지니고 있다. 火를 필요로 한다.
　丑은 본 오행은 土이지만 계절은 겨울에 속한다. 木은 휴면상태에 있
　고 水를 응축하여 뿌리가 살아가도록 한다. 동토(凍土)이기에 태양
　이 필요하게 된다.

겨울의 특징

　겨울은 생명을 보전하기 위하여 모든 것을 중단하고 자생력을 갖기
위하여 휴식기에 접어든다. 가축도 외부 활동이 없이 우리 안에서 성
장하게 되고 인간도 그동안 수확해 놓은 곡식을 곳간에서 빼쓰는 시기
이다. 또한 봄을 준비하기 위해 안정과 휴식을 취하는 시기이다.

　겨울은 태양이 멀리 가 있고 일조량이 적어지게 되니 丁火를 더 반
갑게 맞이한다. 겨울의 木은 생목이 되어 남의 보호를 받아야 하고 水
는 얼어붙으니 반갑지 않으며 조토(燥土)를 더 좋아하고 金을 보면 자
신을 변화시키고 싶어한다.

　겨울은 창고의 계절에 해당하고 안정과 휴식을 갖게 된다.

　겨울의 입장에서 필요치 않은 것이 水라는 것을 알게 된다.

　겨울은 지혜를 관장하니 생각이 높고 학문과 연관을 갖게 된다. 반
대로 행동이나 실천력이 약해지고 움직임이 감소한다.

겨울은 준비, 계획, 설계를 갖게 하고 미래를 준비하게 만든다.

5 사계절(土)

　土는 중간자 역할을 하며 합이 옆에 있으면 합이 되어 변한 오행으로 작용하고 방합이나 삼합이 되면 자신을 버리고 오행을 따라 가려고 한다. 이렇게 土는 자신의 기질을 갖고 있으면서도 협력과 조화를 하려고 노력하기 때문에 월지가 土이면 사주감정을 하는데 많은 어려움이 있게 된다.

　土는 신뢰, 믿음, 부지런함을 가져야 자생하게 되고 모든 만물을 포용하려는 기질이 강하다.

　辰은 나무가 성장하도록 水를 적절하게 조화를 이루도록 하였다.

　未는 나무의 열매를 맺도록 열의 에너지를 조절한다.

　戌은 열매를 맺도록 땅을 건조하게 하여 뿌리에 물을 공급하지 않고 열매가 맺도록 한다.

　丑은 표면이 얼어 성장을 멈추고 땅 속에 水를 응축하여 未에게 물을 공급하니 木은 겉으로 죽어 있는 것 같지만 뿌리는 물을 머금고 자생을 하게 된다.

　土는 辰戌충은 큰 땅을 흔들어놓는 형국이니 큰 땅이 개발되기도 하고 무너져 土의 기질을 상실하기도 한다.

　丑-未는 작은 동산이나 논밭을 갈아엎는 형국이니 부지런하게 움직이고 재개발이나 도시개발 등으로 이익을 보기도 하고 때로는 형제간 보상문제나 토지문제로 분쟁을 하기도 한다.

이와 같이 사주에서 土가 용신인가 아니면 기신인가에 따라 작용도 변화가 되고 이익이 생기기도 하고 손해를 보기도 하는 것이 土이고 해당 십성의 작용이나 기질도 변화가 된다.

합이 되면 土는 제 역할을 할까?

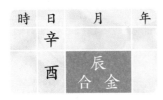

월지가 土이고 일지와 합(이합, 삼합, 방합)이 되면 자신의 역할을 할 것인가에 대해 고민을 하게 된다. 그런데 이런 경우 辰土의 역할을 하기보다는 金의 기질이 더 강하게 작용한다.

청소년기와 장년기에 金의 기질이 매우 강하게 작용한다는 것을 알 수 있다.

월지 戌土와 일지 午火가 합을 하여 火로 변한다. 이 경우 戌土는 土의 작용을 하기보다는 火의 작용이 더 크게 작용한다.

일간에서 戌土는 식신에 해당하지만 식신의 작용이 청소년기에는 작용이 감소하게 되고 대신 합이 되어 변한 오행이 일간과 같은 火로서 열정, 활동성, 친구관계, 적극성, 리더십이 발달하게 된다.

이처럼 합이 되면 변한 오행의 기질이 발달하게 된다는 것을 참고해야 한다.

4
십성의 종류

월지에 속한 십성으로는 비견(比肩), 겁재(劫財), 식신(食神), 상관(傷官), 편재(偏財), 정재(正財), 편관(偏官), 정관(正官), 편인(偏印), 정인(正印)으로 구성한다. 십성을 기준하여 살펴보는 것은 심리성격과 기질, 진로, 직업에 이르기까지 적용을 하게 된다.

십성의 상생, 상극의 관계를 살펴보면 다음과 같다.

▮ 상생의 관계

❶ 비견, 겁재는 식신, 상관을 생(生)해 준다.

❷ 식신, 상관은 편재, 정재를 생해 준다.

❸ 편재, 정재는 편관, 정관을 생해 준다

❹ 편관, 정관은 편인, 정인을 생해 준다.

❺ 편인, 정인은 비견, 겁재를 생해 준다.

▮ 상극의 관계

❶ 비견, 겁재는 편재, 정재를 극(魁)한다.

❷ 편재, 정재는 편인, 정인을 극한다.

❸ 편인, 정인은 식신, 상관을 극한다.

❹ 식신, 상관은 편관, 정관을 극한다.

❺ 편관, 정관은 비견, 겁재를 극한다.

- 기질이 강한 십성으로는 겁재, 상관, 편관, 편인이 있고 합리성을 가진 십성으로는 식신, 정재, 정관, 정인이 있다.
- 기질이 강한 십성은 원국에서 이를 제압하는 십성이 있으면 강한 기질이 감소하게 된다.

▶ **겁재**가 있으면 ⇦ 정관이 원국에 있을 때 겁재의 기질이 감소
▶ **상관**이 있으면 ⇦ 정인이 원국에 있으면 상관의 기질이 감소

▶ **편관**이 있으면 ⇐ 식신이 원국에 있으면 편관의 기질이 감소
▶ **편인**이 있으면 ⇐ 정재가 원국에 있으면 편인의 기질이 감소

반대로 합리성을 가진 십성은 생조를 선호하게 된다.

▶ **식신**이 있으면 ⇐ 정재(편재)가 있으면 식신의 기질이 발달
▶ **재성**이 있으면 ⇐ 식신(상관)이 있으면 재성의 기질이 발달
▶ **정관**이 있으면 ⇐ 정재가 원국에 있을 때 정관의 기질이 발달
▶ **정인**이 있으면 ⇐ 정관이 원국에 있을 때 정인의 기질이 발달

• 비견은 나이므로 해당하지 않게 된다. 다만 비견이 왕하면 나를 통제해 주는 관성이 원국에 있거나 운에서 오면 비견의 작용이 감소하게 된다.
• 편재는 상황과 직업에 따라 차이가 있게 된다.

고전에는 사흉신과 사길신에 대해 언급되어 있다. 그러나 흉성이라고 나쁜 것도 아니고 길성이라고 좋은 것만도 아니다. 사주 구성은 조화로움이 구성되어 있는 것이 자신을 더 발전하게 만들 수 있다고 판단하였다.
기질이 강한 것은 통제해 주는 오행이나 십성이 있을 때 효력이 발생하게 된다. 길성만 원국에 가득하다면 도전의식이나 적극성이 약해지게 된다. 그렇기 때문에 사주 구성에서는 합이 있으면 충이 존재해야만 자기개발을 하게 되고 부족함을 채우려 할 것이다.

5

십성론

① **비견** : 비견은 나에 해당한다. 같은 오행이면서 음양(陰陽)이 같다.

② **겁재** : 비견과 같은 오행에 배속한다. 비견이 양(陽)이면 겁재는 음(陰)에 해당하게 되고, 비견이 음이면 겁재는 양에 해당한다.

③ **식신** : 비견이 생해 주는 오행을 말한다. 비견이 양이면 식신도 양에 해당하고, 비견이 음이면 식신도 음에 해당한다.

④ **상관** : 비견이 생해 주는 오행을 말한다. 비견이 양이면 상관은 음에 해당하고, 비견이 음이면 상관은 양에 해당한다.

⑤ **편재** : 비견이 극하는 오행을 말한다. 비견이 양이면 편재도 양에 해당하고, 비견이 음이면 편재도 음에 해당한다.

⑥ **정재** : 비견이 극하는 오행을 말한다. 비견이 양이면 정재는 음에 해당하고, 비견이 음이면 정재는 양에 해당한다. 즉, 음양이 바뀐다.

⑦ **편관** : 비견을 극하는 오행을 말한다. 비견이 양이면 편관도 양에 해당하

고, 비견이 음이면 편관도 음에 해당한다.

⑧ **정관** : 비견을 극하는 오행이다. 비견이 양이면 정관은 음에 해당하고,
비견이 음이면 정관은 양에 해당한다.

⑨ **편인** : 비견을 생해 주는 오행을 말한다. 비견이 양이면 편인도 양에 해
당하고, 비견이 음이면 편인도 음에 해당한다.

⑩ **정인** : 비견을 생해 주는 오행을 말한다. 비견이 양이면 정인은 음에 해
당하고, 비견이 음이면 정인은 양에 해당한다.

이를 요약하여 정리하면 다음과 같다.

▨ 십성의 상생 관계

❖ 비견, 겁재는 식신, 상관을 보면 조건 없이 주어야 한다.
식신, 상관 입장에서 비견이나 겁재를 보면 조건 없이 받아들여야
한다.

❖ 식신, 상관은 편재, 정재를 보면 조건 없이 주어야 한다.
편재, 정재 입장에서 식, 상을 보면 조건 없이 받아들인다.

❖ 편재, 정재는 편관, 정관을 보면 조건 없이 자리를 물려주어야 한다.
편관, 정관 입장에서는 편재, 정재를 보면 조건 없이 수용한다.

❖ 편관, 정관은 편인, 정인을 만나면 조건없이 주어야 한다.
편인, 정인은 관성을 만나면 수용해야 한다.

❖ 편인, 정인은 비, 겁을 보면 조건 없이 주어야 한다.
비, 겁은 인성을 만나면 수용해야 한다.

이처럼 십성이 서로 상생의 관계로 이루어져 있다. 그러면서도 어느 십성이 많을 때 생해 오는 십성이 많을 때(원국·대운·세운) 나타나는 내용에 대해 이해를 해야 한다.

사주 원국에 비겁이 많은데 운에서 편인, 정인이나 비견, 겁재가 들어온다면 어떤 현상이 벌어질까를 생각해야 한다. 또한 사주에 비, 겁이 약한데 편인, 정인이 운에서 들어오거나 비, 겁이 운에서 오면 어떤 현상이 나타나는가를 살펴야 한다.

2 십성의 상극 관계

❖ 비견, 겁재는 편재, 정재를 만나면 제압하려고 한다.

반대로 편재, 정재의 입장에서 비견, 겁재가 오면 두려워한다.

비, 겁은 활동, 역마성, 인간관계에 해당하므로 집보다 바깥에 있는 것을 더 좋아하기 때문에 가정일을 등한시하거나 배우자가 노고가 많다.

❖ 편재, 정재는 편인, 정인을 보면 제압하려고 한다. 이를 財剋印이라고 한다. 반대로 편인, 정인은 편재나 정재를 만나면 매우 두려워한다. 재는 목적 실현을 하려는 기질이 많은데 편인, 정인을 보면 재물과 문서를 교환하고 싶어 한다. 편인, 정인을 만나면 필요하지 않은 것에도 투자를 하거나 앞뒤 생각을 하지 않고 계약이나 투자를 하다가 손실을 보는 경우가 많게 된다.

❖ 편인, 정인은 식신, 상관을 보면 만만하게 생각을 한다. 제압하려는 기질이 강하다. 반대로 식신, 상관이 편인, 정인을 만나면 매우 두려워한다.

여기서 편인은 식신을 보면 극한다. 편인의 기질이 강하여 흉성이라고 하였고 식신은 길성으로 나타내는데 흉성이 길성을 제압하면 효신이라 하여 밥상을 엎어버리는 형국, 끼니를 걱정하는 형국, 남의 물건에 호기심을 많이 갖는 형국, 남의 떡이 커 보이는 형국과 같다고 한다. 때로는 밤에 일하는 직업과 같다고 한다. 효신(혹은 도식)은 올빼미와 같아 낮보다는 밤에 활동하는 것을 의미한다.

❖ 식신, 상관은 편관, 정관을 보면 제압하려는 기질이 강하다. 반대로 편관, 정관은 식신, 상관을 보면 매우 두려워한다. 특히 정관은 상관을 보면 하는 일에서 지체가 되고 안정이 안 되며, 이직이나 직업이동과 같은 일이 생긴다. 명예가 박탈되거나 한직으로 물러나거나 퇴직을 하는 경우도 이 경우가 많다.

신약구조가 상관견관이 되면 직장인은 변화가 꼭 오게 된다.

❖ 편관, 정관은 비견, 겁재를 만만하게 본다. 반대로 비견, 겁재는 편관, 정관을 만나면 두렵게 된다. 비견은 나에 해당하므로 편관, 정관이 오면 직업을 갖기도 하고 갑작스러운 일이 생기기도 하고 질병이 발생하기도 한다. 관성은 재의 시대를 지나 안정을 추구하려고 하기 때문에 나 자신이 편안함을 추구하려는 기질이 강하게 작용한다.

이처럼 서로 극의 관계가 많거나 운에서 재차 들어오면 그 영향력이 강하게 작용한다. 현 시대에서는 생만 존재하는 것도 좋지는 않다고 하였다. 서로 생과 극의 공존 속에 조화를 이루어야 발복하기가 쉽다고 하였다. 또한 어느 세력이 강할 때 그 세력을 제압하는 십성이 운에서 올 때 많은 십성의 기질이 감소하게 된다.

십성의 관계는 상호작용을 하게 된다. 그런데 작용이 강하게 오는 경우와 약하게 오는 경우로 분류할 수 있다.

甲					
子 지지가 천간을 생하는 관계	寅 지지와 천간이 같은 오행	辰 천간이 지지를 극하는 관계	午 천간이 지지를 생하는 관계	申 지지가 천간을 극하는 관계	戌 천간이 지지를 극하는 관계

- 甲子는 지지에서 통근을 하였다고 한다.
- 甲寅은 천간과 지지가 같은 오행으로 이루어져 군락을 이루는 모습, 서로 같은 종류의 나무들로 상존하는 형국. 이를 간여지동이라 한다
- 甲辰은 천간이 지지를 극하지만 천복지재이다.
- 甲午는 천간이 지지를 생조하는 관계로 나무에 열매를 맺게 한다.
- 甲申은 지지가 천간을 극하는 관계로 절각이라는 용어로도 사용한다.
- 甲戌은 천간이 지지를 극하는 관계이다. 이를 개두에 해당한다.
- 다른 오행도 이와 같이 살펴보아야 한다.

6
내면의 성격

1 비견(比肩)

나, 혼자의 힘, 외길의 인생, 고집에 해당한다. 감정이 격함을 나타내며 그 본질이 강건하다. 정력적이며 노력가의 별이며 자신의 입장을 적극적으로 굳혀 가려는 수비 본능이 강하다. 활동성이 많고 리더의 기질이 강하다.

남의 밑에 있기보다 남 위에 서려는 기질이 강하다. 안정된 세상에서 힘을 발휘한다. 형제의 별이라 한다. 활동력이 많고 몸을 많이 움직이는 것을 좋아한다. 유년기에 해당하며, 나이로는 1~15세에 해당한다.

비견은 널리 두루 살펴보는 기질이 강하여 앉아 있기보다는 몸을 많이 활용하거나 움직이는 것을 좋아하므로, 어린아이의 기질이 성인이라도 닮아가므로 이런 성향의 직업을 안내해 주어야 한다.

■공부보다 친구들과 열심히 뛰어 노는 것을 좋아한다.

■친구관계에서 본인이 지도자, 리더자, 인솔자, 골목대장의 기질이 많다.

■친구를 사귀기 위하여 돈을 투자한다.

■돈에 대한 개념이 적게 된다.

■친구가 어려울 때 힘이 되는 유형이다.

■가만히 앉아 있는 것을 싫어하고 많이 움직여야 속이 편하다.

2 겁재(劫財)

화합, 협조, 정치력, 종교, 투쟁, 경쟁심이 강하다. 사교성이 뛰어나고 외유내강형이다. 어떤 집단이나 단체에서 인정 받기를 바라고 힘을 발휘한다.

자신의 입장을 고수하려는 기질이 강하다. 자매의 별이라 한다. 경쟁이나 승부의 기질이 강하다. 겁재[7]는 비견과 동일하게 뛰어 놀고 간섭받는 것을 싫어하며, 구속이나 통제를 싫어하는 아이의 성격과 흡사하다. 인간관계나 처세술이 좋고 눈치가 빠르니 사람관계에서는 장점이 많다. 유년기에 해당하고 나이로는 1세~15세에 해당한다.

겁재의 대표적인 것은 견고한 마음을 지니고 있다. 이를 자존심이 강하다고 할 수 있지만 너무 많으면 고집으로 변한다.

3 식신(食神)

식록, 건강, 온순, 놀이를 좋아한다. 먹고 사는 데 근심을 하지 않는다. 손재주가 있다. 대범함을 가지고 있으며 여유가 있는 성격이다. 연

---

7) 안성재, 「사주와 학습시간과의 상관관계 연구」, 국제문화대학원대학교 석사논문, 2006

구, 기획, 아이디어, 전문성, 자격과 인연을 의미한다. 남자아이의 별이다. 봉황을 조각하는 경우를 나타내니 어떤 사물에 대한 창조성과 연구성을 지니고 있으며, 그 사물을 그대로 조각하는 손재주와 연구, 기획, 모방성이 있으니 살아가는 데 필수적인 별에 해당한다. 이 시기는 청소년기에 해당하며 16세~30세에 해당한다.

- 연구, 분석, 기획, 아이디어 창출, 창의성, 모방성, 손재주, 음식, 아이와 관계된 일.
- 계획성이 뛰어나고 자신이 계획한 스케줄에 의하여 일을 진행하는 습관이 잘 발달되어 있다.

4 상관(傷官)

반발, 반항, 고독, 감수성. 표현을 잘한다. 속박을 싫어하고 자유분방함을 좋아하며 내면적으로는 정이 많다. 공상과 낭만을 좋아하며 분위기를 즐긴다. 성격적으로 감정의 기복이 심하고 어려울 때 힘을 발휘한다. 말을 잘하거나 표현력이 있다. 정신세계가 발달하고 예지력이 있으며 상상력이 풍부하다. 여아의 별이다. 청소년기에 해당하고 공부하는 학생의 과정과 같으며 식신, 상관은 미래를 준비하고 직장이나 전문성을 실현하는 시기이다.

- 상관[8]은 정신적인 세계가 발달하여 예측, 공상, 아름다움을 추구, 유행에 민감하다.
- 미래를 준비하려는 생각이 높다.

---

8) 홍재관·안성재 공저, 『명리 진학정보론』, 상원문화사, 2014

5 편재(偏財)

선량, 봉사, 인정, 의리, 회전재에 해당한다. 이성에 대한 친절함이 많다. 평온 무사함이 많은 인생이다. 애정관과 관계된 분야, 의학, 약학 분야에 적성을 갖고 있다. 안정기에 힘을 발휘한다. 부친성, 첩, 애인성이라 한다. 녹존(편재), 사록(정재)은 홀로서기 시기이며 직업을 갖거나 배우자를 만나 가정을 꾸려 가는 시기이다. 장년기에 해당하며 나이는 31세~45세에 해당한다. 수리력이 발달하고 이과계열이 적합하다. 수완이 발달하고 이재에 밝아진다.

- 편재는 유동적인 재물, 탐재성, 회전재와 같아 숫자나 돈에 대한 개념이 발달되어 있다.
- 편재는 공부를 많이하기보다는 경제적으로 혜택을 받길 더 원한다.
- 공부를 하더라도 가치 있는 분야에 더 관심이 많다.

6 정재(正財)

온후, 견실, 가정, 축재에 해당한다. 상냥하고 조심성이 있다. 절약가이며 보수, 대기만성형, 노력가이다. 어느 시기이든 힘을 발휘한다. 정처, 배우자의 별이라 한다. 일정한 수입 또는 월급에 해당한다. 정재는 노력과 실천에 의하여 결과가 증대되며 남자는 배우자와 연관성을 지니고 있다. 제조업이나 자격을 갖추고 하는 분야 또는 정찰제나 유동성이 적은 분야에 적합하다.

직장인도 목돈이 생기거나 재물이 증가되어 부동산이나 내 집 마련이 쉬워진다. 장년기에 해당하며 편재와 마찬가지로 31세~45세에 해당하므로 이 시기에 재산을 증가시켜야 한다. 학생에게는 다소 불리한 시기이다. 성적이 마음 먹은대로 향상되기 어렵고, 국가자격(임용고시, 공무원)에 도전하는 경우는 노고가 많게 된다. 미혼 남성은 이성에 대한 관심이나 결혼운이 오는 시기이다.

■ 고정적인 재산, 일정한 수입, 노력에 의하여 창출되는 금전을 말한다.
■ 모험이나 투기보다는 자신이 열심히 노력하여 목돈을 만들어 가는 유형이다.

⑦ 편관(偏官)

투쟁, 행동력, 성급함, 책임감이 강하다. 실천력 또한 강하며 안정을 최우선으로 한다. 명예, 공직, 직장과 연관성을 가지고 있다. 신속함을 좋아하고 뒤끝이 없다. 공격 본능이 강하고 정직함을 지니고 있다. 무관의 별이라 하며 편부(계부)성이라 한다. 생각으로 그치는 것이 아니라 행동으로 실천한다. 운동가의 기질이 강하다. 어려운 시기에 힘을 발휘한다. 참을성이나 인내심이 강하면서도 조급함이 내포되어 있다. 중년기에 해당하며 46세~60세를 나타낸다.

■ 편관은 생각을 적게 하고 행동, 실천하려는 기질이 강하다.
■ 무관이나 사법, 경찰, 소방과 같이 몸을 직접 실천하는 분야에 적합한 것도 이런 이치이다.
■ 결단력과 책임감, 사명감을 가지고 있어 돈보다는 명예를 더 중시하는 유형이다.

8 정관(正官)

정관[9]은 책임감, 자존심, 명예, 명성, 모범, 규범에 해당한다. 높은 긍지를 가지고 있다. 모범성과 준법정신이 강하게 작용한다. 명예 분야에 종사자가 많고 국가공무원(행정, 사법)에 적합하다. 결벽성이 있다. 명예를 중요시한다. 공격 본능이 있으나 안정기에 힘을 발휘한다. 문관(행정)의 별이라 한다.

정부(부친)의 별이라 한다. 중년기에 해당하며 나이로는 46세~60세를 기준한다. 직장인이나 공무원에게 유리한 별이고 학생에게도 유리하다. 경찰, 군인, 사관학교, 사법계통에서 능력을 발휘하게 된다. 사업자에게는 다소 불리한 작용을 하게 되므로 이 운이 오면 확장이나 오픈 등은 신중을 기해야 한다. 건강과 연관된 일이 발생할 수 있다. 여성에게는 정부(애인)의 별이며 남편에 해당하기도 한다. 남성에게는 자식에 해당하기도 하며 이 시기에 자녀의 공부나 결혼 등으로 재물은 지출이 많아지게 된다.

9 편인(偏印)

이별, 방랑, 개혁, 인내를 나타낸다. 속박을 싫어하고 창조와 파괴의 별이다. 내면에 강한 에너지를 가지고 있으며 호기심, 신비함을 지니고 있다.

어려운 시기에 힘을 발휘한다. 양모, 계모의 별이라 한다. 재치가 뛰어나고 순발력이 있다. 노년기에 해당하며 교육, 수양, 기도, 학문과 연관성을 지니고 있다. 문서와 연관성을 가지고 있으며 각종 자격증이

---

9) 안성재, 『명리상담술』, 한솜미디어, 2012

나 시험과 관계가 있는 별이다. 재치와 추구적 성향의 기질을 가지고 있는 별이다. 노년기에 해당하며 61세 이후를 나타낸다.

- 편인〈용고〉[10]은 탐구심과 호기심이 많아 의사나 탐험가에게 적합하다.
- 편인은 재치성과 임기응변이 남보다 뛰어나 위기극복을 잘하는 유형이다.
- 편인은 몸을 많이 쓰는 것은 매우 싫어하고 정신, 두뇌를 활용하는 것을 좋아한다.
- 한의사, 양의학, 종교, 방송 분야가 많다.

9 정인(正印)

지혜, 학문, 고전, 모성애가 강하다. 학문, 기술 습득, 자격취득에 뛰어난 능력이 있다. 지성의 별이며 이론가의 별이기도 하다. 논리적이며 수용하는 마음이 크다. 윗사람의 별이라고도 하며 모친성이라 한다. 교육, 학문과 연관성을 가지고 있고 탐구 능력이 있다. 공상, 미래예지와 연관성을 가지고 있으며 생각이 깊은 별이다. 운이 좋게 흐르면 교육자로 삶을 살아가고 다소 약하면 강사의 길을 가기도 한다. 생각이 높고 많이 움직이는 것을 좋아하지 않는다. 오랫동안 앉아 있는 게 장점이다. 역사, 암기력, 기억력, 논리력이 좋지만 숫자에 약한 면이 있다. 심사숙고하는 형이며 항상 배움이라는 과제로 고민한다. 정인이 없으면 자격을 갖추고 일을 해야 일생 편안하다. 학생은 자신이 계획한 대로 안 되는 경우 재수를 통하여 목적을 이루려 한다.

---

10) 앞의 책, p.84

7

십성의 지능 구조

_지능 구조_

비견 : 자존지능
겁재 : 경쟁지능

편인 : 인식지능   식신 : 연구지능
정인 : 기억지능   상관 : 표현지능

剋

편관 : 행동지능   편재 : 평가지능
정관 : 도덕지능   정재 : 설계지능

1 자존지능[11]

❶ 친구들과의 관계에서 항상 앞에 나서서 친구들을 이끌어 가는 성격

을 가졌다.

---

11) 홍재관·안성재 공저,『명리 진학정보론』, 상원문화사, 2014

❷ 친구관계가 원만하고 많은 친구들을 사귀는 것을 좋아한다.

❸ 부지런하고 모든 일을 솔선수범하는 기질이 강하다.

❹ 친구들이 하는 일이 마음에 들지 않아 본인이 나서서 일을 해야 직성이 풀린다.

❺ 공부보다 친구들과 뛰어 노는 것을 더 좋아한다.

❻ 가만히 앉아 있는 것을 매우 싫어하고 많이 움직이는 것을 더 좋아한다.

❼ 공부보다 운동이 더 좋다.

❽ 누가 본인을 무시하거나 간섭하는 것을 제일 싫어한다.

❾ 본인이 사고 싶은 물건이 있으면 꼭 사야만 직성이 풀린다.

❿ 부모님이 간섭하면 싫고 짜증이 난다.

② 경쟁지능

❶ 친구관계에서 인정을 받으며 본인을 좋아하는 친구들이 많다.

❷ 친구가 어려울 때는 본인이 친구를 위하여 봉사, 헌신하려고 한다.

❸ 공부보다는 노는 것이 본인을 더 기쁘게 한다.

❹ 본인이 사고 싶은 물건이 있으면 거짓말을 해서라도 꼭 사게 된다.

❺ 친구보다 공부를 더 잘하려고 실천하고 있다.

❻ 친구가 본인을 무시하면 싸워 이기려고 한다.

❼ 친구나 형제자매간에 서로 사이가 좋고 어려울 때 본인이 도움을 준다.

❽ 부모가 잔소리하고 공부하라고 하면 짜증이 나고 화가 난다.

❾ 집보다 친구 집에 있는 것이 더 편하다.

⑩ 어디론가 돌아다니는 것이 더 좋다.

⑪ 가만히 있지 못하여 많은 나라를 여행하는 사람이 되고 싶다.

⑫ 탐험이나 여행을 가장 좋아한다.

⑬ 친구가 슬퍼하거나 괴로워할 때는 그 친구의 곁을 지켜준다.

③ 연구지능

❶ 손으로 무엇을 만들거나 발명하는 것을 제일 좋아한다.

❷ 책상에 오랫동안 앉아서 공부할 수 있다.

❸ 친구를 잘 사귀는 편이며 본인이 먼저 사귀려 하며 오래 사귄다.

❹ 친구가 아프거나 도움을 요청하면 다른 일을 제쳐두고 도와준다.

❺ 훌륭한 요리사나 제과제빵사와 같이 요리 분야로 성공하고 싶다.

❻ 남을 위하여 봉사하는 일을 하고 싶다.

❼ 본인이 좋아하는 과목에 오랫동안 집중하여 공부를 하는 편이다.

❽ 어떤 말이나 사물에 대한 이해력이 남보다 빠르다.

❾ 친구가 먼저 사귀자고 해야만 사귄다.

❿ 연구심이나 손재주가 많은 편이다.

④ 표현지능

❶ 어떤 사물을 보면 그대로 표현할 수 있다.

❷ 꿈이 아나운서나 말로 하는 직업을 갖겠다.

❸ 유행을 매우 좋아하고 주위에 인기가 많다.

❹ 예술적인 기질이 남보다 뛰어나다.

❺ 본인은 말을 참 잘한다고 생각하고 친구들이 인정한다.

❻ 본인은 말이 많고 수다 떠는 것을 매우 좋아한다.

❼ 다른 사람이 본인의 흉을 보면 말로써 되갚아 주려고 한다.

❽ 음악을 매우 좋아한다.

❾ 남의 간섭이나 구속을 싫어하고 본인 혼자라도 여행을 하고 싶다.

❿ 음악을 매우 좋아하고 그 분야로 직업을 갖고 싶다.

⓫ 다른 친구가 잘못을 하면 꼭 지적을 해야만 직성이 풀린다.

5 평가지능

❶ 본인은 계산이나 수학에 매우 흥미가 많다.

❷ 친구들과 관계에서 꼭 평가(장, 단점 파악)하고 친구를 사귀는 편이다.

❸ 친구를 사귈 때 친구에게 먼저 선물을 해주고 사귀려 한다.

❹ 어떤 물건을 판단할 때 질보다 가격을 더 중요시한다.

❺ 친구가 경제적으로 어려울 때 조건 없이 친구를 도와준다.

❻ 본인이 금전적으로 어려우면 아르바이트를 해서라도 해결한다.

❼ 어떤 물건을 보면 돈과 관계없이 꼭 사야만 한다.

❽ 본인은 돈에 대한 개념이 적은 편이다.

❾ 본인은 큰 사업가가 되는 것이 희망이고 꼭 그럴 것이다.

❿ 어떤 물건을 보면 상품화하고 싶은 욕구가 매우 강하다.

⓫ 친구가 잘못하면 그 이유를 이해가 되도록 설명해 준다.

⓬ 탐나는 물건을 살 때 꼭 가격을 먼저 살피고 구입한다.

6 설계지능

❶ 본인은 그림을 그릴 때 세밀하게 그리는 것을 좋아한다.

❷ 본인은 하루 일과표를 잘 계획하고 그대로 실천한다.

❸ 본인은 규칙적인 생활을 매우 좋아한다.

❹ 한 가지 일이나 공부를 오랫동안 하는 유형이다.

❺ 친구를 사귈 때 시간이 걸리지만 오래도록 관찰하고 친구를 사귄다.

❻ 공부할 과목을 미리 계획하고 그대로 진행한다.

❼ 과학이 매우 재미있다.

❽ 수학이 더 재미있다.

❾ 본인이 좋아하는 장남감이나 도구를 설계도에 의하여 조립하는 능력
이 뛰어나다.

❿ 은행원이나 돈을 만지는 부서에서 근무하는 것이 꿈이다.

⓫ 어떤 일을 시작할 때 먼저 계획서를 만들어보고 시작한다.

⓬ 본인은 꼼꼼한 성격을 지니고 있다.

7 행동지능

❶ 본인은 무엇이든 결심하면 끝까지 해내려고 한다.

❷ 어떤 일이 생기면 그 즉시 해결해야 마음이 편하다.

❸ 친구가 다른 친구로부터 공격을 당하면 나서서 친구를 보호해 준다.

❹ 어떤 일이든 한번 시작하면 끝을 봐야 직성이 풀린다.

❺ 윗사람이나 선생님이 어떤 일을 시키면 순종하며 일을 수행한다.

❻ 본인은 복잡하게 생각하는 것을 싫어하고 행동으로 실천하는 것을
더 좋아한다.

❼ 경찰이나 군인 또는 수사, 마약 감시를 하는 것을 직업으로 갖는 것
이 꿈이다.

⑧ 참을성이 매우 많다.

⑨ 행동은 느려도 본인에게 주어진 일은 끝까지 해내려고 하는 형이다.

⑩ 친구와의 관계에서 본인이 항상 필요하다고 하며 본인을 앞에 내세운다.

⑪ 성격이 매우 급하다.

⑫ 매우 부지런하다.

⑧ 도덕지능

❶ 본인은 모범적이고 규칙적인 생활을 좋아하며 실천한다.

❷ 본인은 학교생활을 하면서 법과 규율을 가장 중요시한다.

❸ 본인은 친구들의 성격이나 유형을 매우 잘 알고 있다.

❹ 본인은 친구를 사귈 때 모범생들을 먼저 친구로 사귄다.

❺ 본인은 돈보다 명예를 더 중요시한다.

❻ 친구가 다른 사람으로부터 폭행이나 억압을 받으면 경찰이나 119에 즉시 신고한다.

❼ 본인은 꼼꼼하고 정교성을 가지고 있다.

❽ 책임감이 남보다 매우 강하다.

❾ 본인의 꿈은 법조인이다.

❿ 본인을 싫어하는 친구들을 설득하여 친구가 되도록 하는 리더십이 매우 좋다.

⑨ 인식지능

❶ 본인은 재치가 뛰어나고 많은 사람에게 인기가 있다.

❷ 호기심이 남보다 강하여 한번 관심을 가진 것은 꼭 해결해야만 직성이 풀린다.

❸ 다른 사람보다 탐구심이 강하고 탐구심이 발동하면 밤낮을 가리지 않고 그 일에만 전념한다.

❹ 글을 읽거나 쓰는 것을 매우 좋아하고 독후감이나 시를 잘 쓴다.

❺ 다른 친구에 비하여 시를 쓰거나 백일장, 글을 쓰는 분야에서 재능이 뛰어나다.

❻ 사람의 신체에 대해 호기심이 많고 의사가 꿈이다.

❼ 친구가 괴로워할 때 그 친구에게 다가가 위로를 하고 친구를 위해 기도를 해준다.

❽ 본인은 고전이나 역사를 매우 좋아한다.

❾ 방송이나 텔레비전에 나가는 것을 매우 좋아하고 친구간에 인기가 많다.

❿ 몸을 많이 움직이는 것을 제일 싫어한다.

⓫ 상상력이 뛰어나고 미래를 예측하는 힘이 있다.

⓬ 하늘의 별자리에 대해 관심이 많고 그런 일을 하고 싶다.

⓭ 문화재나 역사에 대한 관심이 매우 많다.

⑩ **기억지능**

❶ 암기에는 다른 친구보다 자신이 있다.

❷ 친구를 가르치거나 친구가 잘 모르는 것을 본인이 잘 가르쳐준다.

❸ 운동보다 글 읽는 것이 더 좋다.

❹ 수학이나 과학보다 국어나 논리가 더 재미있다.

❺ 다른 친구들이 본인을 매우 어른스럽다고 한다.

❻ 친구가 공부에 어려움을 갖고 있을 때 친절하게 알려준다.

❼ 문화재나 오랜 전통을 지닌 물건에 관심이 가장 많다.

❽ 본인은 다른 친구보다 시를 잘 쓴다.

❾ 기억력이 매우 좋아 지나간 것을 거의 기억한다.

❿ 역사에 대해 많은 지식이 풍부하다.

⓫ 공부하는 게 가장 싫다.

⓬ 그림을 보고 글을 잘 표현하는 소질이 많다.

8
구조 분석

사주 원국을 기준하여 다음과 같은 지능 구조로 이루어지게 된다. 90개의 구조와 계열, 학과와의 관계에 대해 분석이 가능하였다.

◉ 자존지능과 경쟁지능이 발달한 구조 (比의 구조)

◉ 자존지능과 연구지능이 발달한 구조 (生의 구조)

◉ 자존지능과 표현지능이 발달한 구조 (生의 구조)

◉ 자존지능과 평가지능이 발달한 구조 (尅의 구조)

◉ 자존지능과 설계지능이 발달한 구조 (尅의 구조)

◉ 자존지능과 실천지능이 발달한 구조 (尅의 구조)

◉ 자존지능과 도덕지능이 발달한 구조 (尅의 구조)

◉ 자존지능과 인식지능이 발달한 구조 (生의 구조)

◉ 자존지능과 기억지능이 발달한 구조 (生의 구조)

◉ 경쟁지능과 자존지능이 발달한 구조 (比의 구조)

◉ 경쟁지능과 연구지능이 발달한 구조 (生의 구조)

◉ 경쟁지능과 표현지능이 발달한 구조 (生의 구조)

◉ 경쟁지능과 평가지능이 발달한 구조 (尅의 구조)

◉ 경쟁지능과 설계지능이 발달한 구조 (尅의 구조)

◉ 경쟁지능과 실천지능이 발달한 구조 (尅의 구조)

◉ 경쟁지능과 도덕지능이 발달한 구조 (尅의 구조)

◉ 경쟁지능과 인식지능이 발달한 구조 (生의 구조)

◉ 경쟁지능과 기억지능이 발달한 구조 (生의 구조)

이러한 구조를 살펴보면 90개의 구조로 이루어져 있다.

지능 구조를 기준하여 연구한 자료에 대해서는 본 서의 뒤편에 나열하였다.

9
월지 오행별 학습법

성적을 향상시키고 집중력을 높이기 위해 많은 노력을 한다. 명리학에서는 주체가 일간이기 때문에 일간을 기준하여 길흉화복을 판단한다. 그런데 학습법에서는 일간보다 월지의 작용이나 월간의 작용이 오히려 더 크다는 것을 알 수 있었다.

그 이유는 월지는 주로 학생들의 진학 과정과 관계성을 지니고 있기 때문에 어느 오행이 월지에 속하는가를 가지고 임상을 해보았다. 그 결과 흥미로운 사실을 알게 되었다.

1 월지가 木에 해당하는 학생

월지가 寅월과 卯월에 태어난 경우를 보면 시작, 계획, 준비를 잘하고 근면 성실하게 공부를 하려고 한다. 木은 위로 솟아오르려는 기질과 앞으로 나아가려는 기질이 강하다. 특히 봄의 계절은 희망, 약진,

성장을 하는 시기이므로 암기력이 약하고 논리적이거나 창의력이 발달하게 된다. 또한 새로운 변화에 익숙하지 않아 수학과 같이 여러 변형을 주는 문제에서는 흥미를 잃기 쉽다. 월지가 木인 경우는 반복적으로 하는 일 또는 복습을 게을리할 수 있다. 그러므로 먼저 꾸준하게 복습하며 암기력을 발달하도록 해야 한다.

시험공부에서 좋은 성적을 올리려면 교과서 중심으로 꼼꼼하게 읽고 이해하는 습관을 들여야 한다. 또한 과목에 상관없이 전 과목에 걸쳐 단순한 암기도 게을리하면 안 된다.

다양한 독서를 즐기는 木형은 교과서 내의 주제와 관계된 다양한 교재 읽기에 중점을 둔 국어 학습을 하는 것이 가장 효과적이다.

영어 과목에 있어서도 상대적으로 독해 능력이 뛰어나지만 영어 단어를 외우는 일을 소홀히 할 가능성이 크다. 매일 일정한 시간에 단어 암기하는 것을 습관화할 필요가 있다.

수학 공부의 관건은 꾸준한 반복학습을 할 수 있느냐의 여부에 달려 있다. 월지가 木인 경우 수학 개념을 처음 배울 때는 매우 흥미로워하지만 문제의 수준이 차츰 높아지면 흥미를 빨리 잃거나 포기하는 경우가 많다. 매일 조금씩 하는 습관을 들여야 한다.

시험 대비 막판 벼락치기 공부는 금물이다.

② 월지가 火에 해당하는 학생

월지 火(4, 5월)는 열정과 직감성을 지니고 있다. 처음 열정은 좋지만 그 열정을 지속적으로 펼쳐 나가는 데는 감정의 기복이 앞서게 된다.

즉, 잔소리를 많이 하거나 상처를 주거나 무시하면 火기가 아예 꺼지거나 폭발하는 이치와 같다. 이런 경우 용기와 칭찬, 격려를 해줌으로써 안정을 찾도록 하는 것이 관건이다.

국어를 공부함에 있어서도 평소 폭넓은 독서를 해야 한다. 火형은 논술에서 상대적으로 취약할 수가 있는데 그 원인은 자기 논리만 주장하다 보면 논리 전개가 허술해질 수 있기 때문이다. 그러므로 논리를 세우는 훈련을 받을 필요가 있다.

火형은 또한 영어 공부에 있어서 꾸준한 노력이 필요한 독해나 듣기에는 취약할 수 있다. 그러므로 영어방송 등을 통해 독해력과 청취력을 높이는 습관을 들여야 한다.

수학에서는 대개 여러 문제집을 풀지만 똑같은 유형의 문제를 계속 틀리는 경향을 보인다. 이런 경우에는 왜 틀렸는지를 항상 확인하고 다시 푸는 습관을 들인다면 충분히 수학 우등생이 될 수 있다.

시험 대비 너무 서두르다 실력 발휘를 하지 못할 때가 많으므로 차분하게 시험을 대비하고 치르는 습관이 급선무이다.

③ 월지가 土에 해당하는 학생

월지 土(3, 6, 9, 12월)의 경우에는 신뢰성과 중용을 중시하는 성향이 있다. 土는 고정되어 있기 때문에 쉽게 변화를 주는 것도 원하지 않고 자신이 무엇을 적극적으로 행하기보다는 순리를 따르려는 기질이 강하다. 이런 경우 학습방법으로는 폭넓은 학습을 통해 사고의 폭을 넓혀야 한다.

국어에 있어서는 다른 형에 비해 평소 다양한 독서가 부족함으로 처음에는 어려운 책보다 재미있는 책을 접하게 하는 것이 중요하다. 그리고 발표 능력이 떨어지는 土형 아이들은 평소에 발표 훈련을 하도록 해야 한다.

또한 土형은 다른 형보다 외국어에 대한 공포가 있을 수 있으므로 영어를 자연스럽게 접할 기회를 주어야 한다. 그 방법으로는 영어 만화나 동화를 보여주며 외국어에 대한 불안감을 누그러뜨릴 필요가 있다.

수학에 부진한 土형 아이들을 보면 전형적으로 자신감이 없는 경우가 많은데, 이 학생들을 구제할 방법으로는 수학을 정복할 수 있다는 자신감, 실력에 맞는 참고서와 수업, 그리고 반복학습을 통한 기초 다지기를 들 수 있다.

> **시험 대비** 시험공부를 일찍 시작할 필요가 있다. 아울러 중간 중간에 모의문제를 자주 풀어서 공부 기간 중에 긴장이 풀리지 않도록 하는 것이 필요하다.

4 월지가 金에 해당하는 학생

월지가 申월, 酉월이면 결단력과 결과를 중시하는 성향이 강하다.

적극적인 표현 능력을 키워줘야 한다. 국어에는 일정한 점수가 나올지 몰라도 교과서를 벗어난 문제나 통합적 문제에 약할 수 있다. 그러므로 책을 폭넓게 읽고, 읽은 책의 느낌에 대한 자기만의 방식을 토대로 발표해 보는 것이 필요하다.

金형은 수험용 영어에는 강할지 몰라도 국어와 마찬가지로 낯선 상황에서 순발력이 요구되는 회화나 작문은 상대적으로 약할 수 있다. 일단 여기에는 용기를 내서 자꾸 말을 해보는 방법이 가장 좋다.

한 문제를 풀더라도 정확하게 푸는 金일간과 월지가 7, 8월이면 수학 우등생이 될 확률이 높으므로 꾸준한 복습과 함께 응용문제를 통해 잘 대처할 수 있는 능력을 키워줘야 된다.

시험 대비 이 유형의 자녀를 둔 부모님은 큰 걱정을 할 필요는 없다.
다만 무리한 계획을 세우지 않도록 하는 것이 좋다.

4 월지가 水에 해당하는 학생

월지가 亥, 子월이면 지혜로움과 자유분방함을 좋아하게 된다. 물은 갇혀 있기보다는 흘러야만 실력을 향상시킬 수 있으므로 책상에 앉아서만 공부하기보다는 대중이 많은 장소나 그룹 스터디를 통하여 정보를 활용하거나 음악이나 명상을 하면서 공부를 해도 효과가 좋아진다.

월지가 水인 학생은 사소한 공부라도 신경을 써서 할 수 있게 도와주어야 한다. 독해력이 좋아 상대적으로 국어를 잘할 수 있지만, 너무 자신의 관심 분야에만 빠져 교과서를 등한시할 경우가 있을 수 있으므로 조심해야 한다. 기억력이 다른 유형보다 좋고 상황 판단력이나 임기응변이 뛰어나다. 영어 또한 뛰어난 독해력으로 우수하나 단어나 숙어 외우는 노력을 게을리하면 안 되겠다.

꾸준한 시간 투자가 성공의 열쇠임을 인식시켜 줄 필요가 있다. 만약 水형 중 수학을 못하는 아이라면, 아이가 자신의 수준에 맞는 문제를 접하도록 하여 자신감을 가지게 하는 것이 필요하다.

시험 대비 시험이 왜 필요한지, 성적이 어떤 의미가 있는지
동기 부여부터 제공해야 한다.

공부의 방식에 대해 명리학에서는 일간을 중심으로 살펴보는 경우가 많다. 그만큼 학생들이 성적을 향상시키기 위한 연구가 지속되고 있다는 것은 매우 반가운 일이다.

일간으로도 유형을 木 火 土 金 水형으로 살펴보기도 한다. 이는 교육학을 전공한 사람들이 명리학을 접하면서 연구를 하여 자신의 전공에 반영하고 있다.

본 서에서는 월지는 계절이고 계절의 오행을 木 火 土 金 水로 나뉘어 살펴보았다. 주로 연구에 참여한 학생은 초·중등학생으로 성격유형을 참고하여 나타낸 자료이며, 성적을 향상시키는 가능성에 대해 설명한 자료로 참고할 내용이기에 살펴보았다.

맹크 진화정보론 Ⅲ

PART 04

세월은 흘러가는 것

1
대운론

대운은 10년을 지배하게 된다. 특히 대운으로 무엇을 보아야 하는가를 논하라고 한다면 직업과 관계성을 지니고 있다고 말할 수 있다.

이 시기에 물어볼 수 있는 내용이 다음과 같다.

(1) 나와 직업이 맞는가!
(2) 어떤 직업을 가지면 좋은가!
(3) 현재 하고 있는 직업이 나에게 맞는 것인가!
(4) 사업자는 돈을 벌 수 있는가!
(5) 직장인은 승진이나 변동이 있는가!
(6) 건강은 어떠한가!

주로 이러한 일들을 대운에서 살펴보게 되고 세운은 현재의 직업에 대한 당면성을 물어오게 된다.

해당 대운이 일주 또는 월주와 합, 충, 형, 공망에 해당하는지를 살펴 판단하게 된다.

② 대운 해설

대운은 직업과 관계성이 크다. 자신에게 적합한 직업을 갖고 있는가와 십성이 어느 것인가에 따라 판단하는 방법도 달라지게 되고 신강·신약을 논하게 되며, 나아가서는 12운성과 신살까지도 적용하여 정확성을 높이려고 한다.

대운에 대해 연구를 하려고 한다면

_첫째 대운의 천간 십성(10)×7째 대운×일간 10 = 700개 종류
_첫째 대운 지지 십성(10)×7째 대운까지 분석 = 700개 종류
_합, 형, 충, 공망 10×10×2×4(일지, 월지) = 800개 종류
_일간과 12운성 적용 일간(10)×12운성(12)×7개의 대운 = 840개 종류

무려 3,040개의 종류에 대해 기본적으로 연구해야만 어느 정도 흐름을 알 수 있다고 판단하였다.

■ 대운 속에 세운 작성하는 방법

❶ 자신의 띠를 찾는다.

❷ 해당 대운을 찾고 순행한다.

❸ 해당 대운을 기준하여 뒤로 2칸씩 10개의 묶음으로 역행한다.

❹ 나머지 잔여 숫자에서 순행한다.

예 男, 1968년생, 음력 8월 3일, 대운이 5대운이라면 (戊申)생

```
        35/⇐                  1 戊申
46⇧⇨   壬午                   /25
癸巳    ⊙47세                 ⇩ ⇧
       甲午년                   壬申

45⇧                          2 己酉
壬辰                          ⇩

                             3 庚戌
                             /15
                             ⇩ ⇧
                              壬戌

              5대운
              壬子    ⇐4辛亥
            역행 ⇨
```

5대운에는 壬子(5세) 6세 癸丑 7세 甲寅...

15세는   壬戌   16세 癸亥   17세 甲子   18세 乙丑   19세 丙寅

25세는   壬申   26세 癸酉   27세 甲戌   28세 乙亥

35세는   壬午   36세 癸未   37세 甲申

45세는   壬辰   46세 癸巳   47세 甲午

대운 그래프는 아래와 같다.

12							
11							
10							
9							상관
8							●
7	정관						
6	●			편인			
5				●		비견	
4		편관				●	
3		●			겁재		
2			정인		●		
1			●				
나이	5	15	25	35	45	55	65
천간	壬	癸	甲	乙	丙	丁	戊
지지	戌	亥	子	丑	寅	卯	辰
에너지	6	3	1	5	2	4	8

에너지를 반영하여 대운의 천간과 지지를 구성하게 된다.

	35	36	37	38	39	40	41	42	43	44
	비견	겁재	식신	상관	편재	편재	편관	정관	편인	정인
나이	35	36	37	38	39	40	41	42	43	44
세운	壬午	癸未	甲申	乙酉	丙戌	丁亥	戊子	己丑	庚寅	辛卯
에너지	3	6	9	7	10	11	12	8	4	2

35세 **대운(乙丑)**을 살펴보면 다음과 같다.

❶ 재물과 관련이 있는 나이는 37, 38, 39, 40세에 해당한다. 이 시기에
에너지가 상승하여 사업자에게는 수익이 많게 된다. 직장인은 목돈
을 만들어 집을 장만하거나 호봉이 상승되기도 한다.

❷ 이 시기에 내가 그러지 못하는 경우라 하더라도 배우자로 인하여 수익이 증가하게 된다.

❸ 재물과 인연이 적은 시기는 43, 44세이다. 그 이유는 주성이 인성이고 에너지가 하락하여 목적 실현이 잘 이루어지지 않는다. 이 시기가 되면 가게를 이동하거나 업종을 전환하거나 점포를 정리하는 경우가 많게 된다.

❹ 대운이 충이나 형 또는 합이 되어 변한 십성이 관성이나 인성이 되면 재물과는 인연이 약하게 작용한다.

예 1950년생, 7대운, 일간이 丙이라면...

64 癸巳④	65 甲午⑤ 17(丙午)	⑥ 乙未	⑦세 丙申 2칸째
63 壬辰③ 27(丙辰)			
62 辛卯②			57 丙戌 ⇩
61 庚寅 庚寅① 37 丙寅	60 己丑	59 戊子 47 丙子	58 丁亥 ⇐

(1) 띠가 무슨 생인가 본다(경인생).

(2) 7대운에 해당한다. 1세부터 순행하여 7대운까지 가면 丙申년.

(3) 10년마다 뒤로 한 칸씩 건너뛰고 역행하여 가보면 57세 대운이 丙戌이다.

(4) 丙戌부터 순행하여 甲午년까지 가면 65세에 해당한다.
    甲午년에는 65세에 해당한다.

■ 37세 대운을 기준하여 세운을 산출한다면?

37세 丙寅, 38세 丁卯, 39세 戊辰 40세 己巳로 나아간다.

③ 37세 대운 속에 세운의 에너지를 알려면?

⊙丙 일간

12				상관	○					
11			식신	○	편재					
10	비견		○							
9	○					정재				
8		겁재				○				
7		○								
6									편인	
5							편관	○		
4							○			
3								정관		
2								○		정인
1										○
나이	37	38	39	40	41	42	43	44	45	46
	丙寅	丁卯	戊辰	己巳	庚午	辛未	壬申	癸酉	甲戌	乙亥
에너지	9	7	10	11	12	8	4	2	5	1

➡ 이와 같이 해당 대운을 기준하여 세운을 찾아 에너지를 분석하면
된다.

■ 57 대운의 세운은 어떻게 나타내야 하는가?

57세는 세운이 丙戌에 해당한다.

즉. 57세(丙戌 : 5점), 58세(丁亥 : 1점), 59세(戊子 : 3점),

60세(己丑 : 6점), 61세(庚寅 : 9점), 62세(辛卯 : 7점),

63세(壬辰 : 10점), 64세(癸巳 : 11점), 65세(甲午 : 12점),

66세(乙未 : 8점)에 해당한다.

예 1958년생, 4대운, 일간이 丁이라면...

44 / 56세 癸巳 ⇩⇨辛巳	57세 ❀ 甲午	34세 ⇦ 辛未	
55세 ⇧壬辰			24세 ⇧辛酉
54세 ⇧辛卯			戊戌 ①
	辛丑 ④ ⇨	庚子 ③	己亥 ② 14세 ⇧辛亥

■ 4세에서 14세까지는 辛丑 壬寅 癸卯 甲辰 乙巳 丙午~

■ 44세에서 53세까지는 辛巳 壬午 癸未 甲申 乙酉 丙戌

■ 54세에서 63세까지는 辛卯 壬辰 癸巳 甲午 乙未 丙申 丁酉

戊戌 己亥~

세운 에너지와 천간 십성

에너지	4	8	12	11	10	7	9	6	3	1
나이	54	55	56	57	58	59	60	61	62	63

(그래프 표시: 54-편재, 55-정관, 56-편관·정인, 57-편인, 58, 59-겁재, 60-비견, 61-상관, 62-식신, 63-정재)

년도	11	12	13	14	15	16	17	18	19	20
주인공	辛	壬(합)	癸천충	甲	乙	丙	丁	戊월합	己	庚
丁未	卯	辰	巳월지沖	午	未	申	酉	戌일지刑	亥월지刑	子

세운이 십성으로 어떤 해인가!

지지 합, 충, 형, 천간 합, 충(일주, 월주)

❶ 54세부터 63세 세운을 보면 54세부터 58세 운은 에너지가 상승을 하고 있고 천간은 관성과 인성에 해당하였다. 이런 경우 문서나 계약, 교육이나 행정 분야에서는 원만하고 자영업에서는 노력한 결과가 있지만 주로 매매, 문서, 부동산, 계약으로 인한 이익이 실현되게 된다.

❷ 조심해야 할 년도는 56세는 사회적으로 변화, 충돌, 갈등이 오는 해이고, 61세는 가정적인 문제가 발생하게 된다. 배우자가 몸이 안 좋아 수술을 하거나 불화, 다툼, 논쟁이 생기게 된다.

❸ 재물과 인연이 있는 나이로는 61세부터 식상운이 오지만 에너지가 감소하여 노력을 많이 해야 한다.

■64 대운을 살펴보면 다음과 같다.

12					편인 ●	겁재 ●	비견			
11						●				
10							●		식신	
9				정인					●	
8				●				상관		
7								●		정재
6	편재									●
5	●		편관							
4			●							
3		정관								
2		●								
1										
에너지	5	2	4	8	12	11	10	7	9	6
나이	64	65	66	67	68	69	70	71	72	73
년도	21	22	23	24	25	26	27	28	29	30
주인공 丁未	辛	壬(합)	癸월출	甲	乙	丙	丁	戊월합	己	庚
	丑	寅	卯	辰	巳	午	未	申	酉	戌

■ 64 대운 속에서 세운을 살펴보면 다음과 같다.

❶ 재물과 관련이 있는 나이로는 64, 71, 72, 73세이다.

❷ 문서와 관련이 있는 나이로는 65, 67, 68세이다.

❸ 건강이 안 좋은 나이로는 66, 73세이다.

이처럼 대운 속에서 세운을 살펴 대운의 에너지가 상승하고 세운의 에너지가 상승할 때 목적 실현이 잘 되게 된다.

대운의 에너지가 하락하더라도 해당되는 세운이 상승하고 주성이 식신, 상관, 재성이 타고 있는 시기에 목적 실현이 잘 되게 된다.

이와 같이 천간의 주성과 에너지의 관계를 살펴볼 때 경제적인 내용이 매우 일치한다는 것을 여러 임상을 통하여 발견하였다.

학생들은 진학과 관련하여 첫째 대운과 둘째 대운만 판단하게 된다. 첫째 대운은 유년기부터 중학교 과정에 해당하는 경우가 많고, 둘째 대운은 중·고등학생에 해당하는 경우가 많게 된다. 대학 진학 과정과 관계된 대운은 주로 둘째 대운이 90% 이상 해당하는 것으로 나타났다.

학생이 어느 시기에 성적이 오르고 향상되는지를 알려면 첫째 대운을 기준하여 세운을 분석하여 판단해야 되고, 둘째 대운도 천간에 어느 주성이 타고 있으며 10년의 세운을 에너지를 분석하여 어느 시기에 가장 성적이 향상되고 있는지를 살펴야 진학에 대한 정보를 정확하게 전달해 줄 수 있다.

③
첫째 대운의 작용

대학을 진학하는 시기는 주로 첫째 대운(10대운)과 둘째 대운으로 나뉘게 된다. 이 시기에 나타나는 작용에 대해 십성으로 분류하여 살펴보았다.

1 첫째 대운이 비견, 겁재일 때 작용

- 활동성, 자신감, 친구관계, 자아의 욕구, 리더십이 좋은 시기이다.
- 남의 구속이나 억압보다는 자유롭게 간섭받는 것을 싫어한다.
- 공부보다는 운동이나 친구들과 어울리는 것을 좋아한다.
- 이 시기에 대학을 진학하는 학생은 조기에 자신의 적성을 찾고 매진하면 좋다.

2 둘째 대운이 비, 겁일 때

- 청소년기에 접어들게 되고 이성이 발달하게 된다.
- 친구들과 어울리고 자기 과신을 많이 하는 시기이다.
- 이 시기에 친구관계 형성과 자존심을 낮추고 미래를 계획하면 좋다.
- 예체능으로 발달하기도 하고 두려움이나 겁이 없는 시기이다.
- 돈을 중요하게 생각하지 않고 버는 만큼 지출이 생기는 시기이다.
- 대학을 진학하는 시기이기도 하다. 입학사정관제나 수시로 진학하거나 특기생으로 입학을 하면 좋다.
- 학생은 생각보다 성적이 오르지 않고 오래도록 책상에 앉아 집중하기가 어렵다.

③ 첫째 대운이 식, 상일 때

- 연구, 몰입, 미래 준비를 하게 되고 꼼꼼하다.
- 한 분야에 오래도록 집중하게 되고 손재주나 예술, 음악 분야의 소질을 갖게 된다.
- 자신이 계획한 일과표에 의하여 실천하려고 한다.

④ 둘째 대운이 식, 상일 때

- 이공계열이나 예체능분야에서 능력을 인정받거나 자격을 갖추기도 한다.
- 미래를 준비하며 경제적인 혜택을 중시하므로 전문성을 갖추는 시기이다.
- 신강구조는 미래계획을 세워 목적실현을 하려고 하며, 신약구조는 시행착오가 생기는 경우가 많다.

■ 한 분야로 진출하는 시기이기 때문에 자신이 가장 선호하고 적성에 맞는 분야로 전문성을 가져야 한다.

■ 진로와 관련이 있고 직업을 갖는 시기이다.

■ 에너지가 상승을 하면 자신이 계획하는 목적실현이 잘 이루어지고 에너지가 하락시 시행착오나 노고 지체가 다소 따른다.

5 첫째 대운이 재성일 때

■ 자신이 계획하는 방향을 금전적으로 유익함이 많은 방향으로 계획한다.

■ 이 시기에는 평가지능과 설계지능이 발달하여 수학이나 과학에 더 많은 소질을 갖게 된다.

■ 자신이 가장 좋아하는 과목이나 적성을 찾아 한 길로 매진하도록 권장한다.

■ 공부보다는 이성에 더 관심이 많아지거나 이과분야에 소질이 더 강하다.

6 둘째 대운이 재성일 때

■ 대학을 진학하는 경우에 해당하고 미래의 직업을 구상하는 시기이다.

■ 주로 이공계열 진학률이 높고 경제적으로 유리한 방향으로 진학하려고 한다.

■ 이성이 발달하고 호기심이 발달하기도 하는 시기이다.

■ 조기에 대학을 진학하도록 하며 학교보다 자신에게 가장 잘 맞는

학과를 선택해서 입학사정관제나 수시로 진학을 유도한다.

7 첫째 대운이 관성일 때

- 행동지능과 실천지능이 발달하는 시기이다.
- 책임감이 강하고 부지런해진다.
- 개성이 강하고 자기 일을 잘 소화해 낸다.
- 건강에 유의해야 하는 시기이다.
- 공부에 집중력이 높아진다.

8 둘째 대운이 관성일 때

- 명예, 안정을 추구하고 싶어 한다.
- 참을성과 인내심이 많아진다.
- 건강에 유의해야 한다.
- 조급해하거나 서두르면 불리하다.
- 공부에 집중력이 높아지고 안정적인 직업을 계획한다.

9 첫째 대운이 인성일 때

- 생각이 높고 어른스럽다.
- 책을 좋아하기도 하고 공부를 잘하기도 한다. 다만, 원국에 인성이 많으면 용두사미에 해당하거나 남에게 의존하거나 나태해지게 되고 자신이 계획한 일을 미루는 습성이 있다.
- 움직이는 것을 좋아하지 않고 책이나 독서를 더 선호하는 시기이다.

🔟 둘째 대운이 인성일 때

■공부에 대한 열정이 높아지고 상을 받거나 성적이 향상된다. 다만, 인성이 용신에 해당하거나 일간에게 도움이 될 경우를 말한다. 원국에 인성이 많으면 오히려 공부를 안 하게 된다.

■정신세계가 높아지고 미래를 구상하고 실천하게 된다.

■문과계열을 선택하는 경우가 더 많다.

■오래도록 책상에 앉아 복습을 할 수 있는 시기이다.

■이 시기에는 계획을 세워 자신이 나아가는 방향으로 공부를 하면 목적실현이 이루어진다.

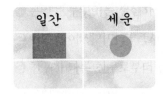

4

운의 행로(行路)

세운을 나타내며 주로 일간을 기준하여 판단하게 된다.

■ 일간에 나타나는 작용

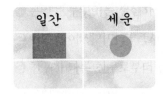

1년 운을 살필 때 일간과 세운 천간을 기준하여 일의 당면성을 살펴보게 된다. 세운 천간이 십성으로 어느 것이 타고 있는가를 살펴보고, 그다음으로 세운 지지가 합, 충, 형, 공망을 분석하게 된다.

세운 천간이 **비견**이면 활동성과 분주함이 생기게 되고, **식상**이면 연구, 궁리, 창의성, 표현성이 나타나게 되고, **재성**이면 금전적인 문제나 이성관계와 연관성을 갖고 있고, **관성**이면 안정을 추구하기 위하여 방법을 강구하게 되고, **인성**이면 문서나 이사 또는 자신이 추구하려는 것을 생각하게 된다.

2 세운 분석법

구 분	일 간	강, 약		입학사정관	수시1, 2차	정시진학
세운	⇨	십성	신강	○	○	○
			신약		○	

에너지		전년도	당해년도	진학
신강	상승	⇩	⇧	목적 실현
	하락	⇧	⇩	계열 변동
신약	상승	⇩	⇧	실현 가능
	하락	⇧	⇩	시행 착오

○ 진학년도를 보면 사주 강약을 기준하여 4단계로 구분한다.

첫째, 신강·신약구조로 분류할 수 있다.

❶ 월주를 중심으로 월지가 일간을 도와주는 印, 比로 구성되고 일지가 득지하면 신강구조로 판단하고, 실령하고 실지하면 대부분이 신약구조에 해당한다.

❷ 본 서에서는 연, 월, 일과 지장간(년, 월, 일)을 기준하여 자신의 본기를 찾아 적용하는데 적용방법은 ❶ 항과 동일하다.

둘째, 신강구조이면서 전년도보다 진학을 하는 해에 에너지가 상승하고 있는가를 판단한다.

❶ 에너지가 전년도보다 상승하면 성적이 향상되게 되고 자신이 계획하는 일이 순조롭게 된다.

❷ 다만 세운이 일지와 沖, 刑, 破亡이 되거나 일지와 세운 지지가 합이 되어 변한 오행이 일간에게 기신이 되는 경우는 제외한다.

이런 경우는 계열변동이 생기거나 자신이 계획한 대학에서 경쟁력이 다소 약하게 작용한다.

❸ 진학뿐만 아니라 임용고시, 행시, 사시, 나아가 선거에서도 영향력을 지니고 있다는 것을 참고해야 한다.

셋째, 신강구조이면서 당해년도 에너지가 전년도보다 하락하는 경우이다.

❶ 노력에 비하여 전년도보다 성적이 오르지 않게 된다. 에너지는 생각, 정신, 자신감, 긍정적 사고를 지배하게 되는데 에너지가 감소하면 의욕이 약해지고 생각이 많으나 행동, 실천하는 데에는 신중해지게 되는 이치이다. 학생은 공부를 열심히 하지만 집중력이 떨어지거나 산만해지는 이치와 같다.

❷ 한 권의 책을 보아도 집중력이 떨어지게 되고 다른 교과 과목에 신경이 쓰이는 형국이다.

❸ 이 경우는 조기에 진학을 하도록 권장하며 정시로 진학할 경우 자신이 계획하는 방향에서 수정할 일이 생기기 때문에 수시 1, 2차에서 자신이 목표하는 방향으로 진학하도록 한다.

❹ 공망, 형, 충이 되면 신강구조라 하더라도 자신이 원하는 대학이나 학과를 진학하는데 어려움이 따른다.

넷째, 신약구조이면서 전년도보다 진학하는 해의 에너지가 상승하면 목적 실현이 된다. 지금까지 신강구조에 용신운이 오면 좋다고 하였다. 반대로 신약구조이고 진학년도가 기신에 해당하면 대학 진학에 어려움이 따른다고 하였다. 그런데 신약구조이고 기신운이라 하더라도 명문대를 진학하는 것을 보아 왔다. 그 이유에 대해 어떻게 설명을 해도 해답이 없던 차에 에너지와 관계성이 있다는 것을 발견하였다.

❶ 신약구조이고 기신운이라 하더라도 전년도보다 진학년도의 에너지가 상승하면 목적 실현이 잘 된다.

❷ 전년도보다 성적이 향상되게 되는데 그 이유로는 생각이 변하게 되고 집중력이 높아지게 된다.

❸ 과목별 몰입능력이 좋아지고 꾸준하게 오래 앉아 공부를 하기도 한다.

❹ 지지가 충이나 형 또는 공망에 안 되어야 목적하는 일이 순조롭다.

다섯째, 신약구조이면서 에너지가 하락하면 노고가 많고 자신이 원하는 분야로 진출하기가 어렵다. 특히 충, 형이나 공망이 되면 낮추어 진학을 하거나 아예 포기하는 경우도 생긴다.
신약구조이면서 에너지마저 하락하면 학교보다는 자신이 가장 좋아하는 학과를 선택하도록 하고 전문대라도 조기에 진학하도록 권장한다.

본 내용은 진학을 준비하는 고등학교 3학년 798명과 명문대에 입성한 991명을 대상으로 통계분석한 자료를 기준하여 나타난 결과이다.

5

일간과 세운 천간 작용

1 년운(천간)이 비견성일 때

- 학생은 친구나 인간관계를 좋아하게 되고 새로운 친구들을 사귀는 형국이다.

- 몸이 분주해지고 정보를 많이 분석하게 된다.

- 공부가 잘 안 되는 시기이고 오래도록 앉아 있기가 어렵다. 이런 경우는 친구들과 정보를 교환하며 공부하는 것을 권장한다.

- 음악을 들으면서 공부를 해도 성적이 향상된다.

- 친구들과 그룹을 형성하여 스터디를 해도 성적이 향상된다.

- 운에서 충이나 형살에 해당이 되면 주로 흉한 작용이 나타나게 된다. 따라서 세운이나 대운에서 충, 형에 해당할 때는 주의깊게 판단해야 한다.

- 에너지 여부를 판단해야 한다. 세운 지지의 에너지가 상승, 하락하는

가를 먼저 살피고 전년도와 당해년도 그리고 익년도의 흐름과 변화를 알아야 한다. 즉, 일의 당면성에 대해 구체적으로 알려줄 수 있다.

학생들이 대학을 진학하는 데는 용신운이나 기신운이 커다란 영향을 가져오지 않았다. 다만 자신이 원하는 대학이나 자신이 희망한 계열을 진학하는 데에는 관계가 없고 기신운에 해당하면 계열변동이 생기는 경우가 다소 많았지만 작용은 약하였다. 용신이 작용하지 않는 것으로 결론을 냈다.

② 년운(천간)이 겁재성일 때

- ■대인관계나 친구관계에서 변화가 오며 그 폭이 넓어지는 해이다.
- ■학생은 비견성일 때와 마찬가지로 해석하면 좋다.
- ■다만 비, 겁이 많으면 남의 충고를 받아들이지 않고 자기 방식으로 공부를 하다 실패하는 성향이 많다.
- ■원국에 비, 겁이 많은데 재차 세운이 비, 겁이면 공부에 관심이 적어지게 되고 반면에 원국에 비, 겁이 약한데 운에서 오면 자신감이 회복되고 도전의식이 강해진다.
- ■운에서 충이나 형이 되면 자신이 계획하는 방향에서 수정하는 일이 생긴다.
- ■에너지가 전년도보다 상승하면 계획하는 일이 순조롭고 에너지가 하락하면 착오가 생기게 된다.
- ■세운이 천중(공망)에 해당하면 경쟁력에서 약화되고 공망이 충이 되면 한 단계 낮추어 가야 하고, 공망이 합이 되면 순조롭다. 또한

공망이 기신에 해당하면 원하는 학과를 들어가기가 쉽고 용신에 해당하면 학과 변동이 이루어지게 된다.

비견, 겁재는 활동성이 왕성해지고 정보 분석력이나 자아의 욕구가 강해지게 된다. 세운이 비, 겁일 때 자신이 계획하는 학과에 진학하는 데에는 다른 십성보다 약하게 작용하였다. 따라서 대학을 진학할 때 수시로 진학을 하는 것이 도움이 될 것이다.

③ 년운(천간)이 식신성일 때

■ 여유가 있는 별로서 맡은 일이나 직업에 여유가 있고, 취미나 학습을 시작하는 해이다.

■ 각종 자격을 취득하는 공부나 전문을 요하는 데 투자하거나 한다.

■ 식신은 기획성과 연구성에 해당하니 자신이 복습과 예습에 대해 잘 계획하고 지켜나가면 좋은 결과가 생긴다.

■ 에너지가 전년도보다 상승하면 목적 실현이 잘 이루어지게 된다. 신강구조인 경우는 원하는 대학과 진학계열로 입학하기가 쉽다.

■ 에너지가 상승하는데 신약구조인 경우는 수시로 진학을 권장한다.

■ 신강구조에 에너지가 하락하면 계열변동이 생기거나 학교를 한 단계 낮추어 진학하게 된다.

■ 에너지가 상승하면 강, 약을 떠나 자신이 계획하는 분야로 진학을 하게 된다.

■ 천중살에 해당하면 건강이 순조롭지 못하고 병이 올 수 있으니 건

강 관리가 필요하다.

■ 운에서 충이나 형살에 해당되면 주로 흉한 작용이 나타나게 된다. 따라서 세운이나 대운에서 충, 형에 해당할 때는 주의깊게 판단해야 한다.

4 년운(천간)이 상관성일 때

■ 고독하거나 안정되지 못하여 안절부절못하며 신경이 날카로워진다.

■ 남과 시비나 다툼이 찾아오니 조심해야 한다.

■ 정신적으로 변화를 추구하고 싶고 이동, 변화를 주고 싶어하며 가정보다 밖으로 출타가 많고 새로운 호기심이나 이성에 관심이 많다.

■ 천중살에 해당시 병이 오거나 수술할 일이 생긴다. 그렇지 않으면 자식에게 병이 생긴다.

■ 운에서 충이나 형살에 해당되면 주로 흉한 작용이 나타나게 된다. 따라서 세운이나 대운에서 충, 형에 해당할 때는 주의깊게 판단해야 한다.

■ 상관은 예지력, 상상력을 의미하며 이를 잘 표현하는 기질이 있다.

■ 여성은 상관운이 오면 이성에 대한 관심이 많아지게 되고 조숙해지는 시기이다.

■ 세운이 상관운일 때는 예능 분야 진학자에게 유리하다.

■ 복습이 잘 되는 시간대도 밤 11시부터 1시 반까지 집중력이 좋아지는 시간대이다.

■ 에너지가 상승하면 목적 실현이 잘 이루어지게 되고 에너지가 하락하면 지체되거나 수정하는 일이 생기게 된다.

5 년운(천간)이 편재성일 때

- 부동산이 움직이는 해이며 매매, 투자 등 출납이 활발해진다.
- 재물에 기쁨도 있고 남성은 이성이나 애인이 생기는 해이다.
- 천중살에 해당하면 증권이나 도박시 빈털터리가 되고 사업에서는 채무가 늘어나고 애인이나 부인으로 인해 고통이 수반된다.
- 투기나 사업은 자제하고 직장인은 이직하면 불리하다.
- 운에서 충이나 형살에 해당되면 주로 흉한 작용이 나타나게 된다. 따라서 세운이나 대운에서 충, 형에 해당할 때는 주의깊게 판단해야 한다.
- 남학생은 조기에 진학하는 것을 권장한다. 이 시기는 이성운이 발달하는 해이므로 집중력이 감소하게 된다.
- 세운이 재성이 타면 문과 지원자보다 이과 지원자에게 유리하게 작용한다. 또한 성적도 전년도보다 크게 향상되지 않게 된다.
- 남녀공학과 관계된 학생은 이성문제에 매우 신경을 써야 한다.

세운이 재성에 해당할 때는 입학사정관제나 수시로 진학을 권장하고 싶다. 특히 남학생에게는 재물에 해당하기도 하고 이성에 해당하게 되므로 성적이 오르지 않거나 올라도 이과 분야의 성적이 오를 수 있다.

특히 신약구조에 해당하고 정시로 진학하게 되면 시행착오나 자신이 원하는 결과가 잘 나타나지 않는다.

이런 경우 자신이 계획한 분야를 조기에 진학하도록 권장한다.

6 년운(천간)이 정재성일 때

■ 부동산의 움직임과 금전의 출입이 활발하다.

■ 돈을 다루는 부서나 직장에서는 승진이 되고 저축의 기회가 오거나 뜻하지 않은 횡재나 돈이 들어온다.

■ 결혼의 시기가 오기도 한다.

■ 자기 일을 하면 이익이 있다.

■ 학생은 규칙적인 계획을 세우고 공부를 해야 좋고 문과 분야보다는 이과 분야의 과목에 더 성적이 오르는 해이다.

■ 편재와 마찬가지로 남학생은 이성문제에 유의해야 한다.

■ 조기에 진학하는 경우가 유리하고 정시진학에서는 계열변동이 생기게 된다.

■ 대체적으로 세운이 재성운이면 성적이 오르지 않는 경우가 더 많다.

■ 천중살에 해당시 재물에 손실이 있고 애첩, 이성운, 부부간 불화나 이별이 생기고 결혼에 장애가 온다. 신규사업이나 돈을 빌려주면 불리하다.

■ 운에서 충이나 형살에 해당되면 주로 흉한 작용이 나타나게 된다. 따라서 세운이나 대운에서 충, 형에 해당할 때는 주의깊게 판단해야 한다.

■ 진학년도가 공망이나 충, 형에 해당하면 자신이 계획하는 학교나 학과를 들어가는 데 어려움이 생기게 된다.

7 년운(천간)이 편관성일 때

■ 몸이 분주하고 바쁜 시기이다. 그에 비해 실속은 적고, 헛수고가 많다.

■ 남과 시비나 불화가 있는 해이니 다툼을 조심해야 한다.

■ 문서운이나 매매, 소송의 일이 생기기도 한다.

■ 여성은 이성운이 오게 되고 기혼자는 애인이나 이성이 생긴다.

■ 남자는 문서운, 승진, 취직의 운이 있다.

■ 여성은 이성문제가 생길 수 있고 남편과 갈등이 많다.

■ 학생은 책임감이 강해지기도 하고 솔선수범하기도 하지만 조급해지기도 하는 해이다.

■ 관성이 많은 경우는 한 단계 낮추어 진학하는 것이 유리하다.

■ 학생이 진학하는 년도가 충이나 형살에 해당되면 주로 흉한 작용이 나타나게 된다. 따라서 세운이나 대운에서 충, 형에 해당할 때는 낮추어 진학을 하도록 권장한다.

■ 공망에 해당할 경우는 실천, 이행능력이 감소하게 되고 목적 실현을 하는데 노고가 따른다.

■ 천중살에 해당하면 고생만 하고 실속이 없는 해이다. 타인이 저지른 실수를 내가 문책받는 해이며 여성은 애인, 이성 등 남성과 불화가 생긴다.

관성운은 행동, 실천, 책임감이 많아지게 되므로 집중력이 생기게 되므로 실천하면 결과가 좋게 된다. 편관은 서두르는 경향이 강할 수 있으므로 여유가 필요하다.

8 년운(천간)이 정관성일 때

- 명예와 명성을 가질 수 있는 해이며 문서와 관련된 시기이다.
- 직장인은 인정받고 승진이나 시험에 유리하고 학생은 시험에 유리하다.
- 문서에 이익이 생기고 팔리지 않던 부동산은 정리된다.
- 미혼인 경우 혼사가 열리고 직업이 없는 경우 취직이 된다.
- 천중살에 해당되면 직무상 타인의 실수로 나에게 불리한 일이 생기거나 명예가 손상되는 일이 생긴다. 배우자와 불화가 많은 해이다. 결혼이 이루어지면 불리하고, 살아갈수록 고생이 많아 보류하는 것이 좋다.
- 운에서 충이나 형살에 해당되면 주로 흉한 작용이 나타나게 된다. 따라서 세운이나 대운에서 충, 형에 해당할 때는 주의깊게 판단해야 한다.
- 정관은 합리적이고 도덕지능이 발달하게 된다. 지구력과 끈기력이 생기며 오랫동안 집중할 수 있는 시기이다.
- 수학이나 과학보다 오히려 영어나 국어 성적이 향상되는 해이다.
- 관성운에 해당하면 진학에 신중해지는 경우가 많은데 수시 진학을 권장한다.

정관운에서는 문과 분야의 과목에서 성적이 향상된다. 책임감과 명예를 주관하게 되니 복습을 충실하게 하면 결과가 좋게 나타난다.

⑨ 년운(천간)이 편인성일 때

- 생활양상이 바뀌는 시기이다.

- 이사, 변동, 이직, 해외여행, 독립을 하는 시기이다.

- 적극적으로 움직이고 활용하면 즐거움과 재물이 증가하는 해이다.

- 문서운이 있고 매매, 구입이나 자격증, 공부 등에 유리하다.

- 천중살에 해당시 윗사람과 불화하거나 소송, 이혼, 부모의 병환으로 내가 힘들어지고 진학, 승진, 취직은 원하는 대로 이루어지지 않는다. 사소한 실수를 조심해야 한다.

- 운에서 충이나 형살에 해당되면 주로 흉한 작용이 나타나게 된다. 따라서 세운이나 대운에서 충, 형에 해당할 때는 주의깊게 판단해야 한다.

- 세운이 편인성이면 생각이 높아지고 정신적인 세계도 넓어진다.

- 신중해지기도 하고 여유가 있는 해이다.

- 학생은 문과 과목 성적이 더 향상되거나 집중력이 높아진다.

- 인성운이 오면 입학사정관제나 수시로 진학을 권장한다.

- 인성운에서는 자신이 원하는 학교를 못 들어가게 되면 재수를 하는 경우가 다른 십성보다 많다.

인성운은 탐구력, 예술성, 논리력이 좋아지게 된다. 다만 꾸준하게 공부를 해야 하는데 벼락치기 공부를 하는 경우가 많다. 암기력이나 역사, 고전과 같이 문과 분야의 성적이 향상되는 시기이다. 미루는 습관이나 잠이 많아질 수 있으니 규칙적인 습관을 가지고 공부해야 한다.

10 년운(천간)이 정인성일 때

- 공부, 연구, 자격 획득, 교육, 수련 등에서 적당한 해이다.
- 문서와 연관된 일이나 행정에서 능력을 인정받는다.
- 윗사람의 칭찬과 격려가 있고 도움과 지원을 받는다.
- 결혼운이 있거나 문서운이 있다.
- 천중살에 해당시 양친의 문제나 복잡한 일이 꼬이거나, 진학, 취직, 승진 등 시험에서 불리하며 실수가 반복된다.
- 운에서 충이나 형살에 해당되면 주로 흉한 작용이 나타나게 된다. 따라서 세운이나 대운에서 충, 형에 해당할 때는 주의깊게 판단해야 한다.
- 정인운에서는 문과 분야 진학자에게 더 유리한 해이다.
- 성적이 향상되는 해이다.
- 신강인 경우에는 수시로 진학을 권장한다.

어느 한 분야를 연구하기 위해서는 여러 번의 시행착오를 겪어야만 조금씩 발전해 갈 수 있다고 보았다. 그동안 학생들의 진로에 대하여 연구한 결과 고등학교 3학년 798명을 대상으로 설문응답을 받고 결과를 도출하였고, 명문대 재학생들을 대상(서울대생 306명, 이화여대생 343명, 교육대생 342명)으로 각각의 통계분석을 실시하여 책으로 출간하였다〖『명리 진학정보론』, 『명리 진학정보론Ⅱ』〗.

진학에 대해 연구자의 책을 접한 분들은 내용에 관심을 갖고 용기를 주는 역학인들이 많이 있었다. 명리학은 분명 다른 인문학과 달리 인간에게 꿈과 희망을 전달해 줄 수 있는 유일한 학문이라고 주장하고 있지만 정작 무슨 꿈과 희망을 제시해 주는지에 대해서는 많은 고민을 해야 할 것이다.

그래서 필자는 어려움과 시련을 극복하면서 고등학생의 의견, 대학 재학생들이 보는 진로 과정, 학교 현장에서 담임의 진로 역할, 진학상담교사의 역할에 대해 많은 토론과 경청을 하고 교육정책에 대한 정보를 접하게 되었다. 더 나아가서는 진로 적성검사를 실시하는 사교육 학원을 방문하여 학원에서의 진로정책에 대해서 어떤 방법으로 명문대에 진학을 시키는가에 대해서도 정보를 공유해 보았다.

또한 진로에 대해 명리학적으로 연구하는 분들도 만나 명리학을 통한 진로 교육에 대해 어떻게 전달하고 있는지 경청도 해보았다. 외국문헌을 기준하여 진로 적성검사를 시행하는 단체도 방문하여 토론도 해보고 내용에 대한 정보도 경청해 보았다. 외국문헌을 기준하여 현재 많은 학생들이 자신의 진로 적성에 대해 많은 역할을 하고 있다는 것도 학생들을 통하여 알게 되었다.

이렇게 외국문헌(MBTI, Holland, 다중지능, 에니어)과 같이 성격검사, 심리검사를 통하여 진학에 대한 정보를 제공하고 있지만 실제 성격검사를 실시한 학생을 대상으로 대학을 진학하는 시기에 진로 적성검사를 재실시하여 그 결과를 분석한 경우가 없다는 것이 안타깝다.

가령 초등학교 6학년에 해당할 때 적성검사를 실시하고 그 학생이 대학을 들어갈 때 재설문을 실시하여 처음 적성검사를 실시한 대로 진로를 결정한 경우가 어느 정도 되는가에 대한 분석자료가 전혀 없다는 것이다.

이러한 현상에 대해 명리학에서는 '그럴 것이다' 가 아닌 '그렇다' 라고 답을 줄 수 있기 위해서는 고등학교 2, 3학년을 대상으로 1차 예비설문과 2차 결과 설문조사를 실시하여 나타난 결과에 대해 밝혀야만 '그렇다' 라는 답을 전달할 수 있다고 판단하였다.

필자가 고등학생(인문계고 남, 여)을 대상으로 1차, 2차 설문조사를 실시하여 결과를 밝혀보았고, 이를 책『『진로와 잔공』』으로 출간하였다. 특히 인연되는 대학명까지 분석해 보니 유의미한 관계가 있다는 것도 발견하였다.

진로라는 것은 일생을 통하여 가장 중요한 문제이다. 자신이 전공한 분야로 직업을 갖고 살아가는 경우가 대부분이다. 그 이유는 대학 재학생을 대상으로 설문응답을 받은 결과 자신이 전공한 분야로 직업을 갖겠다는 응답이 70%에 이른다는 것을 검증하였다. 특히 교육대에 해당하는 경우는 98%에 이르고 있다는 것은 그만큼 자신이 미래를 계획하고 준비하고 있다고 볼 수 있었다.

한 단계 더 나아가 명리학에서도 성격심리분석을 통하여 진학지도에 높은 비중을 보여야 한다고 판단하였다.

필자가 현재 연구를 마친 내용이 앞으로 명리학의 십성을 기준하여 계열과 학과에 대해 성격심리분석을 통하여 예측해 주려고 한다. 이미 서울, 경기에 속한 명문대 7개 대학을 기준하여 설문조사를 마쳤고 그 결과도 나와 있다. 또한 고등학교 3학년을 대상으로 입학사정관제와 수시1, 2차로 합격한 학생에게 설문응답을 받아 그 결과를 밝히려고 하고 있다.

그래서 일선 현장에서 진로상담을 맡고 있는 서울, 인천의 고등학교 담임과 진학상담교사를 대상으로 명리학의 성격 심리구조를 통한 진학 안내법에 대하여 강의를 진행하려고 한다.

학교선생님들이 학생들의 진로에 반드시 반영해야 할 내용에 대해 집중적으로 강의를 진행하고 이를 수료 후 직접 학생과 상담하면서 적성검사를 실시하고 그 즉시 답을 내려줄 수 있는 역할을 하기 위한 방법을 연구하고 있다.

이제는 교육학과 명리학이 서로 융합하여 학생들에게 희망을 심어줄 수 있는 계기가 지속적으로 필요하다고 생각되어 일선 교사들과의 만남과 강의를 진행하였고, 앞으로는 모든 교사들이 진학상담의 안내자가 되어야 한다는 것이 목표이다.

6

합의 작용

합의 작용은 사주 원국에서 천간끼리 합이 되는 경우, 지지끼리 합이 되는 경우가 있다.

합은 일간과 대운이 합이 되는 경우, 일간과 세운 천간이 합이 되는 경우가 있다. 다음으로 월간과 대운이 합이 되는 경우, 월간과 세운이 합이 되는 경우도 있다.

지지로는 일지와 대운 지지의 합이 되는 경우, 일지와 세운 지지가 합이 되는 경우, 월지와 대운 지지가 합이 되는 경우, 월지와 세운 지지가 합이 되는 경우가 있다.

합이 되는 경우를 보면 일간과 대운에서는 한번 만날 수도 있고 만나지 못하는 경우가 있는가 하면 초년에 만나는 경우와 장·중년기에 만나는 경우도 있다. 그 외에도 일간과 세운이 합이 되는 경우도 10년에 한번 만나게 된다.

월간과 세운이 합이 되는 이론에 대해서 밝힌 책이 없었다.

일간의 주체는 나이기 때문에 관심을 갖고 합에 대해 연구를 하게 되지만 월과 세운이 합이 되는 경우에 대해서는 거의 연구를 하지 않고 있다고 봐야 한다. 월간은 사회성을 주관하게 되고 자신의 직업과도 연관성을 갖고 있는데 沖이나 刑의 이론에 대해서는 이론을 설명하고 있지만 合이 되는 경우에 대해서는 자료가 미흡하다.

合이 되면 합의 작용이 어느 정도 되는가에 대해 명리학자들이 관심을 갖고 연구하고 있으며, 합이 되면 작용이 50%에 해당한다는 분들도 있다. 그러나 그 50%의 작용이 어떻게 나타난다는 내용에 대해서는 부연설명이 없다는 것이다.

沖의 작용이나 刑의 작용에 대해서는 여러 서적에 언급되어 있지만 合의 작용에 대해서는 구체적으로 밝히지를 않고 있다.

먼저 일간과 세운이 합이 되는 경우 어떤 내용들이 이루어지고 있는지 살펴보았다.

■ 일간과 세운 천간의 합 작용

많은 사람들이 가장 알고 싶어 하는 것이 격국이나 용신, 신강이나 신약이 중요하지 않다. 이러한 내용은 역학자가 고객을 중심으로 상담을 하기 위하여 배워야 할 내용이지만 실제 고객이 와서 묻는 내용은 멀리 있는 것을 원하는 것이 아니라 당해 연도에 관한 일을 알고 싶어 방문하는 경우가 90%에 해당한다.

때로는 인생 전체에 대해 어떤 직업을 가지면 좋은가, 어느 시기에 돈을 많이 벌겠는가를 논하기도 하지만 세운에 대해 알고자 방문하게 된다.

그간 고객을 통해 받아본 질문이 '내 격국이 무엇인가요?', '저는 무엇이 용신인가요?', '저는 대운이 바뀌었다는데 이곳 철학원에서는 나쁘다고 하는지요!', '왜 박사님은 격국이나 용신을 안 가르쳐 주시나요!' 하는 것들이다.

이러한 내용을 고객으로부터 들으면서 많은 안타까움을 갖게 된다. 운세상담을 받으러 오는 분들에게 격국을 이야기한들 격국대로 살기도 어렵지만, 격국이 그 고객에게 미치는 영향이 무엇인지 역학상담자들이 냉정하게 판단해 봐야 한다. 용신운이 오면 좋다고 하는데 용신을 올바르게 정할 수 있는가와 용신운에 어떤 작용이 좋은지에 대해서도 더 많은 연구가 필요하다고 본다.

용신운이 왔을 때 모든 것이 다 좋다고 한다면 이는 바람직한 상담이 아닐 것이다. 구체적으로 어떤 것이 좋은가에 대한 상담이 진행되어야 한다고 본다. 나아가서는 이를 검증하도록 해야만 용신의 중요성과 필요성을 주장할 수 있다.

명리학도 이제는 고전을 통하여 연구와 검증 작업을 지속적으로 진행해야 하며 나의 생각은 접어야 한다.

용신은 직업에 따라 다르다는 것을 언급한 바 있다. 사업자의 경우 신강구조에 관성운이 와도 돈을 벌 수 있는지, 신약구조인데 인성이나 비겁이 오면 돈을 벌 수 있는지를 고민해 봐야 한다.

신약구조에 인성운이 오면 장사가 잘 될 것인지, 문서 이익을 실현할 것인지 하는 문제이다. 인성이 오면 財의 입장에서 인성을 그대로 둘 것인가! 인성은 재의 시대와는 가장 먼 곳에 위치하고 있다.

반대로 신약구조가 식, 상에서 돈을 못 번다고 이야기하면 그것이 정답일까! 고민과 고민 그리고 갈등과 번민을 한 끝에 내린 결론이 벌수도 있고 못 벌 수도 있다는 것이다. 그런데 돈을 버는 경우는 신약구조라 하더라도 에너지가 상승하는 경우와 하락하는 경우에 따라 다르다는 것을 알게 되었다. 그렇기 때문에 지지의 역할이 매우 중요하다는 것을 새삼 느끼게 한다.

이제는 고객들이 자신의 사주와 용신까지 아는 시대에 와 있다. 용신운에서 무엇이 좋은가를 구체적으로 전달해야만 고객이 감동을 하게 된다. 다른 철학관에서는 용신운이 와서 대박이 날 것이라고 하는데 대박은커녕 쪽박도 면하기 어렵다며 왜 장사가 안 되는지 다시 봐 달라고 하는 경우를 접해 본다.

(1) 일간과 세운이 합이 되는 경우

일간이 陽干으로 구성되고 합이 되는 경우는 다음과 같다.

- 甲일간은 세운이 己일때 합이 되어 戊土가 된다.
  일간에서 己土는 정재에 해당되는데 합이 되어 편재로 변화된다.
- 丙일간은 세운에서 辛을 보면 합이 되어 壬水가 된다.

일간에서 辛은 정재에 해당하지만 합이 되어 변한 오행은 편관이
된다.

■戊일간은 세운에서 癸를 보면 합이 되어 丙火가 된다.

일간에서는 정재에 해당하지만 합이 되어 변한 오행이 편인에 해당
한다.

■庚일간은 세운에서 乙을 만나면 합이 되어 庚金으로 변한다.

일간에서는 정재에 해당하지만 합이 되어 비견이 된다.

■壬일간은 세운에서 丁을 만나면 합이 되어 甲木이 된다.

일간에서는 정재가 합이 되어 정인으로 된다.

일간과 세운이 합이 되는 경우는 10년에 한번이다. 합이 되어 변한
오행의 작용은 결과를 나타내게 된다. 그러므로 세운을 판단할 때 합
이 되는 해에는 반드시 참고해야 한다. 특히 진학 여부를 판단하는데
에는 중요한 역할을 한다.

陰干으로는 乙, 丁, 己, 辛, 癸가 있고 세운과 합을 할 때 나타나는 현
상이다.

●乙은 세운에서 庚을 만나면 庚(金)으로 전환된다. 정관이 정관으로
변화된다.

●丁은 세운에서 壬을 만나면 합을 하여 甲木이 된다. 정관이 정인으
로 변화된다.

●己일간은 세운에서 甲을 만나면 戊(土)로 변화가 된다. 정관이 합이
되어 겁재로 변화된다.

- 辛일간은 세운에서 丙을 만나면 壬(水)이 된다. 정관이 합을 하여 상관이 된다.
- 癸일간은 세운에서 戊를 만나면 丙(火)이 된다. 정관이 합을 하여 정재로 변한다.

☞ 양간은 정재를 만나면 합이 되고 음간은 정관에 해당한다는 것을 알 수 있다.

☞ 변한 오행의 기질이 결과적으로 나타나게 된다.

그동안 필자가 용신에 대해 여러 방법으로 분석한 결과 용신은 역학인이 정하는 것이 아니라 고객의 직업과 관계가 크다는 것을 여러 차례 언급한 바 있다. 특히 진학생을 기준하여 용신운이 과연 진학에 영향을 미치는가 하는 문제와 상대적으로 기신이나 구신운에는 진학자가 적을 것이라고 한 자료에서 용·희신이나 기·구신운 모두 대학을 진학하는 데는 영향을 주지 않았다는 것을 검증하였다[〈격국, 용신과 전공 선택과의 관계 연구〉, 안성재 박사논문, 2011].

대운이 왔다는 내용을 많은 고객은 매우 좋은 운, 가장 큰 운이 왔다는 것으로 착각한다. 대운(주기)이라는 용어를 이제 다시 정립해야 할 시기인 것 같다. 대운이라고 표현을 할 경우 고객은 자기 임의대로 해석하여 매우 좋은 운으로 생각을 하게 된다는 것을 역학인들은 기억해야 할 것이다.

일간과 세운이 합이 될 때 어떤 현상이 나타날까! 또한 월간과 세운이 합이 될 때 나타나는 내용은 무엇인가를 눈여겨봐야 한다. 합이 되지 않을 때는 일간과 세운의 관계를 십성이나 육친으로 판단하면 되지만, 세운과 합을 하면 판단하는데 어려움이 생기게 된다.

특히 일간은 내가 주체적으로 움직여 만들어지는 과정이고 내적인 요인부터 시작하거나 가정에서 출발하게 되고 월주는 외적인 요인부터 시작하고 사회성, 자신의 직업과 관련된 일이 발생하게 된다.

주인공인 일간의 주체와 세운이라는 당면성의 관계를 어떻게 풀어가야만 정확성이 높을 것인가에 대해 많은 연구를 하고 있는 것으로 알고 있다.

이제는 역학인들도 서로 나누어 연구를 하고 연구된 자료를 가지고 학술토론을 통하여 정보를 공유하고 정확성을 더욱 높이도록 해야 할 것이다.

인간의 운명을 예측하는데 무엇을 기준하여 예측할 것인가라는 질문에는 막연할 수밖에 없다. 할 수 있는 말은 문헌을 근거하는 방법이라고 하겠지만 이는 하나의 참고적인 사항이지 예측하는데 필요한 자료는 검증한 결과를 기준해서 예측해야 한다는 생각을 늘 하게 되었다.

그중에서도 꿈을 갖고 미래를 밝혀나가는 학생들에게 도움이 되기 위하여 진학을 준비하는 고등학교 3학년과 이미 대학에 재학 중인 학생을 대상으로 설문응답을 받고 이를 비교, 교차 분석하여 어느 유형이 어느 계열로 진학을 많이 하였는가를 검증하였고 앞으로도 지속적으로 최선을 다하려고 한다.

1) 일간이 甲이고 세운 천간이 己일 때

세운과 합이 되어 戊土가 된다. 정재가 편재로 변화되는 것을 알 수 있다. 사업을 하는 경우는 유리하나 학생에게는 반가운 소식은 아니다.

- 甲己合은 작용정지
  - 현재 하던 업종을 전환, 정리하거나 또는 확장을 시도하려고 한다. 현재의 상태에서 새로운 방향으로 시도하고 싶은 상태를 말한다.
  - 지지가 용신운이거나 생조를 받으면 하는 일이 호전되지만 지지가 기신운이거나 충, 형이 되면 부득이 변화를 주게 되는 데 이익이 적게 된다.

(1) 신강구조인 경우
- 재운이 오면 집중력이 약화되거나 학습능력이 약해질 수밖에 없다.
- 남자는 이성운이 발달하게 되고 호기심이 많아지며 금전이 필요한 시기와 같다.
- 변한 오행이 편재가 되면 기능이 더 강화되어 공부에 개념이 적어지게 된다.
- 입학사정관제나 수시로 진학을 유도한다.
- 수리력, 판단력, 기회포착이 빨라지게 되니 신속한 판단을 하는 것이 유리하다.

(2) 신약구조인 경우

■ 노력한 만큼 성적이 향상되기가 어렵다.

■ 내 힘을 더욱 설기(洩氣)하는 형국이므로 집중력이 저하되고 성적이 오르지 않아 고민이 많게 된다.

■ 목적을 실행하는데 노고, 지체가 많고 계열변동이 생기게 되거나 학교를 한 단계 낮추어 가는 경우가 많다.

■ 상황판단을 조기에 하고 입학사정관제나 수시로 진학을 하도록 권장한다. 정시에서는 불리하거나 본인이 원하는 방향으로 진학하기가 힘들다.

2) 일간이 己이고 세운 천간이 甲일 때

● 己甲合 戊土 : 경쟁력, 활동성 강화

己일간에서는 자기 세력이 강하게 작용하게 된다. 활동성과 부지런함, 인간관계는 좋아지나 그것이 경쟁관계가 될지 협력관계가 될지는 강약에 의하여 나타난다. 土는 움직이지 않기 때문에 작용정지와 같으나, 己일간에서는 새로운 도약에 해당한다.

(1) 신강구조인 경우

■ 정관이 합이 되어 겁재로 변하게 된다.

- 경쟁력이 높아지고 자아가 강해지게 된다.
- 자기주도적으로 일을 하기도 하고 활동력도 왕성하게 되며 투자나 모험을 하기도 한다.
- 인간관계의 폭이 넓어지고 외부 활동도 폭 넓게 하게 된다.
- 친구관계를 통하여 정보를 활용하거나 부지런하게 움직여 자신이 나아가야 할 방향을 모색하려 한다.
- 겉으로는 합리적이지만 속은 경쟁심리가 발동하여 목적하는 분야를 성취하려는 기질이 강하다.
- 자신의 판단력에서 진학이 어렵다고 생각되면 직장생활로 전환한다.

(2) 신약구조인 경우
- 적극성이 점차 회복된다. 안정을 추구하려는 생각을 더 활동적으로 생각을 바꾼다.
- 친구로부터 도움을 받거나 지원을 받으니 자신감이 상승한다.
- 뜻하지 않게 좋은 결과가 나타나게 되고 성적이 향상된다.
- 진로선택은 정보를 많이 활용할수록 유리하다.
- 노력한 만큼 성적이 향상되게 된다.
- 에너지가 상승하면 목적 실현을 하는데 유리함이 많고, 에너지가 하락하면 지체되거나 신중하게 결정하려고 한다. 다소 지체되더라도 결과는 원만하다.

3) 일간이 乙이고 세운 천간이 庚일 때

乙庚合 庚金이 된다. 金으로 세력이 강화된다. 정관이 합을 하여 정관이 되니 안정의 욕구가 강하게 작용하게 된다. 반대로 庚일간이 乙을 만나면 합이 되니 庚金으로 변화가 된다. 金의 세력이 강하게 나타난다. 정재가 합을 하여 비견으로 변화가 되는 상태이다.

이처럼 일간에 따라 세운과 합이 되면 정신적으로 추구하는 방향이 변화가 된다는 것을 알 수 있다.

(1) 신강구조인 경우

- 乙의 입장에서 세운에서 庚을 만나면 정관이라 안정을 추구하고 합리성을 가지려고 한다.
- 변한 오행이 庚金(정관)으로 세력이 강화되니 모범적이고 합리성을 갖추고 성적을 향상시키려고 한다.
- 관성은 암기력이나 이해능력이 발달하게 되니 영어나 인문계열에 적합한 학과가 성적이 향상되게 된다.
- 이 시기에 여성은 이성에 대한 호기심이 발달하게 되므로 지지가 충, 형에 해당하면 성적이 오르지 않는다. 충, 형이 안 되면 목적을 실행하는데 유리하게 작용한다.
- 자신이 계획하는 분야로 결정하고 해당하는 과목을 집중적으로 공부하면 유리하고 입학사정관제나 수시로 진학을 하면 유리하다.

■ 에너지가 상승하면 추구하는 일이 원활하게 이루어지고 에너지가 하락하면 계열변동이나 학과변동을 하게 된다.

(2) 신약구조인 경우

■ 乙은 세운에서 庚을 만나면 변한 오행이 金이므로 관성에 해당한다.
■ 갑작스러운 일이나 뜻하지 않은 방향으로 수정할 일이 발생한다.
■ 노력을 많이 해도 집중력이 약화되고 성적도 만족스럽지 못하다.
■ 계열변동이 많거나 학과를 변경하여 진학하는 경우가 많게 되고 정시로 갈 경우 더욱 상황이 안 좋아진다.
■ 관성운이 오면 예습보다는 복습이 더 중요하고 그날 수업한 내용은 그날로 복습을 마쳐야 오래 기억하게 된다.
■ 지지가 충, 형이 되면 불행하게 되고 때로는 포기하는 경향이 많다.
■ 에너지가 상승하면 진학하는데 소기의 목적을 실현하게 된다.
■ 에너지가 하락하면 지체, 노고가 많고 애간장을 녹이게 된다. 의욕이 저하되고 신경이 예민해지기 때문에 주변과 불화가 발생할 수 있다. 특히 지지가 충, 형이 되면 불리함이 많다.

4) 일간이 庚이고 세운 천간이 乙일 때

庚일간이 세운에서 乙을 만나면 庚金으로 변한다. 일간의 입장에서는 자기세력이 강화된다. 일간 입장에서는 정재가 비견으로 변화가 되는 경우이다.

(1) 신강구조인 경우

■ 친구나 동료와의 관계를 돈독히 하려고 한다. 학생은 공부보다 의리나 인간관계를 중요시한다.

■ 성적에 대한 관심이 상대적으로 적어지게 되고 이성에 대한 호기심이나 관심이 많아지는 시기이다.

■ 학생은 오래도록 책상에 앉아 공부하기를 싫어하고 간섭이나 구속을 싫어하게 되는 시기이다. 공부를 하더라도 자유로움 속에 자신이 좋아하는 과목을 고집하게 된다.

■ 지지가 충, 형이 되면 구속과 억압을 싫어하게 되니 미래를 생각하기보다는 현실에 더 만족하는 것을 원한다.

■ 학업을 중단하는 경우도 생기고, 동거를 하는 경우도 발생한다.

■ 자신이 구상하는 것을 변경하거나 낮춰서 진학을 해야 하는 일이 발생한다.

■ 특수한 학과나 사관학교를 선택하는 경우도 있다.

■ 에너지가 상승하면 목적을 실현하는데 유리하고 에너지가 하락하면 자신이 추구하는 방향에서 수정할 일이 생긴다.

(2) 신약구조인 경우

■ 신약구조는 자신의 세력을 얻게 되니 전화위복의 경우와 같다.

■ 주위의 동료나 친구로부터 조언이나 협조를 받게 되고 도움이 따른다.

- 이성이나 다른 잡념이 많은 경우는 생각을 전환하고 경쟁심을 불러일으킨다.
- 소극적이고 나약하던 학생은 생각을 변화시키고 적극성을 갖고 목적을 실현하려고 집중한다.
- 정시보다는 수시로 진학하여 목적을 실현시키는 경우가 유리하다.
- 에너지가 상승하면 계획, 추진하는 일이 호전되고 성사가 잘 된다. 반대로 에너지가 하락하면 적은 일은 성사되나 정시로 진학을 하면 불리하다. 계열변동이나 한 단계 낮추어 진학을 해야 한다.

5) 일간이 丙이고 세운 천간이 辛일 때

丙일간이 세운에서 辛을 만나면 壬水로 변한다. 水는 유동적이고 자유롭게 흐르는 기질이 있어 인간에게는 새로운 창출을 추구하는 시기이다.

(1) 신강구조인 경우
- 丙일간의 신강구조가 壬水로 변하니 새로운 전환이나 안정을 추구하려는 기질이 강하게 작용한다.
- 자신을 돌아보고 행동, 실천하며 결과를 만들려고 한다.
- 학생은 금전과 이성적인 문제에서 탈피하고 안정을 찾기 위하여 마음을 가다듬고 정진하게 된다.

- 친구관계나 학업에서 등한시하였다면 새로운 집중력을 보이며 새로운 창출을 시도한다.
- 열정과 패기를 다짐하고 행동하며 실천하려는 욕구가 강해지고 좋은 결과를 만들려고 한다.
- 입학사정관제나 수시로 진학하게 되고 자신이 원하는 목표를 향하여 나아간다. 다만 서두르거나 조급하면 실수가 많아지므로 신중함이 필요하다.
- 에너지가 상승하면 목적 실현이 조기에 실현되거나 원하는 방향으로 나아가게 된다.
- 에너지가 하락하고 충, 형이 되면 시행착오나 지체가 되게 된다.

(2) 신약구조인 경우

- 丙일간이 세운 辛과 합이 되어 변한 오행이 壬水이다. 십성으로는 정재가 편관으로 변화되었다.
- 일간에서는 힘이 설기되는 경우에 해당한다. 노력을 합리적으로 하더라도 결과는 만족하기 어렵다.
- 여학생에게는 불리하게 작용한다. 관성은 남자를 의미하기도 하지만 변한 오행이 편관이면 이성에 관하여 발달하고 직업과 관계되는 것이 편관이다.
- 내가 뜻하는 방향으로 나아가는데 지체되거나 방해가 따른다.
- 한 단계 낮추어 진학하거나 계열을 성적에 맞추어 진학하게 되는 경우가 많아 변동이 생긴다.
- 진학을 포기하고 직장생활로 전환하는 경우도 여기에 해당한다. 신

약구조에 에너지가 하락하면 목적을 이루기 어려워 쉬운 길을 찾으려고 한다.

■ 지지가 충, 형이 되고 에너지가 하락하면 중도 포기나 다른 방향으로 가게 된다.

6) 일간이 辛이고 세운 천간이 丙일 때

辛일간이 세운에서 丙을 만나도 새로운 창출을 생각하게 된다. 변한 오행이 壬水는 상관에 해당하므로 자유로움을 추구하고 싶어하며 억압이나 간섭을 싫어하므로 신경이 매우 예민해진다.

(1) 신강구조인 경우

■ 상관으로 변하니 표현력, 예지력, 정신적인 세계가 더욱 발달하게 되고 목적 실현이 잘 된다.

■ 입학사정관제나 수시로 진학을 하는 것이 유리하고 예체능이나 아이와 관련된 학과와 이과에서 좋은 결과가 생긴다.

■ 계획, 추진, 창의성이 높아지게 되고 성적이 향상된다.

■ 상관은 표현력을 주관하게 되니 영어, 언어 분야에서 성적이 향상된다.

■ 세운의 에너지가 상승하게 되면 성적이 향상되기도 하고 자신이 추구하는 학과나 대학을 진학하는데 유리하다.

■ 에너지가 상승하는데 지지가 충, 형이 되면 다소 지체되거나 어려움이 있지만 자신을 더욱 견고하게 한다.

■ 에너지가 하락하면 처음에는 시련이 오지만 결과는 원만하게 된다.

■ 에너지가 하락하고 충, 형이 되면 목적하는 일에서 지체가 되고 어려움이 따른다. 한 단계 낮추거나 계열변동이 따른다.

(2) 신약구조인 경우

■ 몸이 나약해지고 심신이 고달프게 느껴진다. 즉, 자신감이 많이 나약해지고 의욕이 감소한다.

■ 노력에 비하여 성적이 오르지 않거나 포기하는 경향이 많아진다.

■ 계열변동을 하거나 내가 원하는 분야로 진학하기가 힘들다.

■ 신약구조이지만 에너지가 상승하면 다소 자신감을 갖거나 미래를 설계하며 한 단계씩 접근하려고 한다.

■ 상관은 한밤중에 학습 효과가 많아지게 되므로 밤 10시에서 새벽 1시 이내에 복습을 마쳐야 한다.

■ 에너지가 감소하고 충, 형이 되면 진학을 포기하고 직장으로 전환하는 경우가 많다.

■ 때로는 가출을 하거나 동거하는 경우가 생기는 해이므로 끈기력과 지구력을 가지고 공부해야 한다.

■ 에너지가 상승을 하면 소기의 목적 실현이 이루어진다. 지지가 충, 형이 되면 변동수가 생기게 되어 원하는 방향으로 진학하기가 힘들다.

7) 일간이 丁이고 세운 천간이 壬일 때

● 丁壬合 甲木 : 방향전환, 문서, 계약, 서류

丁火가 壬을 만나면 정관의 역할이 감소하고 甲으로 변하니 정인의 기질이 결과에서 나타나게 된다.

(1) 신강구조인 경우

■ 정관은 합리성과 준법정신이 강하고 치밀성을 갖고 있다.

■ 정관이 변하여 인성이 되면 정신적인 부분은 높아지나 실천하는 데는 약해지기 때문에 나태하거나 미루는 습성이 생기는 해이다.

■ 자신이 생각하는 방향대로 되지 않으면 재수하려고 한다. 학교를 선택하는 경우는 재수를 하게 되고, 학과를 더 중요하게 생각하는 경우는 진학을 한다.

■ 자신이 노력한 결과가 생기게 되는 해이므로 입학사정관제나 수시로 진학을 권장한다.

■ 에너지가 상승하면 목적이 잘 실현된다.

■ 에너지가 하락하고 충, 형이 되면 노고가 따르고 지체되거나 수정할 일이 생긴다.

■ 자신이 계획한 일은 실천하도록 권유한다. 미루는 습관이 약점이 되는 해이다.

(2) 신약구조인 경우

■ 의외로 좋은 결과를 만들어가게 된다.

■ 논리성, 암기력이 높아지고 성적이 향상된다.

■ 인문학이나 논리에서 성적이 향상되게 된다.

■ 입학사정관제나 수시로 진학을 권유한다.

■ 에너지가 상승하면 자신이 원하는 분야로 진출하기가 쉽고 에너지가 하락하면 지체, 노고가 생긴다.

■ 신약구조에 충, 형이 오면 경쟁력에서 약하기 때문에 계열변동이 많거나 학과변동을 꼭 하게 된다.

■ 때로는 학업을 중단하는 경우가 생기거나 외국으로 방향을 전환하기도 한다.

8) **일간이 壬이고 세운 천간이 丁일 때**

● 壬丁合 甲木 : 배려, 희생, 나눔, 발전, 방향전환

(1) 신강구조인 경우

■ 식신으로 변하니 기획력, 손재주, 창의성, 연구심이 발달하고 준비성이 좋아진다. 목적 실현이 잘 된다.

■ 입학사정관제나 수시로 진학을 하는 것이 유리하고 예체능이나 아이와 관련된 학과와 이과에서 좋은 결과가 생긴다.

- 계획, 추진, 창의성이 높아지게 되고 성적이 향상된다.
- 식신은 미래를 준비하는 과정이고 나눔, 희생, 배려를 관장하니 친구관계에서 상대의 마음을 헤아리게 되고 비위를 맞추는 해이다.
- 자신을 낮추고 친화성을 바탕으로 준비하고 계획하여 목적을 실현하게 된다.
- 세운의 에너지가 상승하게 되면 성적이 향상되기도 하고 자신이 추구하는 학과나 대학을 진학하는데 유리하다.
- 에너지가 상승하는데 지지가 충, 형이 되면 다소 지체되거나 어려움이 있지만 자신을 더욱 견고하게 한다.
- 에너지가 하락하면 처음에 시련이 오지만 결과는 원만하게 된다.
- 에너지가 하락하고 충, 형이 되면 목적하는 일에서 지체가 되고 어려움이 따른다. 한 단계 낮추거나 계열변동이 따른다.
- 여성은 이 시기에 이성에 관심이 많아지게 되고 아이와 관련된 학과에 관심을 많이 갖게 된다.

(2) 신약구조인 경우
- 힘들고 지치지만 꾸준함과 규칙적인 공부를 하면 결과가 따른다.
- 계열변동을 하거나 본인이 원하는 분야로 진학하는데 지체가 된다.
- 한단계 낮추어 가거나 계열을 변동하여 진학하는 경우가 많다.
- 재가 변하여 식신이 되면 준비성이 많아지고 미래를 준비하려는 생각을 많이 하게 된다.
- 신약구조이지만 에너지가 상승하면 다소 자신감을 갖거나 미래를 설계하며 한 단계씩 접근하려고 한다.

■ 식, 상은 한밤중에 학습 효과가 많아지게 되므로 밤 10시에서 새벽 1시 이내에 복습을 마쳐야 한다.

■ 에너지가 감소하고 충,형이 되면 전문대학이나 재능대학 또는 이과 분야로 진학하기가 쉽다.

9) 일간이 戊이고 세운 천간이 癸일 때

● 戊癸合 丙火 : 이동, 변동, 문서

(1) 신강구조인 경우

■ 변한 오행이 편인에 해당한다. 학생이 재운을 만나면 수완을 발휘하나 합이 되면 본연의 역할을 하기가 어렵다.

■ 자신이 추구하는 일을 실현시키려는 의욕은 강하나 일을 미루거나 생각은 높으나 몸이 잘 받쳐주지 않는다.

■ 잠이 많아지거나 느긋해지는 경향이 커진다.

■ 수시로 진학하는 것이 가장 효과적이고 정시로 진학을 하게 되면 자신이 원하는 방향으로 진학하기가 힘들다.

■ 남자는 이성에 관심이 많아지고 성적이 오르기 힘들다.

■ 꾸준하게 반복 학습이 필요하고 윗사람(담임, 상담교사)과 대화를 많이 나누고 목표를 결정하는데 도움이 된다.

■ 에너지가 상승하면 나름대로 계획을 세우고 시행하려 한다.

(2) 신약구조인 경우

- 재성이 인성으로 변화되는 해이다. 재성의 역할은 감소하고 인성의 역할이 증가하게 된다.

- 그도안 성적이 오르지 않은 학생은 공부에 집중하게 되고 좋은 결과를 만들게 된다.

- 논리성, 암기력이 높아지고 성적이 향상된다.

- 윗사람의 조언이나 도움이 본인에게는 기회이기도 하다.

- 수시로 진학하는 것이 유리하다.

- 에너지가 상승하면 자신이 원하는 분야로 진출하기가 쉽고 에너지가 하락하면 지체, 노고가 생긴다.

- 신약구조에 충, 형이 오면 경쟁력에서 약하기 때문에 계열변동이 많거나 학과변동을 꼭 하게 된다.

- 때로는 학업을 중단하는 경우가 생기거나 외국으로 방향을 전환하기도 한다.

10) 일간이 癸이고 세운 천간이 戊일 때

- 戊癸合 丙火 : 실현, 실리. 이동, 변동

(1) 신강구조인 경우

- 관성이 변하여 재성이 되었다. 겉으로는 합리적이고 안정을 추구하

고 싶은데 생각은 이성에 더 집착을 하게 된다.

■ 자연이나 과학 분야에 더 흥미를 느끼고 성적이 오르게 된다. 반면에 문과 분야는 노력한 만큼의 결과가 나오기 어렵다.

■ 순발력과 실천성을 갖고 새벽에 공부하면 성적이 오른다.

■ 수시로 진학하는 경우가 유리하고, 자신이 원하는 방향으로 소기의 목적은 이루어진다.

■ 지지가 충, 형이 되면 다소 불리하지만, 에너지가 상승하면 목적 실현이 빨리 이루어지므로 정시진학시 계열변동이 생긴다.

■ 지지가 충,형이 되고 에너지가 하락하면 경쟁력에서 약화되어 목적을 실현하는데 어려움이 많게 된다.

(2) 신약구조인 경우

■ 관성이 변하여 재성이 되면 신약구조는 공부보다 이성에 더 집착할 수 있다.

■ 계열변동을 하거나 본인이 원하는 분야로 진학하는데 지체가 된다.

■ 한 단계 낮추어 가거나 계열을 변동하여 진학하는 경우가 많다.

■ 아예 진학을 포기하거나 이성친구와 동거를 시작하기도 한다.

■ 신약구조이지만 에너지가 상승하면 다소 자신감을 갖거나 미래를 설계하며 한 단계씩 접근하려고 한다.

■ 재성은 새벽형으로 공부 방식에 변화를 주어 새벽 시간대를 적극 활용하도록 권장한다.

■ 에너지가 감소하고 충, 형이 되면 전문대학이나 또는 분야로 진학하기가 쉽다.

■ 계열을 변동하여 전문대학으로 진학을 하거나 이과 분야로 진출하는 경우가 많다.

② 일주와 세운의 합 작용

(1) 합이 되어 변한 오행의 작용

합이 되어 변한 오행이 일간에게 어느 정도 작용하는가를 보면 결과에서 나타난다. 일지는 배우자의 궁이기도 하고 나의 가정사 문제와 연결되게 된다.

일지가 합이 되는 경우는 배우자로 인하여 즐거움이 생기거나 경제적으로 유익함이 오게 된다. 그렇지만 변한 오행이 일간에게 기신이 되면 처음에는 좋아도 결과에서는 좋지 않게 나타나는 게 합의 작용이다.

합은 원칙상으로 좋아야 한다. 그러나 합이 되어 변한 오행에 따라 그 작용도 달라지는데 세운의 작용력이 크기 때문에 아래와 같이 나열하였다.

가. 비, 겁일 경우

- 己甲合 戊土 (겁재)
- 庚乙合 庚金 (비견)

■ 배우자가 몸이 분주하거나 집안에 있기보다는 외부적으로 활동을 하게 되는 해이다.
■ 직업이 없는 경우는 직업을 가지려 하고 모임이나 인간관계를 형

성하려고 한다.

■ 재물이 지출되게 된다. 친구나 협력자, 경쟁자가 나타나는 시기이다. 사주 강약에 따라 상황이 변하게 된다.

■ 직업이 있고 프리랜서나 영업, 홍보, 운수, 택배, 이사와 같이 몸을 분주하게 움직이는 직업은 이익이 실현된다. 그러나 창업이나 투기업은 손해가 따를 수 있으므로 신중해야 한다.

■ 모험이나 투자를 하려고 한다. 강, 약에 따라 차이가 생기게 된다.

ㄴ. 식, 상일 경우

● 辛丙合 壬水 (상관)
● 壬丁合 甲木 (식신)

■ 연구, 기획, 준비를 하는 시기이고 이동이나 이사, 매매가 이루어지는 해이다. 몸이 힘들고 지치지만 이익이 실현되는 해이다. 다만 식신이면 손재주와 관계성을 가진 분야가 더 유리하고 상관은 화술과 관련성을 가진 분야는 좋다.

■ 음식, 연구, 궁리, 나눔, 자녀와 관련된 업, 서비스 분야는 노력한 결과가 따른다.

■ 식상은 전문기술이나 제조업과 연관성을 갖고 있어 이 분야의 종사자도 즐거움이 따른다.

■ 학생인 경우에는 노력한 결과보다는 다소 약해도 목적 실현이 된다. 특히 이과 지원자에게 유리한 해이다.

다. 재성일 경우

- 甲己合 戊土 (편재)
- 癸戊合 丙火 (정재)

■ 재성은 목적을 실현하는 곳으로 유통업이나 판매업이 호황을 누리게 된다. 즉, 재성은 목적을 실현하기 위하여 노력한 결과를 만드는 해이다.

■ 합이 되어 변한 오행이 재성이 되면 결과에서 이익이 실현되기 때문에 장사가 안 되는 경우라 하더라도 권리금이나 문서로 인하여 이익이 실현되게 된다. 즉, 변한 오행이 재성이 되면 결과에서는 좋게 된다.

■ 학생은 신속한 결정을 할수록 좋고, 직장인은 꾸준하게 추진하면 좋고, 사업자는 노력한 결과를 창출한다.

■ 다만 남자는 이 시기에 이성교제나 애인이 생기는 경우가 있고 지출을 용도에 맞지 않은 곳에 사용하기도 한다.

라. 관성일 경우

- 丙辛合 壬水 (편관)
- 乙庚合 庚金 (정관)

◉ 관성은 안정을 추구하는 곳이며 책임감과 명예를 중시하게 된다. 관성은 일간을 극하는 관계이므로 변한 오행이 관성이 되면 투자나 투기 또는 모험을 하면 불리하다.

- 학생인 경우는 정시보다 수시로 진학하도록 전략을 변경하는 것이 좋다.
- 직장인은 변동을 주면 불리하고 뜻하지 않게 인정을 받거나 승진하기도 한다.
- 사업자는 확장이나 투자는 불리하므로 기존 규모를 유지하는 것이 적합하다.

마. 인성일 경우

- 丁壬合 甲木 (정인)
- 戊癸合 丙火 (편인)

- 인성은 수용성, 정신적인 사고, 학문, 문서와 관계성을 갖고 있다.
- 이사, 매매, 시험, 공부에 해당하나 금전과는 직접적인 관계가 성립하지 않는다.
- 이 시기에는 문서변동이나 자신이 필요로 하는 분야의 자격이나 전문성을 갖추기 위한 시기이기도 하다.
- 학생은 성적이 향상되기도 하지만 재수를 하는 경우도 있다. 정시보다는 수시진학이 바람직하다.
- 직장인은 즐거움이 있지만 사업자는 문서, 계약, 수수료, 교육 분야는 원만하나 직접적인 투자를 하는 유통업이나 제조업은 큰 이익을 실현하기는 어렵다.

이처럼 합이 되는 대운이나 세운은 변한 오행의 작용이 결과로 나타나게 된다. 때문에 정재나 정관이 합이 되어 변하게 되므로 본연의 역할을 못한다고 한다.

길성은 합이 되면 좋은가, 나쁜가에 대해서도 많은 학자들이 연구를 하게 된다. 그래서 길성이 합을 하여 길성이 되면 좋은 역할을 하게 되지만, 합이 되어 변한 오행이 기신의 역할을 하면 본연의 역할을 못하는 것과 같다.

반대로 기질이 강한 겁재나 상관 그리고 편관이나 편인이 합을 하여 길성으로 변하게 되면 합리적이고 순리대로 일이 호전되나 기질이 강한 오행이 합을 하여 강한 기질이 되면 흉의 작용이 증가하게 되는데 흉의 기질은 합이 없게 되어 있다. 그래서 자신의 사주에서 흉의 기질을 갖고 있는 십성을 원국이나 대운 또는 세운에서 합이 되면 사람 됨됨이가 되었다고 하거나 철이 들었다고 한다. 그러다가 흉의 기질이 나타나면 그 버릇 남주겠냐고 하게 된다.

그만큼 합의 개념에 대해서도 많은 연구와 검증이 필요하다고 판단한다

흉의 기질이 나타나는 경우에는 이를 제압하는십성이 원국에 있거나 운에서 오면 기질이 감소하고 없을 경우에는 합이 되어도 기질이 감소한다.

③ 일지가 세운과 합 관계

일지는 가정사이며 배우자와 관계를 갖고 있다.

일주에 대해 먼저 살펴볼 내용은 다음과 같다.

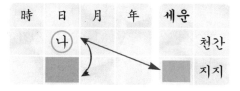

❶ 일간이 일지를 생조하는가, 극하는가를 살펴본다.

❷ 일간과 같은 오행이 일지에 있는가!

❸ 일지가 일간을 극하고 있는가!

❹ 일지가 대운이나 세운과 합이 되고 있는가! 합이 되어 일간을 돕고 있는가! 일간에게 기신의 역할을 하고 있는가 살펴본다.

❺ 일지가 대운 또는 세운과 沖, 刑이 되는가! 공망에 해당하는가를 살펴본다.

　위와 같이 일지를 기준하여 가정사 및 배우자와의 관계를 세밀하게 살펴볼 수 있다.

일간이 일지를 생해 주게 되면 배우자에게 배려하거나 도움을 주게 되지만 간여
지동인 경우(같은 오행)는 친구같이 편안하게 유지해 가려고 한다.
반대로 일지가 일간을 생할 경우 배우자의 내조나 도움이 따르게 되고 일지가
일간을 극하면 만만하거나 마땅치 않게 생각하게 된다.
이처럼 일간과 일지의 관계도 중요하다.
일지와의 관계는 대운의 작용보다는 세운의 작용이 강하게 나타나게 된다.
따라서 일지와 합이 되거나 충, 형이 되면 십성과 관계된 내용이나 육친관계에서
변화가 따른다.

일지가 寅이고 세운이 亥이면 寅亥合 甲木이 된다

　　일간에게 도움이 되는 오행이면 길한 작용이 나타나고 일간에게
기신에 해당되면 흉한 작용이 나타나게 된다.

예 일간이 甲, 乙이고 일지가 寅이고 세운이 亥라면...

　　신강구조에 변한 오행이 비, 겁이 되게 된다. 이때 나타나는 작용
으로는 다음과 같다.

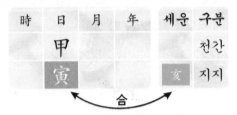

❖ 배우자가 가정보다는 외부 활동이 많아진다.

❖ 친구나 인간관계를 폭넓게 사귀거나 교제를 하게 된다.

❖ 재물 지출이 증가하게 된다.

❖ 직업이 없는 경우는 직업을 갖거나 자영업을 하려고 한다.

❖ 투자를 하거나 모험을 하려고 한다.

❖ 모임이나 친목회를 결성하게 되고 단체에서 활동하려고 한다.

예 일간이 丙이고 일지가 寅이며 세운 지지가 亥라면...

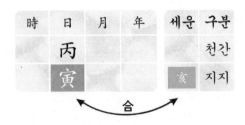

일지 寅과 세운 亥가 합이 되어 甲이 되었다. 일간과는 편인에 해당하게 되며 결과에서 나타난다.

❖ 편인은 탐구, 호기심, 문서, 공부와 관계성이 깊다.

❖ 편인은 활동이 약해지고 일을 미루는 시기이다.

❖ 편인은 생각이 신중해지고 많은 생각을 한다.

❖ 편인은 무엇을 추구하려는 충동이 강해 관심이 가는 물건을 보면 충동구매를 느낀다.

❖ 그러므로 지출이 생기거나 인간관계를 통하여 발생되는 비용이 증가하게 된다.

❖ 문서가 발동하게 되니 무언가 시작하면 잘될 것이라는 의욕이 앞서게 된다. 이 경우 신강, 신약에 따라 좋고 나쁨이 생기지만 대체적으로 변한 오행이 편인이 되면 금전적인 문제는 신중해야 한다는 것을 알게 되었다.

❖ 임기응변이나 상황판단력이 좋아지지만, 때로는 남에게 상처를 주거나 배신하는 일이 생긴다.

ㄴ. 일간이 戊이고 일진이 寅이며 세운이 亥라면!

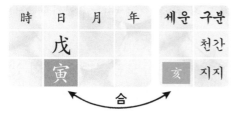

寅과 亥가 합하여 甲(木)으로 편관에 해당한다. 이때 나타나는 현

상에 대해 세운과의 관계를 적용하였다. 대운의 관계에서는 검증과 연구가 쉽지 않아 제외하였다.

❖ 책임감이 많아지게 되고 실천하려는 의지가 강해진다.

❖ 배우자가 일간에게 대항하려는 기질이 강하게 나타난다.

❖ 일간은 갑작스럽게 몸이 아프거나 질병이 찾아올 수 있다.

❖ 배우자가 직업을 갖거나 사회활동을 하게 된다.

❖ 가정이 화목해지거나 서로 협조하며 공유한다.

❖ 여자는 이성이 생기기도 한다.

❖ 뜻하지 않은 일이 가정에서부터 생길 수 있다.

❖ 合이면서 破의 역할이 있으므로 일간에게 도움이 되면 문서상 이익이 있고 기신에 해당하면 배신이나 상처를 받는 일이 생긴다.

다. 일간이 庚이고 일진이 寅이며 세운이 亥라면!

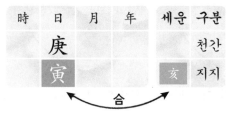

일지 寅과 세운 亥가 합이 되어 甲(木)으로 변하여 일간으로부터는 편재에 해당하는 해이다.

변한 오행이 어느 정도 작용을 하는가를 보면 결과와 관계가 있다.

변한 오행이 식, 상이나 재성으로 변하면 금전적인 부분에서 결과가 있고 변한 오행이 관성이나 인성이면 문서나 계약과 관계된 일이

작용하고 변한 오행이 비, 겁이면 활동, 출장, 부지런함, 자기 노력이
바빠지는 해로 판단하였다.

❖ 재산이 증가하게 된다.

❖ 배우자로 인하여 수입이 증가하는 해이다.

❖ 뜻하지 않은 재물이나 이익이 실현되게 된다.

❖ 새로운 일을 시작하거나 문서상 이익이 생기는 해이다.

❖ 결과에서는 이익이 생기는 해이다.

❖ 다만 신강구조에서 수익이 창출되고 신약한 구조는 지출이 증가할
　수 있다.

❖ 에너지가 전년도보다 상승하고 있으면 이익이 실현되고 에너지가
　하락하면 노력한 만큼 이익이 실현된다.

라. 일간이 壬이고 일진이 寅이며 세운이 亥라면!

변한 오행이 甲이고 일간으로부터는 식신에 해당한다.

이 경우 한 해에는 사회생활을 통해 어떤 결과가 나타나는지를 연
구한 것이다. 결과적으로 식신은 의·식·주와 관계되거나 아이와 관련
된 일, 나 자신이 희생·봉사·나눔을 주는 역할이다. 따라서 준비하고
결과를 만들어 가는 과정이기에 이익이 실현되는 해로 판단하였다.

❖ 연구, 준비, 계획하는 일이 순조롭다.

❖ 이익이 실현하는 해이다.

❖ 음식, 요리, 손과 관련된 사업, 강의에서 이익이 창출된다.

❖ 아이와 관련된 업종도 유익함이 많다.

❖ 합이 되어 변한 오행이 식신, 상관, 편재, 정재에 해당하면 금전적
   으로 혜택이 있게 된다.

❖ 학생은 성적이 향상되는 해이다.

❖ 이 해는 배려, 희생, 봉사, 나눔을 주게 되거나 무료봉사 활동 등으
   로 몸이 분주하다.

❖ 다른 오행이 합이 되어 변하면 변한 십성의 작용을 한다.

4 월간과 세운의 합 작용

월간과 세운이 합이 되는 경우는 10년에 한번 찾아오게 된다. 월간은
나의 사회활동, 외부환경에서 오는 문제에 해당한다. 또한 청소년기와
장년기에 해당하는 시기이다.

월간이 합이 되는 경우는 다음과 같이 정리한다.

❶ 월간과 일간이 합이 되는 경우

❷ 월간과 대운이 합이 되는 경우

❸ 월간과 세운 천간이 합이 되는 경우

위의 사항들 중 본 서에서는 월간과 세운 천간이 합이 될 때 나타나
는 현상에 대해 정리해 본다.

가. 합이 되어 변한 오행이 비, 겁이 될 때

- ■己일간이 월간이 甲이고 세운에서 己를 만나면 戊土(겁재)
- ■己일간이 월간이 己이고 세운에서 甲을 만나면 戊土(겁재)
- ■庚일간이 월간이 庚이고 세운에서 乙을 만나면 庚金(비견)
- ■庚일간이 월간이 乙이고 세운에서 庚을 만나면 庚金(비견)

❖몸이 분주해지고 활동이 많아진다.

❖운수업, 물류업, 택배업, 운송업, 운동선수와 같이 몸을 많이 활용하는 직업에서 좋은 일들이 생기게 된다.

❖학생도 이 시기에는 정보를 많이 교환하거나 분석하면 결과가 좋게 나타난다.

❖사업자는 출장이나 지방으로 출타할 일이 많아지는 해이다.

❖직장인 중에서 영업이나 광고, 홍보 분야 또는 세일즈 분야는 갈 곳이 많게 되는 시기이다.

❖그러나 투자나 주식은 불리한 해이다.

❖자존지능과 경쟁지능이 발달하게 되어 몸이 부지런해지고 갈 곳이 많은 해이다.

나. 합이 되어 변한 오행이 식, 상이 될 때

- ■辛일간이 월간이 丙이고 세운 천간이 辛이면 壬水(상관)
- ■辛일간이 월간이 辛이고 세운 천간이 丙이면 壬水(상관)
- ■壬일간이 월간이 壬이고 세운 천간이 丁이면 甲木(식신)
- ■壬일간이 월간이 丁이고 세운 천간이 壬이면 甲木(식신)

❖ 연구력이나 기획력이 발달하게 된다.

❖ 친구나 인간관계에서 사교성과 친화성이 발달한다.

❖ 학생은 오랫동안 앉아 집중하게 되고 스케줄에 맞춰 복습을 하게 된다.

❖ 직장인은 승진이나 변동을 하거나 이직, 또는 변화를 주는 해이다.

❖ 사업을 계획하거나 새로 일을 시작하게 되는 해이다.

❖ 제조업, 아이 관련업, 화술, 손재주, 서비스 분야에서는 이익이 증가하게 된다.

❖ 힘은 들어도 노력한 결과가 생기는 해이다.

❖ 식신, 상관이 되면 힘은 들어도 결과에서는 이익이 있다.

다. 합이 되어 변한 오행이 재성이 될 때

■ 甲일간이 월간이 己이고 세운 천간이 甲이면 戊土(편재)

■ 甲일간이 월간이 甲이고 세운 천간이 己이면 戊土(편재)

■ 癸일간이 월간이 戊이고 세운 천간이 癸이면 丙火(정재)

■ 癸일간이 월간이 癸이고 세운 천간이 戊이면 丙火(정재)

❖ 노력한 결과가 이루어지는 해이다.

❖ 진행하던 일을 변경하거나 새롭게 시작을 하는 해이다.

❖ 학생은 공부 방법을 바꾸거나 조기 진학을 하는 경우가 많다.

❖ 이과 과목의 성적이 향상되는 해이다.

❖ 자영업을 하는 사람은 이익이 실현된다. 특히 유통업이나 완성품을 만들거나 판매하는 업종에서 이익이 증가하는 해이다.

❖ 직장인은 연봉이 오르기도 하고 목돈이 생기는 경우도 있다.

❖ 결과에서 이득이 되는 해이다.

❖ 남자는 결혼이나 새로운 이성이 나타나는 해이기도 하다.

❖ 평가지능과 설계지능이 발달되어 사업자에게 유리한 해이다.

라. 합이 되어 변한 오행이 관성이 될 때

■ 乙일간이 월간이 庚이고 세운 천간이 乙이면 庚金(정관)

■ 乙일간이 월간이 乙이고 세운 천간이 庚이면 庚金(정관)

■ 丙일간이 월간이 辛이고 세운 천간이 丙이면 壬水(편관)

■ 丙일간이 월간이 丙이고 세운 천간이 辛이면 壬水(편관)

❖ 책임감이 부여되거나 실천력이 증가하게 된다.

❖ 몸이 부지런해지고 계약이 잘 성사된다.

❖ 관성은 직장인에게 유리하고 진학생이나 시험을 준비하는 학생에게도 좋은 해이다.

❖ 관성은 재의 시대를 지났기 때문에 사업자에게는 어려움이 올 수 있게 된다. 다만 국가를 상대로 하는 사업이나 군납, 대기업을 상대로 하는 업종은 오히려 더 좋아지게 된다. 그러나 자영업이나 소규모 사업자는 변화가 생기거나 지출이 증가하는 시기이다.

❖ 학생은 수시로 진행을 하면 더욱 유리하다.

마. 합이 되어 변한 오행이 인성이 될 때

■ 丁일간이 월간이 壬이고 세운 천간이 丁이면 甲木(정인)

- ■ 丁일간이 월간이 丁이고 세운 천간이 壬이면 甲木(정인)
- ■ 戊일간이 월간이 癸이고 세운 천간이 戊이면 丙火(편인)
- ■ 戊일간이 월간이 戊이고 세운 천간이 癸이면 丙火(편인)

❖ 인성은 수용성과 정신세계가 발달하게 된다.

❖ 기억력이나 인식, 판단능력이 빨라지게 된다.

❖ 매사 신중하게 되고 조심성이 많아진다.

❖ 학생은 복습에 복습을 하지만 진도가 원활하지 못한 해이다.

❖ 성적이 향상되는 해이다.

❖ 문서, 행정, 교육과 관계된 분야에서는 계약이 원활하게 진행되는 시기이다.

❖ 인성은 처음 시작은 좋은데 결과에서는 미약할 수 있기 때문에 자영업에서는 다소 어려움이 생길 수 있다. 그러나 교육업이나 행정 분야에서는 즐거움이 있는 해이다.

이처럼 합이 되어 변한 오행이 비, 겁이 되면 몸이 분주하게 되고 이를 활용하여 이익이 창출되게 되고 식, 상이 되면 준비·연구·경험을 바탕으로 이익을 실현하게 된다. 식, 상은 신약구조이면 몸이 많이 아프거나 지치는 과정에도 속한다. 변한 오행이 재성이면 처음에 고전을 한다 하더라도 결과에서는 이익이 실현되게 된다. 변한 오행이 관성이면 갑작스러운 일, 사건 또는 변화가 생기게 된다. 또한 책임감이 강해지기 때문에 과로나 뜻하지 않은 일이 생기는 경우도 있다. 변한 오행이 인성이면 교육이나 행정, 문서, 수수료, 노인에 해당하는 분야에서 좋은 일이 나타나게 된다.

합이 되어 변한 오행이 식상이나 재성이 되면 결과에서 이익이 증가하게 되고 관성이면 안정을 추구하려고 하고 인성이면 행정 분야나 문서와 관계된 일이 생기게 된다. 사주 강약에 따라 차이가 있게 되지만 대체적으로 위의 요건들이 나타나게 된다.

망고 진화정보론 III

PART 05 천중살

멍미 진화와 정보론 III

천중살이란 하늘이 가운데 멈추어 선 경우를 말한다. 다른 용어로는 공망(空亡)이라고 한다. 다시 말하면 빌어도 소용이 없다는 의미이다. 공망을 분석해 보면 목적하는 일이 뜻대로 이루어지지도 않고 나쁜 일이 있어도 흉한 일이 일어나지 않는 것과 같은 이치이다.

특히 공망은 세운에서 작용이 오게 되는데 천간과 지지가 함께 공존하게 된다는 것이다. 명리학에서는 이 문제에 대해 많은 연구가 활발하게 이루어지고 있는 것으로 알고 있다.

공망은 일주를 중심으로 분석하게 되고 길성과 흉성으로 분류하게 되며 일간에게 용신이 되는 해인가, 기신에 해당되는가를 살펴보게 된다. 공망에 해당하는가를 살펴 운명을 판단하거나 목적에 대해 논하고 있다.

가령 세운이 길성(식신, 정재, 정관, 정인)이고 용신에 해당하는데 천중(공망)에 해당할 때 어떤 작용이 오는가에 대한 내용이다.

필자가 천중에 대해 나열하게 된 것은 세운에서의 천중살은 영향력이 있다는 것을 대체적으로 공감하게 되어 자료를 올렸다.

천중살(공망)에 대해서 작용력이 나타나는지 살펴본 것은 진학과 관련하여 천중에 해당하는 진학년도에는 계열변동이나 자신이 원하는 대학을 들어가는데 시행착오가 생기는 일이 있다고 판단하였다.

그러면서도 결론을 내리기에는 매우 조심스럽다. 그 이유는 명리학은 생극제화가 우선이고 합·형·충을 우선시해야 하는 것인지 공망을 더 우선시해야 하는것인지에 대해서는 앞으로 더욱 연구하려고 한다.

다만 진학생 중 진학년도가 공망에 해당하는 경우에는 정시로 진학하는 경우가 많고 계열변동을 하는 경우가 상대적으로 많음을 발견하였다. 그렇다고 모두 그런 것은 아니지만 평균적으로 앞선다고 보았다. 거기에는 공망이면서 충·형이 될 때 작용이 더 많은 것이 사실이다.

그렇기 때뮤으로 충·형으로 인해서 그런 일이 생기는 것인지 아니면 공망에 해당되어서 그런 것인지에 대해서는 답을 내리기가 어려웠다. 그러나 충·형이 되고 공망이 되면 유리함보다는 불리함이 더 지배적이라고 판단하였다.

이 내용에 대해서는 후학이나 다른 명리학자들이 더 연구해 주기를 바라며, 진학생과의 관계에서 천중살의 작용에 대해 나열하였다.

1
공망론

고법에서는 천중(天中)살이라 하고 신법에서는 공망으로 불리워진다. 즉, 지지는 12개이고 천간은 10개로 천간이 2개 부족하게 된다.

하늘이 가운데 멈추어 있다는 것은 우주의 중력 속에 존재하는 것과 같고, 인간에게는 고생이 많거나 하는 일을 중지하는 일이 생기거나 신규로 일을 벌리면 잘 안 되는 형국이다.

공망(空亡)의 빌다, 내실이 없다, 망하다, 달아나다의 뜻이 좋게 작용하지 않는다고 보면 된다.

방법 지지를 기준하여 寅의 자리에 천간인 甲을 올리고
천간인 癸가 끝나면 나머지 지지 2자가 공망에 해당한다.

➡ 甲 乙 丙 丁 戊 己 庚 辛 壬 癸 ○ ○
　寅 卯 辰 巳 午 未 申 酉 戌 亥 子 丑

예 丁酉 일주의 공망은 무엇인가?　　　　　　☞ 辰, 巳

방법 위에서 언급한 것과 같이 지지 酉에 천간에 丁을 올리고 순행하여
癸까지 가면 지지에서 남는 2자가 공망에 해당한다.

➡ 丁 戊 己 庚 辛 壬 癸 ○ ○
　酉 戌 亥 子 丑 寅 卯 辰 巳

② 세운 공망론

① 세운이 비견성이고 천중살에 해당

- 친구는 물론 형제, 자매, 자식들과도 전혀 통하지 않는다.
- 주위와 충돌하게 되며 마찰이 자주 따른다.
- 노력을 많이 해도 결과는 만족스럽지 못한다.
- 집중력이 떨어지거나 몰입이 잘 안 된다.
- 신경이 예민해지고 친구들과도 마찰이 생긴다.
- 어느 한 과목에 집중하기가 어렵고 복습을 해도 진도가 잘 나가지 않는다.
- 서로 정보를 공유하지 않고 집안에서 혼자 있는 것을 좋아한다.
- 생각이 많은데 몸이 잘 실천해 주지 않는다.
- 이 별은 완고하고 독립성이 강해 자신의 의지대로 하지 않고는 못 베기는 별로서 천중살이 오면 반대로 뒤집히는 형상으로 안정을

취하는데 어려움이 많이 따른다.

② 세운이 겁재성이고 천중살에 해당

- 새로 사귄 인간관계에서 문제가 되거나 번거로운 일이 발생한다.
- 이 별은 교제의 폭이 넓고 행동범위가 넓으나 천중살이 되면 반대의 성향이 나타나게 된다.
- 형제들로 인한 문제에 말려들어 해결해야 하는 상황도 오고 분쟁도 생긴다.
- 대인관계에서 짜증이 나고 일은 많아지고 정신적인 여유가 없는 것이 원인이 된다.
- 친구관계에서 질투심이 생기고 경쟁에서 뒤처지게 되며 이유없이 미워한다.
- 어느 과목에 집중해야 하는데 집중력이 떨어지고 혼란스럽다.
- 공부보다 친구들과 어울리거나 가출 또는 모험을 즐기려 한다.
- 공부보다 돈에 대한 집착이 강해진다.
- 여학생인 경우는 이성관계가 생길 수 있다.

③ 세운이 식신성이고 천중살에 해당

- 건강이 악화되거나 병이 찾아오게 된다.
- 생전 앓지도 않던 사람이 갑작스럽게 원인도 알 수 없는 병이 생기고 고생하게 된다.
- 책상에 오래 앉아 있어도 큰 진전이 없고 집중력이 감소한다.
- 공부를 해도 왜 공부를 하는지 의욕이 없다.

- 의욕이 감소하게 되고 계획하는 일을 수정하게 된다.
- 금전적으로 정신적으로 고갈이 되는 형국이니 관리를 사전에 해야 한다.
- 종교에 귀의하거나 신앙을 갖기도 한다.

4 세운이 상관성이고 천중살에 해당
- 고독에 강한 유형이라 고독이 밀려오고 견디기가 어렵다.
- 인간적 불신감이나 주변 사람과 전혀 만나고 싶지 않은 시기이다.
- 식욕감퇴, 체력악화가 악순환되고 이로 인해 입원이나 생명에 지장이 생긴다.
- 말이 많아지게 되고 이유가 많다.
- 남과 논쟁하려고 하고 짜증을 많이 낸다.
- 여행이나 가출하고 싶은 충동을 많이 느낀다.
- 필요없는 공상이나 공부에 애착이 없어진다.
- 여학생은 이성운이 다가 오기도 한다.
- 오래도록 집중하기가 어렵고 생각이 복잡해진다.

5 세운이 편재성이고 천중살에 해당
- 비용이 많이 발생되고 지출이 심하게 많아지는 해이다.
- 남학생은 금전문제나 이성문제가 생기는 시기이다.
- 성적이 좋았던 학생은 이과 과목에서 노력한 만큼 결과가 나오지 않는다.
- 세운이 재성이면 평가지능이 발달하게 되는데 공망에 해당하게 되

면 기능이 약화된다. 이런 경우는 수시로 진학을 권유하며 한 단계 낮추어 진학하도록 한다.

■ 일찍 일어나 새벽 시간대를 활용하는 습관을 가져야 유리하다.

6 세운이 정재성이고 천중살에 해당

■ 이성문제나 금전문제로 집중력이 떨어진다.

■ 노력을 많이 하여도 결과에서는 만족스럽지 못하다.

■ 이과 분야의 과목에서 성적이 생각보다 나오지 않는다.

■ 자신이 설계한 방향에서 수정할 일이 생기게 된다. 한 단계 낮추어 진학을 해야 안전하다.

■ 새벽 시간대를 활용하는 습관을 가져야 유리하다(3시 반~5시 반).

■ 복습을 할 때 제자리 걷는 형국과 같아 진도가 잘 나가지 않는다. 이런 경우는 이해가 잘 가는 과목부터 복습을 하는 것이 유리하다.

7 세운이 편관성이고 천중살에 해당

■ 이 해는 친구가 저지른 실수를 내가 책임지는 일이 생기는 해이다.

■ 친구로부터 좋지 못한 일을 떠맡게 되거나 그것을 해결하는 담당자가 되고 해결을 해도 좋은 기대가 없다.

■ 싸움이나 투쟁 또는 마찰이 많이 생기는 해이다. 시비나 구설이 항상 쫓아다니는 형국으로 많은 시련이 생긴다.

■ 고립을 자초하게 되며 때로는 학업을 떠나게 되는 경우도 있다.

■ 교통사고가 빈발하거나 사고시 후유증이 남는 무거운 상처가 예상된다.

■ 서두르지 말고 수양하는 마음으로 여유를 갖고 공부해야 한다.

■ 자신이 좋아하는 과목을 집중적으로 복습해야 좋다.

■ 안정이 안 되어 오래 앉아 있는 것을 싫어할 수 있다. 규칙적인 습관을 몸에 배도록 한다.

⑧ 세운이 정관성이고 천중살에 해당

■ 정관은 합리적이며 규범성을 가지게 된다. 공망에 해당하면 법을 무시하거나 준수하지 않으려 한다.

■ 학생은 공부에 집중과 안정이 안 되고 마음이 불안하다.

■ 노력한 결과 만큼 성적이 오르지 않게 된다.

■ 계열을 변동해서 진학하는 경우가 많다.

■ 공부를 하기 전에 명상이나 마인드 컨트롤을 하도록 권유한다.

■ 문과 분야의 교과목을 먼저 복습하는 것이 유리하다.

■ 새벽에는 집중력이 감소하므로 한밤중을 선택하도록 한다(10시~12시).

■ 시립 도서관이나 학교 도서관을 활용하는 것도 좋다.

■ 공망에 해당하면 갇혀 있는 공간을 더 좋아할 수 있기 때문에 이를 바꾸는 노력이 성적을 올릴 수 있다.

⑨ 세운이 편인성이고 천중살에 해당

■ 편인은 인식지능과 임기응변이 좋지만 공망에 해당하면 무기력해지거나 상황판단 능력이 약해진다.

■ 남과 어울리기보다는 혼자 조용히 있는 것을 좋아하게 된다.

- 공부를 중간에 포기하고 싶어하거나 재미가 없다고 생각한다.
- 편인이 오면 나태해지거나 미루는 습성이 찾아오게 되고 방황을 하려고 한다.
- 복습하는 시간도 새벽에는 안 되고 밤 10시부터 1시까지가 좋다.
- 정시로 진학하게 될 경우 변동을 하여 진학을 하게 된다.

⑩ 세운이 정인성이고 천중살에 해당

- 미루는 습성이 생기는 해이다.
- 복습이 잘 안 되고 진도가 잘 나가지 않는다.
- 특히 문과계열 과목에서 성적이 감소하기도 한다.
- 계획을 짜놓고 실천하는 습관이 필요하다.
- 한밤중에 복습을 하는 것이 효과적이다.
- 일을 미루거나 남을 시키려고 하는 시기이다.
- 서점을 찾아 독서하는 습관이 성적을 향상시키면 좋다.
- 정인이 공망에 해당하면 방안에서 움직이는 것을 싫어하고 짜증을 잘 내게 된다.
- 편인, 정인격이거나 월지가 인성이면 새벽에 일어나기가 어렵다. 학교에서 귀가하면 그 즉시 복습을 하는 것이 좋다.

PART**06**

연구 방법

PART ③

맹코 진화정보론 Ⅲ

1
연구의 설계

 이화여대생을 대상으로 13개 문항으로 이루어진 설문조사를 실시하는 것으로 하였다. 여대에 진학하는 학생들의 구조를 분석하여 교차분석과 백분율에 의하여 결과를 도출하려고 한다. 표집한 설문응답을 기준하여 일간을 십간(甲·乙·丙·丁·戊·己·庚·申·壬·癸)으로 분류하고 월지도 십성(비견·겁재·식신·상관·편재·정재·편관·정관·편인·정인)으로 세분화하며, 계열은 9개(인문·사회·교육·자연·공학·의학·미술·음악·체육)로 분류하여 분석하는 것으로 하였다.

 첫째, 응답자의 일간을 기준하여 9개의 계열과 진학과의 관계를 분석한다.
 둘째, 일간은 진학하는 년도의 십성에서는 어떤 십성이 유리한 것인가를 분석한다.

셋째, 월지 십성을 기준하여 9개의 계열과의 관계를 분석한다.

넷째, 자기 보고에 의한 경험과 인지도에 대한 성향을 통계분석하였다. 설문문항 3항에서 10항까지는 대학을 진학하는 일련의 과정에 대한 문항으로 구성되어 있어 각 문항별 통계를 실시하는 것으로 한다. 11, 12문항에 대해서는 졸업 후 진로에 관한 내용으로 자신이 전공하는 분야로 진로를 모색할 것인가에 대한 미래예측학적인 사항에 대해 분석하였다. 13항은 성격 유형에 대해 살펴보았다.

다섯째, 월지와 9개의 계열에서 진학률이 높은 경우를 문과, 이과, 예체능 분야에서 상대평가 및 교차분석에서 유리한 계열이 있는지 분석하였다. 진학상담에 반영될 수 있는 자료이다.

2

연구 대상

이화여대 재학생을 대상으로 설문조사를 실시하는 것으로 하였다. 계절학기가 진행되는 2013년 7월 1일~7월 15일 토·일요일에 학교 도서관을 이용하는 학생 350명을 대상으로 설문조사를 실시하였다. 설문문항에 응답한 학생만을 대상으로 자료를 추출하는 것으로 하였다. 무응답자가 6명이었고 타대학 재학생이 응답한 경우는 1명으로 제외하였다.

계열이 9개로 분류하여 설문을 실시할 수가 없어 계열과 관계없이 도서관에 나와 공부하는 학생만을 선정하여 자료를 수집하였다. 학년에 관계없이 재학생으로 구성하였다.

설문지 유효 자료 현황

N : 343명

대 상	설문 배포수	무효	유효 자료
이화여대	350	7 (2%)	343 (98%)

③
조사 도구

　문제의 제기에 나열한 자료를 기준하여 빈도분석 및 교차분석을 실시하여 백분율(%)에 의한 측정도구를 사용하였다. 십성과 계열에서 진학률이 높은 계열과 상대적으로 진학률이 낮은 계열로 형성되어 있어 가장 진학률이 높은 경우를 분석하려고 한다.

　격국과 9개의 계열에서 진학률이 높은 경우를 백분율에 의한 빈도분석과 교차분석을 통하여 진학률이 가장 높은 경우를 문과, 이과계열에서 1개를 선정하고 예체능 분야에서 진학률이 상대적으로 높은 경우를 1개 선정하는 것으로 하였다.

4
자료의 처리

　본 연구는 13개의 문항으로 이루어진 설문문항을 토대로 대상자의 자기 보고에 의한 방법을 백분율에 의하여 측정하였다. 생년, 월, 일, 시에 의한 일간을 분류하고 진학년도에 어느 일간이 유리한가를 분석하였다. 일간과 진학계열에 대해서도 연구하였다.

　격국을 기준하여 어느 계열에 속한 십성이 9개의 계열에서 진학률이 높았는가를 측정하였다. 계열은 인문, 사회, 교육계열을 문과계열로 분류하고 자연, 공학, 의학계열은 이과계열로 예체능 계열로는 미술, 음악, 체육계열로 나누어 명문여대에 진학률이 높은 3개 계열에 대해 월지별 측정을 하였다. 3개 계열로는 인문, 사회, 자연계열에 해당하고 6개 계열은 교육, 공학, 의학, 미술, 음악, 체육계열로 분류하여 측정하였다.

설문문항에 응답한 자료를 기준하여 대학 선택방법, 진학조언자, 계열변동 유무, 입학사정관제와 수시진학률과 정시진학률에 대해 분석하였다.

이 외에도 3개 대학을 대상으로 설문조사를 실시한 자료를 기준하여 통합하여 비교 분석을 실시하였다.

PART 07
연구 분석

PART

1
분석의 결과

이화여자대학교 학생들을 대상으로 13개의 문항으로 이루어진 설문조사를 실시하는 것으로 하였다. 여자대학교에 진학하는 학생들의 구조를 분석하여 결과를 도출하려고 한다. 설문조사에 응답한 재학생을 대상으로 생년, 월, 일, 시를 기준하여 월지를 분석하고 가장 진학률이 높은 십성에 대해 분석하는 것으로 하였다. 각 계열별 가장 진학률이 높은 십성에 대해서도 분석하는 것으로 하였다.

▮ 생년, 월, 일, 시에 의한 분석

(1) 시에 관한 자료

설문응답자 343명의 사주 구조를 분석한 결과 태어난 시를 기록한 학생은 208명으로 60.64%에 해당하였고 시를 기록하지 않은 학생은

135명으로 39.36%에 해당하였다.

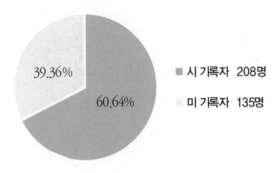

39.36%

60.64%

■ 시 기록자 208명

▨ 미 기록자 135명

태어난 시를 몰라도 진학에는 별다른 영향을 주지 않았다. 명리학에서도 이런 부분에 대해 더 많은 연구가 진행되어야 한다.

(2) 일간별 진학 분포도

일간별 진학 현황

N : 343명

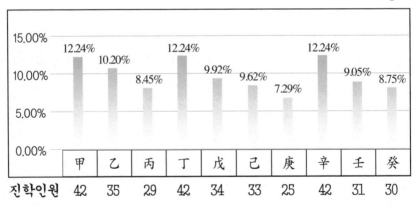

	甲	乙	丙	丁	戊	己	庚	辛	壬	癸
진학인원	42	35	29	42	34	33	25	42	31	30

명문여대에 재학 중인 학생을 대상으로 설문조사를 실시하였다. 명리학의 일간으로는 어느 일간이 많았는가를 살펴보았다.

그 결과 甲, 丁, 辛 일간이 42명으로 12.24%로 나타났다.

상대적으로 庚 일간이 25명으로 가장 낮은 비율을 보였다.

가장 진학률이 높은 일간과 가장 낮은 진학률을 보인 일간과의 차이는 4.95%로 나타났다.

일간별로 분석한 이유는 여자대학교에 진학하는 경우는 어느 일간이 많았는가를 살펴보기 위함이었다. 일간별 평균 10%를 십간별로 유지할 것이라 판단하였는데 甲, 丁, 辛 일간은 평균을 웃도는 것으로 분석되었다.

(3) 일간과 진학년도 관계

N : 343명

일간	진학년도										비 고
	비견	겁재	식신	상관	편재	정재	편관	정관	편인	정인	
甲	0	0	0	4	1	4	7	9	17	0	42
乙	1	1	4	2	2	2	5	6	1	11	35
丙	2	1	4	2	5	5	9	0	1	0	29
丁	1	0	4	2	4	8	0	22	0	1	42
戊	2	6	4	6	14	0	1	0	0	1	34
己	3	5	3	5	2	13	0	0	0	2	33
庚	2	3	7	1	0	0	1	2	2	7	25
辛	11	4	2	16	0	0	0	0	4	5	42
壬	12	0	1	0	2	3	0	3	2	8	31
癸	1	15	0	1	0	1	2	1	6	3	30
집계	35	35	29	39	30	36	25	43	33	38	343
%	10.20	10.20	8.45	11.37	8.75	10.49	7.29	12.54	9.62	11.08	100

일간과 진학년도의 관계는 매우 중요한 자료가 된다. 진학년도 구분은 대학교 1학년을 기준하는 것이 아니라 고등학교 3학년에 해당하는 년도를 기준하였다. 설문응답에서 1학년인 경우는 전년도의 십성을 적용해야 하고 4학년인 경우는 −5를 해야 고등학교 3학년에 해당한다.

이렇게 적용하여 나온 결과를 보면 진학년도가 정관년도에 해당할 때 진학률이 가장 높은 것으로 나타났다. 가장 진학률이 낮은 경우는 편관년도가 가장 낮은 것으로 나타났다. 정관년도에 진학한 학생이 전체 343명 중 43명으로 12.54%를 나타냈다. 반대로 가장 진학률이 낮은 편관년도는 25명으로 7.29%에 해당하였다. 가장 진학률이 높은 경우와 낮은 경우의 차이는 18명으로 5.25%의 차이를 보였다.

일간별로 살펴본 결과는 다음과 같다.

- 甲일간은 진학년도가 **편인**일 때 높게 나타났다.
- 乙일간은 진학년도가 **정인**일 때 높게 나타났다.
- 丙일간은 진학년도가 **편관**일 때 높게 나타났다.
- 丁일간은 진학년도가 **정관**일 때 높게 나타났다.
- 戊일간은 진학년도가 **편재**일 때 높게 나타났다.
- 己일간은 진학년도가 **정재**일 때 높게 나타났다.
- 庚일간은 진학년도가 **식신**, **정인**일 때 높게 나타났다.
- 辛일간은 진학년도가 **상관**일 때 높게 나타났다.
- 壬일간은 진학년도가 **비견**일 때 높게 나타났다.
- 癸일간은 진학년도가 **겁재**일 때 높게 나타났다.

이처럼 차이가 나타나는 이유 중 하나는 설문대상자를 정해 놓지 않고 설문에 응답한 학생을 대상으로 하다 보니 주로 1학년에 재학 중인 학생이 많이 설문에 참여한 것으로 볼 수 있었다.

앞으로 설문조사를 받는 방법을 어느 한 집단을 대상으로 설문조사를 받으면 좋지만 명리학과 관련하여 자신의 생년월일시를 밝혀달라고 하면 긍정적인 면보다는 부정적인 견해를 가지고 있기 때문에 설문조사를 실시한다는 것이 보통 어려운 문제가 아니다. 그렇기 때문에 많은 논문들이 문헌을 기준하여 논문을 쓰게 되는 것도 이런 맥락과 무관치 않다.

현대 명리학으로 더 발전하기 위해서는 남의 책이나 생각을 본인의 것으로 만드는 것보다 본인이 직접 설문조사 문항을 만들고 대상자를 찾아 설문을 받아 이를 분석하여 나오는 자료가 많은 사람들에게 꿈과 희망을 심어줄 수 있다고 판단되었다(429페이지 참조).

(4) 일간과 진학 계열

일간이 甲일간과 丁일간 그리고 辛일간이 이화여자대학교 진학자가 많은 것으로 나타났다.

일간을 기준하여 분석하는 것은 큰 의미를 부여하는 것은 아니지만 하나의 참고사항으로 받아들일 수 있다.

N : 343명

일간		문과			이과			예체능			계
		인문	사회	교육	자연	공학	의학	미술	음악	체육	
甲	빈도	12	11	4	10	2	1	0	1	1	42
	%1	28.57	26.19	9.52	23.81	4.76	2.38		2.38	2.38	
	%2	13.33	14.10	7.84	14.29	33.33	11.11		4.76	12.5	
乙	빈도	10	10	5	4	0	1	2	2	1	35
	%1	28.57	28.57	14.29	11.43		2.86	5.71	5.71	2.86	
	%2	11.11	12.82	9.80	5.71		11.11	20	9.52	12.5	
丙	빈도	7	5	2	8	0	0	1	4	2	29
	%1	24.14	17.24	6.89	27.59			3.45	13.79	6.89	
	%2	7.78	6.41	3.92	11.43			10	19.05	25	
丁	빈도	8	10	9	5	0	3	2	4	1	42
	%1	19.05	23.81	21.43	11.90		7.14	4.76	9.52	2.38	
	%2	8.89	12.82	17.65	7.14		33.33	20	19.05	12.5	
戊	빈도	10	7	5	7	0	1	1	3	0	34
	%1	29.41	20.59	14.71	20.59		2.94	2.94	8.82		
	%2	28.57	8.97	9.80	10		11.11	10	14.29		
己	빈도	7	11	7	3	2	1	0	2	0	33
	%1	21.21	33.33	21.21	9.09	6.06	3.03		6.06		
	%2	7.78	14.10	13.73	4.29	33.33	11.11		9.52		
庚	빈도	6	5	2	8	0	0	0	3	1	25
	%1	24	20	8	32				12	4	
	%2	6.67	6.41	3.92	11.43				14.29	12.5	
辛	빈도	14	8	6	9	0	1	0	2	2	42
	%1	33.33	19.05	14.29	21.43		2.38		4.76	4.76	
	%2	15.56	10.26	11.76	12.86		11.11		9.52	25	
壬	빈도	4	8	6	7	1	1	4	0	0	31
	%1	12.90	25.81	19.35	22.58	3.22	3.22	12.90			
	%2	4.44	10.26	11.76	10	16.67	11.11	40			
癸	빈도	12	3	5	9	1	0	0	0	0	30
	%1	40	10	16.67	30	3.33					
	%2	13.33	3.85	9.80	12.86	16.67					
계		90	78	51	70	6	9	10	21	8	343

%1은 일간별 분포도, %2는 계열별 분포도

일간을 기준하여 진학률이 높은 3개 계열로는 인문(90명), 사회(78명), 자연계열(70명)에 해당하였다. 전체 343명 중 3개 계열 진학자는 238명으로 69.39%에 해당하였다. 6개 계열로 진학률은 105명으로 30.61%에 해당하였다.

계열별 진학률이 높은 일간은 다음과 같다.

- 인문계열은 **癸**일간이 12명으로 40%를 나타냈다.
- 사회계열은 **己**일간이 11명으로 33.33%를 나타냈다.
- 자연계열은 **庚**일간이 8명으로 32%를 나타냈다.
- 교육계열은 **丁**일간이 9명으로 21.43%를 나타냈다.
- 공학계열은 **己**일간이 2명으로 6.06%를 나타냈다.
- 의학계열은 **丁**일간이 3명으로 7.14%를 나타냈다.
- 미술계열은 **壬**일간이 4명으로 12.90%를 나타냈다.
- 음악계열은 **丙**일간이 4명으로 13.79%를 나타냈다.
- 체육계열은 **丙**일간이 2명으로 6.89%를 나타냈다.

(5) 일간별 격국 분석

일간별 격국 현황

N : 343명

일간	격국										비고
	비견	겁재	식신	상관	편재	정재	편관	정관	편인	정인	
甲	6	7	1	1	5	8	3	4	4	3	42
乙	3	6	1	4	4	5	5	4	1	2	35
丙	3	2	7	2	3	3	2	2	3	2	29
丁	4	5	3	6	8	2	1	1	6	6	42
戊	3	2	6	0	3	3	6	6	4	1	34
己	3	6	6	1	3	3	0	3	3	5	33
庚	4	2	1	2	3	1	3	1	5	3	25
辛	2	4	1	4	4	6	4	6	6	5	42
壬	5	1	4	5	2	1	3	3	2	5	31
癸	3	3	3	4	1	5	1	3	1	6	30
집계	36	38	33	29	36	37	28	33	35	38	343
%	10.49	11.07	9.62	8.45	10.49	10.79	8.16	9.62	10.20	1107	100

전체 인원 343명을 대상으로 격국을 분석하였다. 가장 많은 일간으로는 甲, 丁, 辛일간이 42명씩 해당하였다. 가장 적은 일간으로는 庚일간으로 25명에 해당하였다. 가장 많은 일간과 가장 적은 일간의 차이는 17명이나 되었다.

격국을 분류하여 가장 많은 격국으로는 겁재격과 정인격이 이화여대에 진학한 학생이 많았다. 38명으로 11.07%에 해당하였다. 가장 적은 격국은 편관격이 28명으로 8.16%에 해당하였으며. 높은 격국과 낮은 격국의 차이는 10명으로 2.92%의 차이를 보였다.

일간과 격국을 기준하여 가장 높은 격국에 대해 살펴 보았다.

- 甲일간은 **정재격**에 해당하는 학생이 8명으로 높았다.
- 乙일간은 **겁재격**에 해당하는 경우가 많았다.
- 丙일간은 **식신격**에 해당하는 경우가 많았다.
- 丁일간은 **편재격**에 해당하는 경우가 가장 많았다.
- 戊일간은 **식신**, **편관**, **정관**이 각각 6명으로 높았다
- 己일간은 **겁재**, **식신**에 해당하는 격국이 높았다.
- 庚일간은 **편인격**이 많았다.
- 辛일간은 **정재**, **정관**, **편인격**에 해당하는 경우가 많았다.
- 壬일간은 **비견**, **상관**, **정인격**이 많았다.
- 癸일간은 **정인격**이 가장 많았다.

본 연구에서 알고자 하는 내용은 명문여대에는 어느 일간이 많이 진학을 하였는가이며, 일간과 격국에서 유의미한 차이가 있는가를 분석하였다. 그 외에 어느 격국이 가장 많았는가를 살펴보기 위함이었다.

그다음으로 가장 높은 격국과 가장 낮은 격국의 차이는 어느 정도 되는지를 밝혀 보았다. 앞으로 여자대학교를 진학하는 여학생의 구조를 비교하여 가장 진학률에 유리한 일간과 격국에 대해 정보를 제공할 수 있다.

격국을 정하는 방법에 대해서는 천간에서 투출된 것을 정하지 않고 자신의 생일부터 과거 절기까지 일수를 살펴서 해당 일수가 초기·중기·정기 중 어디에 배속되는가에 따라 격국을 정하였다.

격국은 내면의 성격이고 내재된 직업과 관련성이 가장 크다. 또한 직업은 진로와 연관성을 지니고 있다. 이러한 검증을 위하여 수백 명을 대상으로 성격 분석과 임상을 통하여 내린 결정이다.

혹자는 월지에서 투간된 것을 격으로 취하는 것이 정석이라고 한다. 그 외에도 시상일위격이면 이를 격으로 취해야 한다고 한다. 틀린 이야기는 아니다. 그러나 그 격을 기준하여 무엇을 연구하거나 검증하였는지에 대해서는 언급이 없다.

◐ 연구점

▣ 월지에서 투간된 십성이 한 개일 때 이를 기준하여 격으로 취해야 한다고 하였다. 격국을 통하여 사람들에게 무엇을 전달하려고 하는가! 진로, 직업, 성격!

▣ 월지에서 투간된 십성이 2개 또는 3개 모두 투간되었다면 어느 것으로 정해야 옳은 것인가!

– 월간? 시간? 아니면 아예 처음부터 년간 결정?

– 월간을 결정한다면 무엇을 알려주기 위함인가! 진로, 직업

– 시간에 있는 것을 정한다면 노후에 무엇이 좋을 것인가!

명리학은 추명학이기도 하지만 인문학이기 때문에 정답을 내리기가 어렵다고 한다. 그렇기 때문에 어쩌면 논리적인 판단과 설명을 잘하는 역학인에게 더 관심을 갖게 되는지도 모른다.

명리학은 절기의 학문이고 미래로 나아가는 데 도움을 주기 위한 미래사회학, 미래예측학이라고 하였다. 인간의 길흉화복을 전달하는 역학인들이 앞으로 계속 풀어야 할 과제인 것 같다.

(6) 격국별 진학 분포

격국 현황

N : 343명

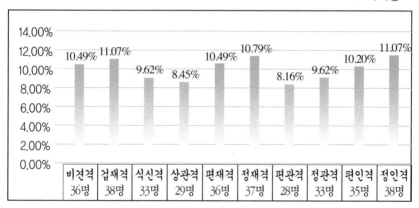

격국을 십성으로 분류하여 진학관계를 살펴본 결과 겁재격과 정인격에 해당하는 학생이 38명으로 11.07%를 나타냈다. 평균을 웃도는 십성은 비견, 겁재, 편재, 정재, 편인, 정인에 해당하였다.

가장 진학률이 낮은 십성은 편관인 28명으로 8.16%에 해당하였다. 그리고 진학률이 높은 정인과 진학률이 낮은 편관과는 차이가 10명으로 2.92%의 차이를 보였다.

서울대학교인 경우는 정관격에 해당하는 경우가 가장 높았고 가장 낮은 격국으로는 겁재격이었다. 경인교대인 경우 가장 진학률이 높은 격국은 정재격이었고 가장 낮은 격국은 비견격이었다.

대체적으로 정인격, 정재격, 정관격에 해당하는 경우가 명문대 진학에 유리하게 나타났고 비견격, 겁재격, 편관격은 다소 낮은 것으로 나타났다.

(7) 격국과 계열 분석

격국별 평균 진학 인원은 34.3명으로 10%에 해당한다. 격국별 진학률이 높은 경우를 격국별 빈도와 계열별 빈도를 포함하여 가장 진학률이 높은 경우를 분석하는 것으로 하였다.

여자대학교인 경우 진학률이 높은 계열로는 인문, 사회, 자연계열로 진학자가 많이 몰렸고 그다음으로 교육계열이었다. 남녀공학인 대학은 사회, 자연, 공학계열로 진학자가 많다는 것을 알 수 있었다.

다음의 표에 나타나듯 인문계열에는 상관, 정관, 편인에 해당하는 경우가 11명에 해당하였다.

격국과 계열 관계

일간		문과			이과			예체능			계
		인문	사회	교육	자연	공학	의학	미술	음악	체육	
비견	빈도	8	5	6	10	0	0	0	4	3	36
	%1	22.22	13.89	16.67	27.78				11.11	8.33	
	%2	8.89	6.41	11.76	14.29				19.05	37.5	
겁재	빈도	9	9	5	9	2	2	1	0	1	38
	%1	23.68	23.68	13.15	23.68	5.26	5.26	2.63		2.63	
	%2	10.00	11.54	9.80	12.86	33.33	22.22	10.00		12.5	
식신	빈도	9	6	5	5	0	3	2	3	0	33
	%1	27.27	18.18	15.15	15.15		9.09	6.06	9.09		
	%2	10.00	7.69	9.80	7.14		33.33	20.00	14.29		
상관	빈도	11	7	4	4	1	1	1	0	0	29
	%1	37.93	24.14	13.79	13.79	3.45	3.45	3.45			
	%2	12.22	8.97	7.84	5.71	16.67	11.11	10.00			
편재	빈도	5	12	3	10	0	0	1	5	0	36
	%1	13.89	33.33	8.33	27.78			2.78	13.89		
	%2	5.56	15.38	5.88	14.29			10.00	23.81		
정재	빈도	8	8	4	8	1	1	2	4	1	37
	%1	21.62	21.62	10.81	21.62	2.70	2.70	5.41	10.81	2.70	
	%2	8.89	10.26	7.84	11.43	16.67	11.11	20.00	19.05	12.5	
편관	빈도	9	6	5	6	0	0	0	1	1	28
	%1	32.14	21.43	17.86	21.43				3.57	3.57	
	%2	10.00	7.69	9.80	8.57				4.76	12.5	
정관	빈도	11	7	9	3	1	0	0	2	0	33
	%1	33.33	21.21	27.27	9.09	3.03			6.06		
	%2	12.22	8.97	17.65	4.29	16.67			9.52		
편인	빈도	11	10	3	8	0	0	1	2	0	35
	%1	31.43	28.57	8.57	22.86			2.86	5.71		
	%2	12.22	12.82	5.88	11.43			10.00	9.52		
정인	빈도	9	8	7	7	1	2	2	0	2	38
	%1	23.68	21.05	18.43	18.43	2.63	5.26	5.26		5.26	
	%2	10.00	10.26	13.73	10.00	16.67	22.22	20.00		25.00	
계		90	78	51	70	6	9	10	21	8	343

%1은 격국별 빈도, %2는 계열별 빈도

비교분석에서 상관격에 해당할 때가 37.93%로 가장 높았다.

사회계열에는 편재격이 12명으로 33.33%로 높게 나타났다.

자연계열에는 비견격과 편재격이 10명으로 27.78%로 높았다.

인문계열에서 가장 진학률이 높은 경우(11명)가 낮은 경우(5명)를 비교한 결과 6명의 차이를 보였다. 24.04%의 차이가 발생하였다. 분석결과 인문계열은 정관격에 해당하는 경우가 진학률이 높았다.

사회계열은 진학률이 높은 편재와 진학률이 낮은 비견과는 7명으로 19.44%의 차이를 보였다. 분석결과 사회계열은 편재격에 해당할 때 진학률이 높은 것으로 분석되었다.

자연계열은 비견과 편재가 각각 10명이 진학하여 27.78%로 유리한 것으로 나타났다. 진학률이 높은 격국과 진학률이 낮은 격국과의 차이는 7명으로 18.69%의 차이가 발생하였다.

가. 진학률이 높은 3개 계열

진학률이 높은 3개 계열의 학생은 전체 343명 중 238명으로 69.39%에 해당하였다.

격국		문과		이과	비고
		인문	사회	자연	
비견	빈도	8	5	10	23/36
	%1	22.22	13.89	27.78	
	%2	8.89	6.41	14.29	
겁재	빈도	9	9	9	27/38
	%1	23.68	23.68	23.68	
	%2	10.00	11.54	12.86	
식신	빈도	9	6	5	20/33
	%1	27.27	18.18	15.15	
	%2	10.00	7.69	7.14	
상관	빈도	11	7	4	22/29
	%1	37.93	24.14	13.79	
	%2	12.22	8.97	5.71	
편재	빈도	5	12	10	27/36
	%1	13.89	33.33	27.78	
	%2	5.56	15.38	14.29	
정재	빈도	8	8	8	24/37
	%1	21.62	21.62	21.62	
	%2	8.89	10.26	11.43	
편관	빈도	9	6	6	21/28
	%1	32.14	21.43	21.43	
	%2	10.00	7.69	8.57	
정관	빈도	11	7	3	21/33
	%1	33.33	21.21	9.09	
	%2	12.22	8.97	4.29	
편인	빈도	11	10	8	29/35
	%1	31.43	28.57	22.86	
	%2	12.22	12.82	11.43	
정인	빈도	9	8	7	24/38
	%1	23.68	21.05	18.42	
	%2	10.00	10.26	10.00	
계		90	78	70	238/343

%1은 격국별 빈도, %2는 계열별 빈도

■ 비견격은 자연계열이 더 적합하다.

■ 겁재격은 자연계열이 더 적합하다.

■ 식신격은 인문계열이 더 적합하다.

■ 상관격은 인문계열이 더 적합하다.

■ 편재격은 사회계열이 더 적합하다.

■ 정재격은 자연계열이 더 적합하다.

■편관격은 인문계열이 더 적합하다.

■ 정관격은 인문계열이 더 적합하다.

■ 편인격은 사회계열이 더 적합하다.

■ 정인격은 사회계열이 더 적합하다.

이를 종합해 보면 3개 계열 중 가장 바람직한 계열은 다음과 같다.

❶ 인문계열 : 식신격, 상관격, 편관격, 정관격

❷ 사회계열 : 편재격, 편인격, 정인격

❸ 자연계열 : 비견격, 겁재격, 정재격으로 나타났다.

〈격국별 빈도〉

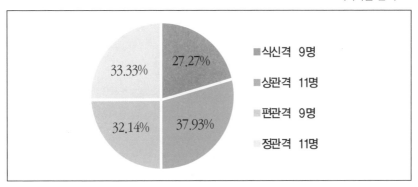

인문계열에 적합한 격국으로는 식신격 27.27%, 상관격 37.93%, 편관격 32.14%, 정관격 33.33%로 나타났다.

이중에서 상관격이 37.93%로 가장 높게 나와 인문계열에 유리한 것으로 조사되었다.

_사회 계열_

〈격국별·계열별 빈도〉

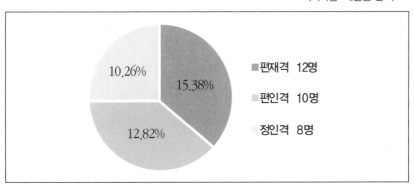

사회계열에는 교차분석에서 높은 것을 선정하였다.

편재격이 12명으로 15.38%에 해당하였고 편인격이 10명인 12.82%, 정인격이 8명으로 10.26%로 높았다.

이중에서도 편재격이 사회계열로 진학이 많았음을 알 수 있었다.

_자연 계열_

〈격국별·계열별 빈도〉

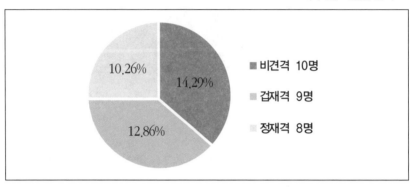

자연계열로 진학이 높은 경우는 비견격이 10명(14.29%), 겁재격 9명(12.86%), 정재격이 8명(10.26%)으로 나타났다.

이중에서도 비견격이 다소 앞선 것으로 나타났다.

나. 6개 계열에 관한 분석

격국과 계열 관계

격 국		문과	이과		예체능			비고
		교육	공학	의학	미술	음악	체육	
비견	빈도	6	0	0	0	4	3	13/36
	%1	16.67				11.11	8.33	
	%2	11.76				19.05	37.5	
겁재	빈도	5	2	2	1	0	1	11/38
	%1	13.15	5.26	5.26	2.63		2.63	
	%2	9.80	33.33	22.22	10.00		11.11	
식신	빈도	5	0	3	2	3	0	13/33
	%1	15.15		9.09	6.06	9.09		
	%2	9.80		33.33	20.00	14.29		
상관	빈도	4	1	1	1	0	0	7/29
	%1	13.79	3.45	3.45	3.45			
	%2	7.84	11.11	11.11	10.00			
편재	빈도	3	0	0	1	5	0	9/36
	%1	8.33			2.78	13.89		
	%2	5.88			10.00	23.81		
정재	빈도	4	1	1	2	4	1	13/37
	%1	10.81	2.70	2.70	5.41	10.81	2.70	
	%2	7.84	11.11	11.11	20.00	19.05	11.11	
편관	빈도	5	0	0	0	1	1	7/28
	%1	17.86				3.57	3.57	
	%2	9.80				4.76	11.11	
정관	빈도	9	1	0	0	2	0	12/33
	%1	27.27	3.03			6.06		
	%2	17.65	11.11			9.52		
편인	빈도	3	0	0	1	2	0	6/35
	%1	8.57			2.86	5.71		
	%2	5.88			10.00	9.52		
정인	빈도	7	1	2	2	0	2	14/38
	%1	18.42	2.63	5.26	5.26		5.26	
	%2	13.73	11.11	22.22	20.00		22.22	
계		51	6	9	10	21	8	105/343

진학자가 적은 6개 계열을 기준하여 분석한 결과 교육계열은 정관격에 해당할 때 가장 높게 나타났다. 9명에 27.27%에 해당하였다.

진학률이 가장 낮은 경우는 편인에 해당하였고 3명으로 8.57%에 해당하였다. 정관과 편인의 차이는 6명으로 18.70%의 차이를 보였다.

공학계열은 겁재가 5.26%에 해당하였다.

의학계열은 식신이 9.09%로 가장 높았다.

미술계열은 식신이 6.06%를 나타냈다.

음악계열은 편재에 해당할 때 13.89%로 가장 높았다.

체육계열은 비견이 8.33%로 나타냈다.

각 계열별 진학률이 가장 높은 격국은 다음과 같이 요약한다.

■ 교육계열은 정관격에 해당할 때 높았다.

■ 공학계열은 겁재격이 다소 높았다.

■ 의학계열은 식신격이 진학률이 높았다.

■ 미술계열은 식신격이 가장 유리하였다.

■ 음악계열은 편재격이 가장 유리하였다.

■ 체육계열은 비견격이 가장 유리하였다.

6개 계열에 대해 격국별로 요약하면 다음과 같다.

격 국	진학률이 높은 계열
비견격	체육계열 진학률이 높았다
겁재격	공학계열 진학률이 높았다
식신격	의학, 미술계열 진학률이 높았다
상관격	교육계열 진학률이 높았다
편재격	음악계열 진학률이 높았다
정재격	음악계열 진학률이 높았다
편관격	교육계열 진학률이 높았다
정관격	교육계열 진학률이 높았다
편인격	교육, 음악계열 진학률이 높았다
정인격	교육계열 진학률이 높았다

2
격국별 진학 분석

1 비견격과 계열

비견격과 계열 분석

격 국	계 열		비견격과 인원 비례		계열과 격국 빈도		비 고
			빈 도	%	빈 도	%	
비견	문과	인문	8	22.22	90	8.89	
		사회	5	13.89	78	6.41	
		교육	6	16.67	51	11.76	
	이과	자연	10	27.78	70	14.29	
		공학	0		6	-	
		의학	0		9	-	
	예체능	미술	0		10	-	
		음악	4	11.11	21	19.05	
		체육	3	8.33	8	37.5	
			36	100	343	10.50	

비견격에 해당하는 학생이 36명이고 격국 중 가장 빈도율이 높은 계열은 자연계열에 해당하였다. 그 외 체육계열에서도 37.5%의 비율을 나타내어 진학이 높게 나왔다.

❶ 자연계열(27.78%) ❷ 체육계열(8.38%)

2 겁재격과 계열

겁재격과 계열 분석

격국	계열		겁재격과 인원 비례		계열과 격국 빈도		비고
			빈도	%	빈도	%	
겁재	문과	인문	9	23.68	90	10.00	
		사회	9	23.68	78	11.54	
		교육	5	13.16	51	9.80	
	이과	자연	9	23.68	70	12.86	
		공학	2	5.27	6	33.33	
		의학	2	5.27	9	22.22	
	예체능	미술	1	2.63	10	10.00	
		음악	0		21	-	
		체육	1	2.63	8	12.5	
			38	100	343	11.08	

겁재는 자연계열에 진학률이 높게 나왔다. 비교분석에서는 의학계열과 공학계열이 다른 격국보다 진학률이 높은 것으로 분석되었다. 따라서 인문, 사회, 자연계열 중에서는 자연계열이 진학률이 높게 나타났다.

❶ 자연계열   ❷ 공학계열   ❸ 의학계열

3 식신격과 계열

식신격과 계열 분석

격국	계열		식신격과 인원 비례		계열과 격국 빈도		비고
			빈도	%	빈도	%	
식신	문과	인문	9	27.28	90	10.00	
		사회	6	18.18	78	7.69	
		교육	5	15.15	51	9.80	
	이과	자연	5	15.15	70	7.14	
		공학	0		6	-	
		의학	3	9.09	9	33.33	
	예체능	미술	2	6.06	10	20.00	
		음악	3	9.09	21	14.29	
		체육	0		8	-	
			33	100	343	9.62	

식신격은 인문, 사회, 자연계열 중 인문계열이 진학률이 높았고 6개 계열 중에서는 의학계열이 높게 나타났다.

식신격에 해당하는 경우는 ❶인문계열 ❷의학계열로 분류되었다.

4 상관격과 계열

상관격과 계열 분석

격국	계열		상관격과 인원 비례		계열과 격국 빈도		비고
			빈도	%	빈도	%	
상관	문과	인문	11	37.93	90	12.22	
		사회	7	24.14	78	8.97	
		교육	4	13.79	51	7.54	
	이과	자연	4	13.79	70	5.71	
		공학	1	3.45	6	16.67	
		의학	1	3.45	9	11.11	
	예체능	미술	1	3.45	10	10.00	
		음악	0		21	-	
		체육	0		8	-	
			29	100	343	8.45	

상관에 해당하는 인원이 전체 343명 중 29명으로 8.45%에 해당하여 평균 10%보다 낮은 수치를 보였다. 3개 계열 중에서는 인문계열로 진학률이 높았으며, 6개 계열 중에서는 크게 앞서지 않았다. 문과계열인 사회계열이 그다음으로 높았다.

❶ 인문계열　❷ 사회계열

편재격과 계열 분석

격 국	계 열		편재격과 인원 비례		계열과 격국 빈도		비 고
			빈 도	%	빈 도	%	
편재	문과	인문	5	13.88	90	5.56	
		사회	12	33.33	78	15.38	
		교육	3	8.33	51	5.88	
	이과	자연	10	27.78	70	14.29	
		공학	0		6	-	
		의학	0		9	-	
	예체능	미술	1	2.78	10	10.00	
		음악	5	13.90	21	23.81	
		체육	0		8	-	
			36	100	343	10.49	

편재격에 해당하는 학생이 36명이 진학하여 10.49%로 평균치에 해당하였다. 사회계열이 12명으로 33.33%로 가장 많았다. 6개의 계열을 비교분석한 결과 음악계열이 높은 비중을 차지하여 23.81%에 해당하였다.

❶ 사회계열 ❷ 음악계열

6 정재격과 계열

정재격과 계열 분석

격국	계열		정재격과 인원 비례		계열과 격국 빈도		비고
			빈도	%	빈도	%	
정재	문과	인문	8	21.62	90	8.89	
		사회	8	21.62	78	10.26	
		교육	4	10.82	51	7.84	
	이과	자연	8	21.62	70	11.43	
		공학	1	2.70	6	16.67	
		의학	1	2.70	9	11.11	
	예체능	미술	2	5.40	10	20.00	
		음악	4	10.82	21	19.05	
		체육	1	2.70	8	12.5	
			37	100	343	10.79	

정재격에 해당하는 학생은 37명으로 10.79%에 해당하여 평균에 해당하였다. 3개 계열 중 인문, 사회, 자연계열이 고르게 나타났다. 그중에서도 가장 진학률이 높은 계열은 자연계열이 비교분석에서 다소 앞선 것으로 조사되었다.

6개 계열 중에서는 미술계열이 20.00%에 해당하여 가장 높게 나타났다. 음악계열에서도 19.05%를 나타내 유리한 것으로 판단하였다.

❶ 자연계열　❷ 음악계열　❸ 미술계열

⑦ 편관격과 계열

편관격과 계열 분석

격국	계열		편관격과 인원 비례		계열과 격국 빈도		비고
			빈도	%	빈도	%	
편관	문과	인문	9	32.14	90	10.00	
		사회	6	21.43	78	13.00	
		교육	5	17.86	51	10.20	
	이과	자연	6	21.43	70	11.67	
		공학	0		6		
		의학	0		9		
	예체능	미술	0		10		
		음악	1	3.57	21	4.76	
		체육	1	3.57	8	12.5	
			28	100	343	8.16	

편관은 26명으로 평균보다 낮은 수치를 나타냈다. 교육계열이 9.80%에 해당하였고 체육계열이 12.5%로 계열과 격국 빈도에서 나타났다.

편관의 기질은 행동·실천을 주관하게 되는데, 여대생인 경우는 편관격에 해당하는 경우가 적은 것으로 분석되었다.

❶ 인문계열　❷ 사회계열　❸ 자연계열

8 정관격과 계열

정관격과 계열 분석

격 국	계 열		정관격과 인원 비례		계열과 격국 빈도		비 고
			빈 도	%	빈 도	%	
정관	문과	인문	11	33.33	90	12.22	
		사회	7	21.21	78	8.97	
		교육	9	27.78	51	17.65	
	이과	자연	3	9.09	70	4.29	
		공학	1	3.03	6	16.67	
		의학	0		9		
	예체능	미술	0		10		
		음악	2	6.06	21	9.52	
		체육	0		8		
			33	100	343	9.62	

정관격에 해당하는 학생은 33명으로 9.62%에 해당하였다.

인문계열 진학률이 33.33%에 해당하였고 그다음으로는 사회계열이 격국 빈도에서 21.21%로 높게 나타났다. 상대적으로 예체능계열에서는 다른 격국에 비하여 진학률이 낮은 것으로 나타났다.

상관격에 해당하면 음악 부분에서 유리할 것이라고 판단하였는데 여대인 경우는 생각보다 낮은 진학률을 보였다.

❶ 인문계열 ❷ 사회계열 ❸ 교육계열

⑨ 편인격과 계열

편인격과 계열 분석

격국	계열		편인격과 인원 비례		계열과 격국 빈도		비고
			빈도	%	빈도	%	
편인	문과	인문	11	31.43	90	12.22	
		사회	10	28.57	78	12.82	
		교육	3	8.57	51	5.88	
	이과	자연	8	22.86	70	11.43	
		공학	0		6		
		의학	0		9		
	예체능	미술	1	2.86	10	10.00	
		음악	2	5.71	21	9.52	
		체육	0		8		
			35	100	343	10.62	

편인은 35명으로 10.62%에 해당하여 평균보다 다소 낮았다.

사회계열이 격국 분석에서 28.57%이고, 인문계열은 31.43%이다. 계열 분석에서는 12.82%로 가장 높았다. 그다음으로 미술계열이 10.00%로 나타났다. 편인격에 해당하면 의학 분야에 유리할 것이라 생각하였지만 이화여자대학교의 경우 설문조사에 응답한 자료로는 낮은 것으로 나타났다.

❶사회계열 ❷인문계열 ❸미술계열

10 정인격과 계열

정인격과 계열 분석

격국	계열		정인격과 인원 비례		계열과 격국 빈도		비고
			빈도	%	빈도	%	
정인	문과	인문	9	23.68	90	10.00	
		사회	8	21.05	78	10.26	
		교육	7	18.43	51	13.73	
	이과	자연	7	18.43	70	10.00	
		공학	1	2.63	6	16.67	
		의학	2	5.26	9	22.22	
	예체능	미술	2	5.26	10	20.00	
		음악	0		21		
		체육	2	5.26	8		
			38	100	343	11.08	

정인에 해당하는 학생은 38명으로 11.08%에 해당하여 가장 많은 격국에 해당하였다. 정인은 교육·학문과 관계성을 지니고 있다.

진학률이 높은 계열은 사회계열이 격국 빈도에서 10.26%로 앞선 것으로 나타났다. 6개 계열 중에서는 의학계열이 22.22%로 나타났다. 교육 분야에서는 정관격 다음으로 높아 유리한 것으로 나타났다.

❶ 사회계열 ❷ 의학계열 ❸ 교육계열

3
격국과 진학년도

격국을 기준하여 진학년도와의 관계를 살펴보았다. 진학년도에는 어느 십성일 때 유리하였는지 살펴보았다.

대학을 진학한 시기가 고등학교 3학년이다. 3학년의 세운을 기준하여 십성으로 어느 경우일 때 유리하였는가를 살펴본 결과이다.

❶ 가장 진학자가 많은 경우는 진학년도가 정관운에 해당할 때 43명이 진학하여 12.54%를 나타냈다.

❷ 가장 진학자가 낮은 십성은 편관으로 25명(7.29%)에 해당하였다.

❸ 진학률이 높은 십성과 낮은 십성의 차이는 18명(5.25%)에 해당하였다.

격국	진학년도										집계
	비견	겁재	식신	상관	편재	정재	편관	정관	편인	정인	
비견	2	0	5	2	3	6	5	5	2	6	36
겁재	4	5	2	9	1	3	1	5	6	2	38
식신	1	4	0	1	10	4	5	2	2	4	33
상관	4	2	3	6	2	3	1	5	0	3	29
편재	5	2	4	3	1	4	3	8	1	5	36
정재	4	5	4	2	1	1	4	5	5	6	37
편관	4	3	2	4	3	3	1	0	3	5	28
정관	3	4	1	8	4	2	1	3	5	2	33
편인	4	3	4	3	2	5	3	4	3	4	35
정인	4	7	4	1	3	5	1	6	5	2	38
계	35	35	29	39	30	36	25	43	32	39	343
%							7.29	12.54			

격국별로 세운을 분석한 결과는 다음과 같다.

❶ 비견격은 진학년도가 정재와 정인운일 때 유리하였다.

❷ 겁재격은 진학년도가 상관운일 때 유리하였다.

❸ 식신격은 진학년도가 편재운일 때 유리하였다.

❹ 상관격은 진학년도가 상관운일 때 유리하였다.

❺ 편재격은 진학년도가 정관운일 때 유리하였다.

❻ 정재격은 진학년도가 정인운일 때 유리하였다.

❼ 편관격은 진학년도가 정인운일 때 유리하였다.

❽ 정관격은 진학년도가 상관운일 때 유리하였다.

❾ 편인격은 진학년도가 정재운일 때 유리하였다.

❿ 정인격은 진학년도가 겁재운일 때 유리하였다.

이 내용도 진학에 참고할 내용이다. 격국을 기준하여 진학년도가 어느 십성일 때 유리한가에 대해 살펴본 내용이며 용·희신이나 기·구신에 대해 논하지 않았다. 그 이유는 기신운이라 하더라도 대학에 진학한 비율이 많았고 구신운이라 해도 진학자가 많았기 때문에 용신은 적용하지 않는 것이 바람직하였다.

혹자는 용신운과 기신운을 논할 수 있지만 필자가 이 문제에 대해서도 고등학교 3학년을 대상으로 분석한 자료에 의하면 용·희신보다 기·구신에 해당하는 학생이 더 진학률이 높았고, 용·희신에 해당하는 학생이 오히려 재수를 하는 성향이 더 강하다는 것을 진로와 전공에서 설명하였다.

4

설문응답 결과

여대생 350명을 대상으로 설문지를 배포하였고, 이 중 회수된 343명을 기준하여 응답을 실시한 결과를 나열하였다. 본 장에서는 이화여자대학교 학생들이 응답한 내용에 대해서 정리하였다.

1 전공 선택

_전공 선택 방법_

N : 343명

전공 선택	인원	%	비고
성적에 맞추어	99	28.86	
적성에 맞아	213	62.10	
부모님 권유	21	6.12	
모르겠음	10	2.92	
계	343	100	

전공선택을 하는데 있어서 성적을 기준하여 진학한 학생이 99명으로 28.86%였고 자신의 적성에 맞아 진학한 학생이 213명(62.10%)으로 나타났다. 자신의 적성을 찾아 대학을 진학하는 경우가 갈수록 증가하고 있다는 것을 알 수 있었다.

지금까지의 고정관념을 벗어나는 내용이 아닌가 싶다. 대부분의 학생이나 학부모는 성적에 맞추어 학교를 선택한다고 하였지만 재학생들은 성적보다 '적성'을 먼저 고려하고 있다는 사실에 주목해야 한다. 비단 이 문제가 명문대에 해당하는 경우라고 해석할 수 있거나 일부 대학에 대해서도 그럴 수 있다고 할 수 있다.

이미 서울대생이나 교육대생을 통하여 검증하였고 고등학교 3학년에 해당하는 입시생 725명을 대상으로 검증한 자료도 있다. 전체적으로 인식하고 있는 내용이 단순히 성적에 맞추어 대학을 선택하는 것이 아니라 "성적을 기준하여 자신의 적성에 맞는 학과를 선택하고 해당 전공 분야가 있는 대학을 지원하게 된다."는 사실을 알게 되었다.

이 내용을 요약하여 설명하면 다음과 같다.

(1) 성적을 중요시할 경우

먼저 성적에 맞는 대학을 선택하게 되고 성적에 맞는 학과를 지원하게 된다. 이 경우 자신이 좋아하는 학과보다는 대학에 들어가고 봐야 한다는 생각이 지배적이다. 즉, 자신이 원하는 대학에 진학하는데 목적을 두게 된다.

(2) 적성에 맞아 진학시

먼저 자신이 좋아하는 학과가 어느 대학에 있는지 판단하게 되고 그 다음으로 해당 학과에 진학하기 위해 나의 성적이 가능한가에 목적을 두게 된다.

같은 내용일 것 같지만 분명히 엄청난 차이가 있다. 학교를 먼저 우선시할 것인가, 아니면 학교보다 자신의 적성을 찾아갈 것인가이다.

이런 예측하에 먼저 응답에 반영한 내용이 성적과 적성을 문항에 반영하였다. 적성에 맞아 대학을 진학한 경우는 학교보다는 학과가 더 중요하다고 하는 비율이 더 많아야 하고, 성적에 맞추어 대학을 진학하였다면 학교가 더 중요하다는 데 응답할 것이라 판단하고 '학교와 학과'에 대한 응답을 별도로 받아 검증하였다. 자세한 내용은 5항에서 검증하였다.

2 진학상담 역할자

진학상담 조언자

N : 343명

진학상담자	인원	%	비고
담임	27	7.87	
진학상담교사	23	6.71	
부모님 멘토	100	29.15	
본인이 결정	193	56.27	
계	343	100	

진로에 대한 상담이 담임이나 진학상담교사의 역할이 매우 클 것이라 판단하였다. 그러나 연구한 결과 학생 자신이 진로를 결정한 경우가 56.27%에 이른다는 결과가 나왔다. 담임과 상담하고 진학한 경우는 7.87%이고 진학상담교사의 조언으로 진학한 경우는 이보다 더 적은 6.71%에 해당하였다. 현재 중·고등학교에는 진학상담교사들이 배치되어 진로와 진학상담을 전담하고 있다고 한다. 그렇지만 실효성에서는 너무 미약하다는 것을 본 연구를 통해 알게 되었다.

이런 이유 중 하나가 담임이나 진학상담교사가 학생들에게 직접적으로 심리상담이나 진로 적성에 대한 지식없이 가장 성적이 우수한 과목을 대상으로 진학상담을 진행하기 때문에 학생들이 진학상담을 받기는 하지만 큰 기대를 하지 않게 된다고 한다.

이제는 담임이나 진학상담교사가 자신들도 직접 진로 적성검사에 관한 프로그램을 접하여 이를 활용하도록 체계화해야 하는데 쉽게 접근하지 못하고 있다.

이러한 고민을 풀어주기 위하여 필자는 교사를 대상으로 진로 적성에 대한 상담법을 쉽게 할 수 있는 데이터와 프로그램을 기준하여 학생과 교사가 상담을 진행할 때 지능발달구조에 대한 설문응답을 실시하고, 그 즉시 분석하여 학생의 성격 분석과 장점과 단점에 대해 전달하고 어느 계열로 진학할 때 가장 시행착오를 줄일 수 있다는 예측을 하도록 하는 내용에 대해 강의를 진행하려고 한다.

교사들은 이 자료를 가지고 연구와 검증을 할 수 있게 된다.

연구 방법으로는 처음 학생과 상담시 설문조사를 실시하고 여기서 나온 자료를 기준하여 진학상담을 하게 되고, 이 학생이 대학을 진학하면 어느 계열과 학과로 진학을 하였는지 알 수 있다. 이를 비교분석하여 검증을 할 수 있는 경우가 교사만이 가능하다.

이처럼 명리학에서도 학생들이 자신의 특성에 맞는 진로를 탐색하도록 해주기 위해서는 현장에서 교육을 진행하는 교사와 진학상담교사들이 몸소 체험과 경험을 해야만 올바른 진학지도가 될 수 있지만, 이러한 과정을 경험하지 않게 되면 학생들은 담임이나 진학상담교사보다는 자신이 직접 결정하는 경우가 56% 이상의 수치가 나올 수 있다는 것을 강조하고 싶다.

③ 진학 방법

_진학 방법_

N : 343명

진학 방법	인원	%	비고
입학사정관제	29	8.46	
수시 1차	78	22.74	
수시 2차	63	18.37	
정시 진학	173	50.43	
집계	343	100	

대학진학시 수시나 입학사정관제와 정시 진학생의 비율에 대해 알아보는 것으로 하였다.

위 표에서 보듯 정시 진학생이 173명으로 50.43%에 해당하였다. 입학사정관제나 수시로 진학한 학생이 170명으로 49.57%에 해당하여 이화여자대학교는 50대 50에 해당하였다.

서울대학교는 306명을 대상으로 설문조사를 실시한 결과 140명이 정시로 진학하여 45.75%에 해당하였다.

이처럼 대학을 진학하는 데는 입학사정관제와 같이 특별입학을 통하여 진학하는 경우와 수시로 조기에 진학하는 학생이 점차적으로 확대되고 있음을 나타내고 있다.

2015년도 각 대학별 입학사정관제나 수시 1, 2차로 진학하는 학생의 비율이 높아질 것이다.

"학교생활의 기본이 되는 학교생활기록부(학생부)는 교과와 비교과 영역에 대한 성적 혹은 활동내역으로 채워진다. 교과는 과거 내신이라 불리기도 했으며, 말 그대로 각 교과목의 성적을 의미한다. 비교과는 교과 외의 활동내역으로 출결 및 봉사활동, 특별활동, 자격증, 수상경력 등이 해당된다. 교과와 비교과는 수능 위주인 정시보다 수시에서 많이 활용된다. 한국대학교육협의회(대교협)의 '2015 대학입학전형 시행계획'에 따르면 수시에서 학생부 위주 전형으로 20만 1860명을 선발해 수능 위주의 정시(11만 8905명)보다 그 수가 약 2배 정도 많다. 수시 모집인원에서 학생부교과전형은 14만 5576명(59%)을, 학생부종합전형(전 입학사정관전형, 24.4%)은 5만 9284명을 뽑기로 해 교과와 비교과 관리의 중요성이 커졌다."

4 계열 변동

_계열 변동 관계_

N : 343명

변동 여부	인원	%	비고
변동 안 함	220	64.14	
변동함	123	35.86	
집계	343	100	

자신이 처음에 희망한 계열을 기준하여 변동되었는지 아니면 당초 희망한 계열로 진학하였는지 알아보게 되었다.

계열을 변동하지 않은 경우가 220명으로 **64.14%**에 해당하였다. 상대적으로 계열을 변동하고라도 이화여대를 들어간 경우가 **35.86%**에 해당하였다.

참고로 서울대학교[12]의 경우 계열을 변동한 경우가 **26.14%**에 해당하였다. 이렇게 명문대를 진학하는 데에도 자신이 당초 희망한 계열을 진학하지 못하고 다른 계열로 진학을 한 경우가 대체적으로 30%에 해당한다는 사실을 발견하게 되었다.

계열을 변경하고서라도 명문대학교를 진학하는 사람이 30%에 해당한다는 것은 훗날 자신이 전공한 학과를 직업으로 가질 것인가 고민이 안 될 수 없다.

주로 계열을 변동하여 진학한 경우를 보면 성적에 맞추어 진학한 경우가 상당히 많았고, 정시로 진학하는 경우에 해당하였다. 그만큼 명문대학교에 입성하기 위해서 학생들이 정시에서는 자신의 성적을 기

---

12) 홍재관·안성재 공저, 『명리 진학정보론』, 상원문화사, 2014

준하여 성적에 맞는 학과를 선택하게 된다. 그러고 나서는 대학에서 자신의 전공을 공부하면서 갈등과 고민을 하는 경우도 많다는 것을 알았다.

5 진로 결정 방법

N : 343명

중요성	인원	%	비고
학교가 더 중요	156	45.48	
학과가 더 중요	135	39.36	
잘 모르겠음	52	15.16	
계	343	100	

대학을 진학할 때 가장 필수적인 것이 성적이다. 즉, 점수를 기준하여 학교를 선택하게 되는데 이화여대 학생은 학교와 학과 중 어느 것이 더 중요한가를 분석해 보았다.

학교가 중요하다고 응답한 경우가 156명으로 45.48%에 해당하였다. 학과가 중요하다고 응답한 학생은 135명으로 39.36%에 해당하였다. 선행연구된(앞의 책) 책에서 밝힌 내용으로는 학과가 더 중요하다고 응답한 학생이 51.31%에 해당하였다.

학생들의 의식이 이제는 대학을 들어가는 데 목표를 두는 것이 아니라 자신이 처음부터 계획하고 희망하는 계열과 학과로 진학하려는 추세가 점차 증가하고 있다는 것도 주목해야 한다.

필자가 학생들에게 권장하고 싶은 내용은 성적을 기준하여 먼저 자신에게 맞는 학과를 정하라고 권유한다. 그다음에 자신의 성적에 맞는 대학을 결정하라고 권유한다. 그래야 훗날 자신이 직업을 가질 때 시행착오를 줄이며 살아갈 수 있다는 것을 설문응답자들의 견해이며 주장하고 싶은 내용이다.

6 재학생 설문 대상

현재 몇 학년에 재학 중인가란 질문에서는 비교적 1학년에 재학 중인 학생들이 많았다. 1학년인 경우는 165명(48.10%), 2학년인 경우는 83명(24.19%), 3학년인 경우는 48명(13.99%)이고 4학년인 경우는 26명(7.58%)이고, 기타는 대학원생과 무응답을 한 경우이다.

본 설문응답에서는 +, − 3%의 표본오차가 발생할 수 있다고 판단되었다. 그 이유는 자신이 몇 학년인지 밝히기를 꺼려하거나 망설이는 경우를 보게 되었다.

_재학 과정_

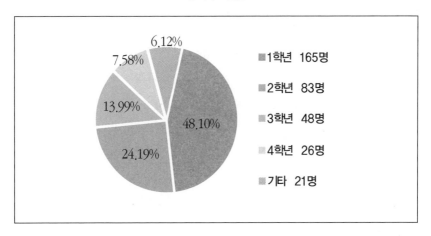

- 1학년 165명
- 2학년 83명
- 3학년 48명
- 4학년 26명
- 기타 21명

5

미래예측학적 응답

▐ 전공한 분야의 직업 연관성

전공과 직업 연관성

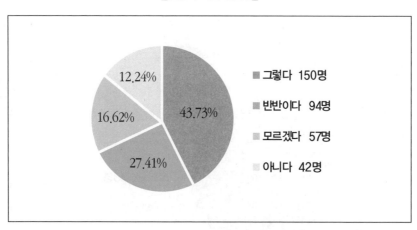

- 그렇다 150명
- 반반이다 94명
- 모르겠다 57명
- 아니다 42명

43.73%
27.41%
16.62%
12.24%

미래예측학적인 관점에서 살펴보았다. 자신이 전공한 분야로 직업을 갖겠다는 응답이 43.73%에 해당하였다. 아직 구체적이지는 않지만 '그럴 것이다' 라고 응답한 경우가 27.41%에 해당하였다. 71.14%에 해당하는 학생이 자신의 전공 분야로 직업을 선택한다고 판단하였다. 반대로 '아니다' 라고 응답한 학생도 12.24%에 해당하였다.

2 졸업 후 계획하는 분야

_진로 계획_

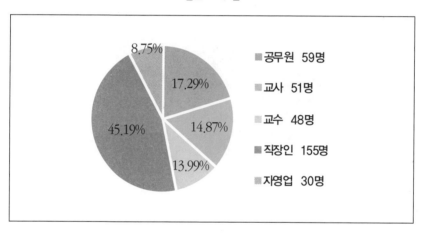

재학생을 대상으로 설문응답에 반영한 내용은 설문응답자가 졸업에 해당하거나 취업을 준비하는 자도 설문응답을 받기 때문에 미래 사회학적인 관점에서 살펴볼 필요성이 있었다.

졸업 후 직장을 갖겠다는 학생이 45.19%에 이르렀다. 공무원, 교사, 교수로 진출하겠다는 응답도 158명으로 46.06%나 되었다.

주목해야 할 내용으로는 졸업 후 직업을 선택할 때 공무원으로 진출하겠다는 것은 평생직장 또는 삶을 안전하게 유지해 가려는 성향이 크다고 볼 수 있다.

앞으로 이공계 분야의 공무원들이 기술개발이나 고부가가치의 역할이 필요한 시대라는 것을 참고해야 할 것이다.

3 성격 유형

_성격 유형_

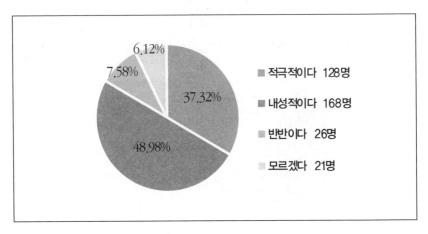

여대생인 경우 자신의 성격이 어느 유형에 해당하는지 설문응답을 통해 밝혀 보았다.

'외향적이며 적극적'이라고 응답한 학생이 128명(37.32%)으로 나타났고 '내성적인 기질이 더 강하다'고 응답한 학생이 168명(48.98%)이었고 '반반인 것 같다'는 유형이 26명(7.58%)이었으며, 자신의 성격을 아직 '잘 모르겠다'고 응답한 학생이 21명(6.12%)에 해당하였다.

PART 08

통합 검증

멜리진화정보론 Ⅲ

1

일간 검증 (3개 대학교)

일간	대 학			비 고
	서울대	이화여대	경인교대	
甲	33	42	41	**116** ①
乙	36	35	36	107
丙	29	29	27	85
丁	24	42	45	**111** ②
戊	30	34	38	102
己	30	33	34	97
庚	30	25	36	91
辛	30	42	28	100
壬	31	31	25	87
癸	33	30	32	95
집계	306	343	342	**991**

일간을 분석한 결과 전체 991명 중 甲일간이 116명으로 11.71%에
해당하였다. 그다음으로 丁일간이 111명으로 11.20%를 나타냈다. 가

장 낮은 일간으로는 丙일간으로 85명이었다. 평균인원 99명보다 14명이나 적었다.

명문대에 입성하는 일간으로는 甲, 丁일간이 유리하다는 결론을 얻었다. 상대적으로 丙일간과 壬일간은 낮은 것으로 분류되었다.

위 자료는 3개 대학에 재학 중인 학생을 대상으로 설문조사를 실시하고 통계분석을 실시하여 나온 자료이다.

참고적으로 학생들에게는 용신이 작용하지 않는다는 것을 필자가 출간한 『진로와 전공』과 『명리 진학정보론』과 박사논문에서 밝혔다. 오히려 일간을 기준하여 어느 일간이 유리한가가 더 비중성이 있다고 생각한다. 여기에 일간과 세운의 관계도 살피고 에너지가 상승하는지 하락하는지가 핵심이다.

현재 대학을 진학하는 인문계 고등학교 3학년을 기준한 자료는 90%가 넘어섰고 교육부 자료를 보면 평균 80%에 이른다는 내용보다 더 많이 진학하고 있다는 것을 알았다. 다만 특성화 고등학교인 경우는 진학률이 다소 약하기 때문에 교육부 통계내용과 일치성을 보인다고 볼 수 있다.

② 진학률이 높은 격국

서울대[『명리 진학정보론』에 게재]와 경인교대[『명리 진학정보론Ⅱ』] 재학생에 대해 비교분석을 해 보았다.

서울대학교는 306명의 응답자 중 정관격에 해당하는 학생이 38명으로 12.42%를 나타냈다.

이화여자대학교는 343명의 응답자 중 겁재격, 정인격에 해당하는 학생이 38명으로 11.08%를 나타냈다.

경인교육대학교는 342명의 응답자 중 정재격이 44명으로 12.86%를 나타냈다.

본 내용은 사길성과 사흉성 중에서 차별성이 있는가에 대한 연구이다. 문헌에서 사흉성은 기질이 강한 것으로 나타나 있다. 이러한 현상이 진학에는 상관성이 있는가를 살펴보기 위함이다. 그 결과 정관, 정인, 정재격에 해당하는 학생이 많았음을 검증할 수 있었다. 길성의 작용이 있는 것으로 볼 수 있었다. 그러나 정답은 아니므로 하나의 참고사항으로 받아들였으면 한다.

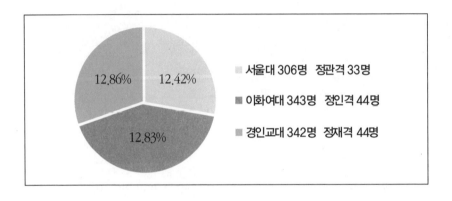

③
진학률이 낮은 격국

진학률이 다소 약한 격국을 각 대학별로 분석하였다.

서울대학교는 겁재격이 21명으로 6.87%에 해당하였다.
이화여자대학교는 편관격이 28명으로 8.16%에 해당하였다.
경인교육대학교는 비견격이 23명으로 6.73%에 해당하였다.

흉성에 해당할 때 진학이 낮게 나타났다.

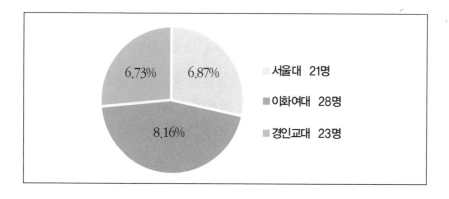

4
진학상담 경험

　필자는 고등학교 3학년인 같은 반 친구들 8명에게 진학상담을 해준 적이 있다. 그중 5명은 신강구조이고 3명은 신약구조로 이루어져 있었다. 신강구조는 용신운에 와 있는 학생과 기신운에 해당하는 학생이 있었고, 신약구조에도 용신운에 해당하는 학생도 있었고 기신운에 해당하는 학생도 있었다.

　용신운에 와 있는 학생들에게는 목적 실현이 잘 이루어질 것이고, 기신운에 와 있는 학생은 원하는 대학에 진학하기 어렵다고 상담을 해주었다. 나중에 학생 한 명이 찾아왔는데, 그 학생은 기신운에 해당하여 원하는 대학에 들어가기 어렵다고 상담을 해준 친구였다. 그런데 자신이 계획한 대학을 진학하였다. 그 학생이 온 목적은 자신이 원하는 대학에 들어간 것을 알려주기 위함이었다.

　그 외 학생에 대해서도 물어봤는데 원하는 대학에 들어간다고 상담을 해준 학생 중에서 2명은 들어가지 못했고, 원하는 대학에 들어가지 못한다고 상담을 받은 학생 중 2명은 진학하였다고 하였다.

이처럼 대학을 진학하는데 용신운과 기신운에 해당하는가에 포커스를 맞추고 상담을 하였다. 용신운에서는 목적 실현이 잘 이루어지고 기신운에서는 노고와 지체가 따른다고 배워왔지만 실제 진학상담에서는 맞지 않았다. 그래서 학생들을 대상으로 진학에 관련하여 더욱 연구를 하고 싶어 집단을 통하여 통계분석을 실시하였고, 이를 석사논문과 박사논문에서 학생들을 위한 논문으로 채택하였다[〈사주와 학습시간과의 관계〉 석사논문, 〈격국, 용신과 전공 선택과의 관계〉 박사논문].

그 결과 논문에서 얻은 내용으로 진학에는 용신운이 크게 작용하지 않는다는 사실을 발견하게 되었고, 그 이후로는 용신을 기준하여 진학상담하는 것을 중요하다고 보지는 않았다. 여기서 더 중요하다고 판단된 내용은 에너지였다. 에너지는 보이지 않는 기운이고 마음이었다. 에너지가 상승할 때의 심리현상과 하락할 때 나타나는 심리현상에 대해 연구한 결과 긍정적 사고와 부정적 사고가 지배한다는 것을 발견하였다. 인간은 선과 악을 모두 지니고 있으면서 상황에 따라 선에 서기도 하고 악에 선다는 이론과 밀접한 관계성이 있었다.

진학에서는 에너지가 상승하게 되면 긍정적인 요소가 발달하게 되고 실천하려는 노력을 하게 되지만, 에너지가 하락하면 자신감이 위축되고 신중해지며 노력을 해도 즐거운 마음이 아닌 부정적인 생각과 판단을 하게 된다는 것을 알았다.

학생은 에너지가 상승을 하면 스스로 실천하려는 욕구가 강해지고 노력하게 되지만, 에너지가 하락하면 몰입공부나 집중력이 약해지게 되고 의욕이 감소하여 어느 교과목에 깊숙히 공부하기 힘들다는 것을 알았다.

그간 역학인들을 만나 대화를 나누다 보면 자신에 대한 자화자찬이 많다. 어떤 고객이 와서 어떤 상담을 했는데 족집게처럼 잘 맞춘다고 고객을 많이 보내준다고 한다. 대부분의 역학인들과 대화를 하다 보면 자기 과시를 하게 된다. 그럴 때마다 옛속담이 생각난다. "벼는 익을수록 고개를 숙인다 했는데……."

음지의 학문을 그렇게 드러내 놓으려고 한다. 그렇게 잘 맞추면 그에 대한 이론을 정립하여 많은 후학들에게 안내자의 역할을 해야 하는 것이 도리일 수 있지만 그것이 비법인 것처럼 내놓지 않는다.

우리는 잘 맞춘 것을 자랑하기보다는 내가 못 맞춘 내용들을 가지고 대화를 해야 하고 이를 토론하고 연구하는 모습을 보일 때 명리학은 한 단계 진보된 학문으로 거듭날 것이라 판단해 본다.

5

격국 분석(3개 대학교)

격 국	대 학							비 고
	서울대	%	이화여대	%	경인교대	%	
비 견	31	10.13	36	10.49	23	6.73	90
겁 재	21	6.87	38	11.09	30	8.78	89
식 신	28	9.16	33	9.62	38	11.11	99
상 관	33	10.78	29	8.45	36	10.53	98
편 재	26	8.50	36	10.49	31	9.06	93
정 재	33	10.78	37	10.79	44	12.86	114
편 관	27	8.82	28	8.16	35	10.23	90
정 관	38	12.42	33	9.62	27	7.89	98
편 인	33	10.78	35	10.20	36	10.53	104
정 인	36	11.76	38	11.09	42	12.28	116
집계	306	100	343	100	342	100	991

일간을 기준하여 격국을 분류하였다. 어느 격국이 진학률이 높았는
가를 분석하기 위함이었다.

3개 대학교의 격국 분석 결과 서울대는 정관격이 38명으로 12.42%를 나타냈다. 이화여대는 겁재격, 정인격이 38명으로 11.09%에 해당하였다. 교육대인 경우는 정재격이 44명으로 12.86%를 나타내었다.

3개 계열을 기준한 경우는 정인격이 116명으로 11.71%에 해당하였고 다음으로 정재격이 114명으로 11.50%로 많았다.

이렇게 격국을 분석한 이유는 명문대학교에 진학한 학생들은 어떤 격국에 해당하는 학생이 많았는가를 살펴보기 위함이다.

전체 991명을 십성별로 평균치를 내보면 99.1명이 되어야 한다. 평균 이상에 해당하는 격국은 정재격, 편인격, 정인격과 식신격이 해당되었다.

따라서 명문대학교에 진학하는 경우 4개의 격국은 평균보다 높게 나왔고, 6개 격국은 평균보다 낮은 것으로 나타났다.

1 서울대 진학 상, 하위 격국

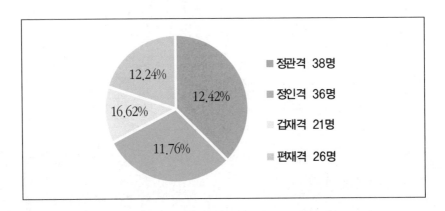

가장 진학률이 높은 격국 2개를 선정하고 가장 진학률이 낮은 격국 2개를 나열하여 비교분석을 하였다.

가장 진학률이 높은 경우는 12.42%이고, 가장 낮은 격국은 겁재격으로 8.50%에 해당하였다.

비교분석을 해보면 17명의 차이를 보였고 3.92%의 차이를 나타냈다.

2 이화여대 진학 상, 하위 격국

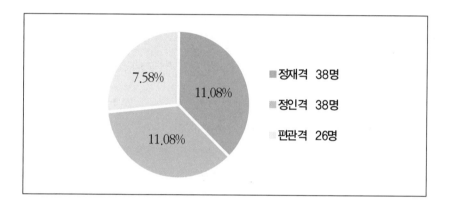

정재격에 해당하는 학생은 38명으로 11.08%에 해당하였다.

정인격에 해당하는 학생도 38명으로 11.08%에 해당하였다.

반면 편관격에 해당하는 경우는 26명으로 7.58%에 해당하였다.

비교분석에서 12명의 차이가 발생하여 3.50%의 차이를 보였다.

여대에 진학하는 학생의 구조가 **편관격**에 해당할 때 약하게 작용하는 것으로 볼 수 있었다.

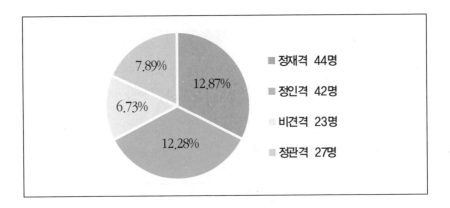

교육대 진학생의 격국을 분석한 결과 정재격에 해당하는 학생이 44명인 12.87%로 가장 많았다.

그다음 정인격이 42명으로 12.28%를 차지하였다.

반면에 가장 낮은 진학률을 보인 격국은 비견격으로 23명(6.73%)이고, 그다음으로 정관격이 27명(7.89%)을 나타냈다.

정재격과 비견격의 차이는 17명으로 4.97%에 해당하였다.

3개 대학교 재학생을 대상으로 어느 격국이 가장 많았는가를 살펴보면 정인격이 가장 많았고, 그다음 정재격이 많은 것으로 나타났다.

가장 진학률이 낮은 격국으로는 겁재격과 비견격에 해당하는 학생으로 나타났다. 겁재격은 86명으로 8.68%를 차지했고, 비견격은 87명으로 8.78%를 나타냈다.

명문대에 진학하는 격국 중에서 어느 격국이 많은가와 적은 것을 살펴보게 되면 하나의 참고가 될 수 있다.

격국을 정하는 방법은 월지 지장간을 기준하여 과거 절기까지 일수를 계산하여 잔여일수가 초기이면 초기의 오행을 일간에 대비 격국을 취하고, 중기에 해당하면 중기 오행을 격으로 취용하고 정기생인 경우는 정기 오행을 일간을 기준하여 격국을 정하면 된다.

격국을 정하는 방법이 학자마다 견해가 다르게 되다 보니 어느 격국을 기준하여 결과를 분석해야 하는지 갑론을박(甲論乙駁)이 생기게 된다. 그러나 격국을 정하는 것도 일치성을 갖고 이를 기준하여 진로, 직업에 대해 더 많은 연구를 해야 하지 않나 판단해 본다.

6
격국과 계열 (2개 대학교)

교육대는 교육계열에 한정되어 있어서 제외하고 2개 대학교에 대해서 살펴보는 것으로 하였다.

가. 인문계열에 진학분포도가 높은 격국으로는 ❶정관격이 27.39%에 해당하였고, 다음으로 ❷식신격이 24.19%에 해당하였다.

나. 사회계열로는 ❶상관격이 32.31% ❷편인격이 31.82%로 나타났다.

다. 교육계열로는 ❶정관격이 13.69% ❷정인격이 16.25%로 나타났다.

라. 자연계열로는 ❶겁재격이 32.14% ❷정인격이 28.75%로 나타났다.

마. 공학계열로는 ❶상관격이 15.38% ❷정재격이 14.98%로 나타났다.

바. 의학계열로는 ❶비견격이 6.25% ❷겁재격이 5.36%로 나타났다.

사. 미술계열로는 ❶식신격이 4.84% ❷편관격이 3.77%로 나타났다.

아. 음악계열로는 ❶식신격이 6.45% ❷편재격이 9.52%로 나타났다.

자. 체육계열로는 겁재격이 5.36%로 가장 높았다.

N : 649명

일간		문과			이과			예체능			계
		인문	사회	교육	자연	공학	의학	미술	음악	체육	
비견	빈도	9	17	7	18	3	4	1	4	1	64
	%1	14.06	26.56	10.94	28.13	4.69	6.25	1.56	6.25	1.56	9.36
	%2	7.03	10.83	9.33	11.84	4.23	26.67	5.26	16.67	12.5	
겁재	빈도	10	10	5	18	5	3	2	0	3	56
	%1	17.86	17.86	10.71	32.14	10.71	5.36	3.57		5.36	8.63
	%2	7.81	6.37	6.67	11.84	7.04	20	10.53		37.5	
식신	빈도	15	13	7	11	7	2	3	4	0	62
	%1	24.19	20.97	11.29	17.74	11.29	3.23	4.84	6.45		9.55
	%2	11.72	8.28	9.33	7.24	9.86	13.33	15.79	16.67		
상관	빈도	15	21	7	8	10	2	2	0	0	65
	%1	23.08	32.31	10.77	12.31	15.38	3.08	3.08			10.02
	%2	11.72	13.38	9.33	5.26	14.08	13.33	10.53			
편재	빈도	12	13	7	15	9	0	1	6	0	63
	%1	19.05	20.63	11.11	23.81	14.29		1.59	9.52		9.70
	%2	9.38	8.28	9.33	9.87	12.68		5.26	25		
정재	빈도	11	16	8	14	10	1	2	4	1	67
	%1	16.42	23.88	11.94	20.89	14.93	1.49	2.99	5.97	1.49	10.32
	%2	8.59	10.19	10.67	9.21	14.08	6.67	10.53	16.67	12.5	
편관	빈도	9	15	6	13	6	0	2	1	1	53
	%1	16.98	28.30	11.32	24.53	11.32		3.77	1.89	1.89	8.17
	%2	7.03	9.55	8	8.55	8.45		10.53	4.16	12.5	
정관	빈도	20	14	10	15	9	0	2	3	0	73
	%1	27.39	19.18	13.69	20.55	12.33		2.74	4.11		11.25
	%2	15.63	8.92	13.33	9.87	12.68		10.53	12.5		
편인	빈도	12	21	5	17	7	1	1	2	0	66
	%1	18.18	31.82	7.58	25.76	10.61	1.52	1.52	3.03		10.17
	%2	9.38	13.38	6.67	11.18	9.86	6.67	5.26	8.33		
정인	빈도	15	17	13	23	5	2	3	0	2	80
	%1	18.75	21.25	16.25	28.75	6.25	2.5	3.75		2.5	12.33
	%2	11.72	10.83	17.33	15.13	7.04	13.33	15.79		25	
계		128	157	75	152	71	15	19	24	8	649
		19.73	24.19	11.56	23.42	10.94	2.31	2.93	3.70	1.23	

%1은 격국별 빈도, %2는 계열별 빈도

서울대의 경우 진학률이 많은 계열로는 사회, 자연, 공학계열이 높았고 이화여대는 인문, 사회, 자연계열로 진학률이 높게 나타났다. 공학계열은 대체적으로 남학생들이 많이 진학하게 되고 공학계열의 직업이 많기 때문이다.

1 **3개 계열 분석(S대, E대)**

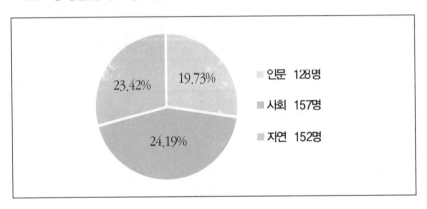

진학률이 높은 3개 계열을 분석해 보면 인문계열이 649명 중 128명이 진학하여 19.73%에 해당하였고, 사회계열은 157명으로 24.19%, 자연계열은 152명으로 23.42%를 나타냈다.

전체 649명 중 437명이 진학하여 67.33%에 해당하였다. 남녀공학에 해당하는 대학은 사회, 자연, 공학이 높은 반면 여대는 공학계열 대신 인문계열이 많은 것으로 나타났다. 본 빈도는 서울대와 이화여대를 기준하였기 때문에 인문계열이 많게 나타났다.

여대를 진학하는 경우와 일반대학을 진학할 때 참고해야 할 내용이기에 게재하였다.

N : 306명

구분		문과			이과			예체능		비고
		인문	사회	교육	자연	공학	의학	미술	음악	
비견	명	1	11	2	8	3	4	1	1	31
	%1	3.23	35.47	6.45	25.81	9.68	12.90	3.23	3.23	100
	%2	2.63	13.92	8.33	9.76	4.62	66.67	11.11	33.33	
겁재	명	3	5	1	8	3	0	1	0	21
	%1	14.29	23.81	4.76	38.09	14.29		4.76		100
	%2	7.89	6.33	4.17	9.76	4.62		11.11		
식신	명	4	7	2	5	7	0	2	1	28
	%1	14.29	25	7.14	17.86	25		7.14	3.57	100
	%2	10.53	8.86	8.33	6.09	10.77		22.22	33.33	
상관	명	3	11	3	6	9	0	1	0	33
	%1	9.09	33.33	9.09	18.18	27.28		3.03		100
	%2	7.89	13.92	12.5	7.32	13.85		11.11		
편재	명	6	1	4	6	9	0	0	0	26
	%1	23.08	3.84	15.38	23.08	34.62				100
	%2	15.79	1.27	16.67	7.32	13.85				
정재	명	4	8	3	8	10	0	0	0	33
	%1	12.12	24.24	9.09	24.24	30.31				100
	%2	10.53	10.13	12.5	9.76	15.38				
편관	명	2	8	1	8	6	0	2	0	27
	%1	7.41	29.63	3.70	29.63	22.22		7.41		100
	%2	5.26	10.13	4.17	9.76	9.23		22.22		
정관	명	8	7	3	10	7	0	2	1	38
	%1	21.05	18.42	7.90	26.32	18.42		5.26	2.63	100
	%2	21.05	8.86	12.5	12.19	10.77			33.33	
편인	명	3	10	3	9	7	1	0	0	33
	%1	9.09	30.31	9.09	27.27	21.21	3.03			100
	%2	7.89	12.66	12.5	10.97	10.77	16.67			
정인	명	4	11	2	14	4	1	0	0	36
	%1	11.11	30.56	5.56	38.88	11.11	2.78			100
	%2	10.53	13.92	8.33	17.07	6.15	16.67			
집계	명	38	79	24	82	65	6	9	3	306
	%	12.42	25.82	7.84	26.80	21.24	1.96	2.94	0.98	100

%1은 격국별 빈도, %2는 계열별 빈도

- 인문계열에서는 정관격이 가장 진학률이 높았다.
- 사회계열에서는 비견, 상관, 정인이 똑같이 11명으로 진학률이 높았다.
- 교육계열에서는 편재격이 진학률이 높았다.
- 자연계열에서는 정인격이 높은 진학률을 보였다.
- 공학계열에서는 정재격이 진학률이 가장 높았다.
- 의학계열에서는 비견격이 진학률이 높았다.
- 미술과 음악계열에서는 평균 진학률이 나타났다.

③ 격국과 계열(이화여대)

진학률이 높은 경우를 격국별 빈도와 계열별 빈도를 포함하여 분석하는 것으로 하였다.

인문계열에는 정관에 해당하는 경우가 12명으로 34.29%를 나타냈다.

사회계열에는 편인이 11명으로 33.33%로 높게 나타났다.

자연계열에는 비견이 10명으로 28.57%로 높았다.

N : 343명

일간		문과			이과			예체능			계
		인문	사회	교육	자연	공학	의학	미술	음악	체육	
비견	빈도	8	5	6	10	0	0	0	4	3	36
	%1	22.22	13.89	16.67	27.78				11.11	8.33	
	%2	8.89	6.41	11.76	14.29				19.05	37.5	
겁재	빈도	9	9	5	9	2	2	1	0	1	38
	%1	23.68	23.68	13.15	23.68	5.26	5.26	2.63		2.63	
	%2	10.00	11.54	9.80	12.86	33.33	22.22	10.00		12.5	
식신	빈도	9	6	5	5	0	3	2	3	0	33
	%1	27.27	18.18	15.15	15.15		9.09	6.06	9.09		
	%2	10.00	7.69	9.80	7.14		33.33	20.00	14.29		
상관	빈도	11	7	4	4	1	1	1	0	0	29
	%1	37.93	24.14	13.79	13.79	3.45	3.45	3.45			
	%2	12.22	8.97	7.84	5.71	16.67	11.11	10.00			
편재	빈도	5	12	3	10	0	0	1	5	0	36
	%1	13.89	33.33	8.33	27.78			2.78	13.89		
	%2	5.56	15.38	5.88	14.29			10.00	23.81		
정재	빈도	8	8	4	8	1	1	2	4	1	37
	%1	21.62	21.62	10.81	21.62	2.70	2.70	5.41	10.81	2.70	
	%2	8.89	10.26	7.84	11.43	16.67	11.11	20.00	19.05	12.5	
편관	빈도	9	6	5	6	0	0	0	1	1	28
	%1	32.14	21.43	17.86	21.43				3.57	3.57	
	%2	10.00	7.69	9.80	8.57				4.76	12.5	
정관	빈도	11	7	9	3	1	0	0	2	0	33
	%1	33.33	21.21	27.27	9.09	3.03			6.06		
	%2	12.22	8.97	17.65	4.29	16.67			9.52		
편인	빈도	11	10	3	8	0	0	1	2	0	35
	%1	31.43	28.57	8.57	22.86			2.86	5.71		
	%2	12.22	12.82	5.88	11.43			10.00	9.52		
정인	빈도	9	8	7	7	1	2	2	0	2	38
	%1	23.68	21.05	18.43	18.43	2.63	5.26	5.26		5.26	
	%2	10.00	10.26	13.73	10.00	16.67	22.22	20.00		25.00	
계		90	78	51	70	6	9	10	21	8	343

%1은 격국별 빈도, %2는 계열별 빈도

- 교육계열은 정인격에 해당할 때 높았다.
- 공학계열은 겁재격과 정관격이 다소 높았다.
- 의학계열은 겁재격의 진학률이 높았다.
- 미술계열은 정인격이 가장 유리하였다.
- 음악계열은 편재격이 가장 유리하였다.
- 체육계열은 겁재격이 가장 유리하였다.

4 격국과 학과(교육대)

학 과	격 국									
	비견	겁재	식신	상관	편재	정재	편관	정관	편인	정인
초등교육	4	4	6	4	3	4	4	10	10	4
국어교육	1	2	4	3	2	0	2	0	4	3
영어교육	1	3	1	1	3	3	1	3	3	3
수학교육	3	1	4	6	7	4	2	1	4	6
과학교육	2	7	0	2	1	2	3	2	3	8
컴퓨터	1	2	4	2	3	3	4	3	3	1
음악	1	4	2	0	3	6	2	1	2	3
체육	2	1	4	3	3	5	6	1	1	4
미술	1	2	1	3	1	1	1	2	0	1
유아	0	0	5	2	1	4	5	1	1	2
윤리	1	1	2	3	2	3	4	0	2	1
사회	4	0	1	2	1	3	1	1	2	3
교육학	2	3	3	3	1	6	0	1	1	2
특수교육	0	0	0	1	0	0	0	1	0	1
중국어	0	0	1	0	0	0	0	0	0	0
상담심리	0	0	0	1	0	0	0	0	0	0
집계	23	30	38	36	31	44	35	27	36	42
%	6.73	8.77	11.11	10.53	9.06	12.87	10.23	7.89	10.53	12.28

교육대 학생들의 격국에 따라 전공의 비율에 유의한 차이가 있는지 판단하기 위해 격국과 전공의 교차표를 산출하였다.

비견격에서는 초등(19.2%), 사회(15.4%), 수학(11.5%), 체육(11.5%), 교육(11.5%) 등의 순으로 나타났다.

겁재격에서는 과학(16.1%), 음악(12.9%), 교육(12.9%), 수학(9.7%), 초등(9.7%) 등의 순으로 나타났다.

식신격에서는 초등(17.9%), 유아(12.8%), 국어(12.8%), 수학(12.8%), 체육(10.3%) 등의 순으로 나타났다.

상관격에서는 수학(15.2%), 초등(12.1%), 과학(9.1%), 윤리(9.1%) 등의 순으로 나타났다.

편재격에서는 수학(20.7%), 영어(10.3%), 음악(10.3%), 초등(10.3%) 등의 순으로 나타났다.

정재격에서는 수학(13.3%), 컴퓨터(13.3%), 음악(11.1%) 등의 순으로 나타났다.

편관격에서는 유아(12.9%), 체육(12.9%), 초등(12.9%), 윤리(12.9%)가 비교적 높게 나타났다.

정관격에서는 초등(32.1%)이 매우 높은 비중을 보였으며, 다음으로 영어(10.7%), 컴퓨터(10.7%), 체육(10.7%)이 높게 나타났다.

편인격에서는 초등(18.9%), 영어(13.5%)가 비교적 높게 나타났다.

정인격에서는 과학(20.9%), 초등(14.0%)의 비중이 상대적으로 높게 나타났다.

격국을 정하는 방법은 학자마다 견해가 다르다. 그렇기에 격국을 가지고 우리 역학인들이 많은 세월을 보내는 것은 아닌가 생각해 본다.

왜냐하면 격국을 정하는 방법이 모두가 일치되어도 격국을 기준하여 성격에 대해 연구하거나 진로에 대해 연구한 자료가 배출되어야 하기도 하고, 직업에 대해 많은 연구와 검증된 자료가 배출되어야 하는데 어느 한 분야라도 통계된 자료나 검증된 자료가 미약하다는 사실이다.

연구된 자료를 내놓기 위해서는 선행되어야 할 내용을 설문지로만들어 해당 분야의 종사자에게 설문응답을 받아 통계분석된 자료가 많이 나와야 한다는 것이 필자의 주장이다. 실제 필자가 직업과 관련하여 음식점(한식·일식·중식·퓨전), 미용실, 공인중개사를 대상으로 설문지를 만들고 3년간 조사를 해보았지만 설문조사에 응답해 주는 것을 매우 싫어하여 중도에 포기해야 하는 상황도 있었다. 어느 한 분야의 직업에 대해 그 실체를 명리학적으로 밝혀 보고 싶다면 역학인들이 서로 공유하여 설문조사서를 역할 분담하여 1,200명의 자료를 받아 이를 통계분석을 내면 정말 좋은 자료가 나올 수 있다고 확신한다.

20년의 세월이 흐르면서도 필자가 가장 갈망하는 것은 많은 사람들에게 꿈과 희망을 주기 위해서 현실에 맞는 상담법과 진로나 직업에 대해 구체적인 정보를 제공할 수 있는 역학인이 되려고 부단히 노력하고 있다. 그중에서도 학생들의 진학 진로에 대해서는 격국을 기준하여 계열과의 관계성을 가지고 연구한 자료가 있으며, 나아가 사주를 몰라도 진학 지도에 대한 상담을 할 수 있도록 연구 분석한 자료도 있다.

3개 대학에 재학 중인 학생을 대상으로 격국을 선정하는 방법으로는 자신의 생일부터 과거 절기까지 계산하여 잔여일수가 초기, 중기, 정기 중 해당하는 지장간이 일간을 기준하여 격국에 해당한다.

이 이론에 대해서는 『명리 진학정보론』과 『명리 진학정보론 Ⅱ』에서 나열하였다.

7
격국과 계열(3개 대학교)

통합 격국을 기준하여 분석한 결과에서는 정인격의 경우가 116명으로 11.71%를 나타냈고, 다음으로는 정재격으로 114명(11.50%)에 해당하였다.

가장 진학률이 적은 격국으로는 겁재격으로 89명(8.98%)에 해당하였다. 진학률이 높은 격국(116명)과 낮은 격국(89명)의 인원 차이는 27명(2.72%)의 차이를 보였다.

격국		문과			이과			예체능			계
		인문	사회	교육	자연	공학	의학	미술	음악	체육	
비견	빈도	9	16	31	18	3	4	1	5	3	90
	%1	10.00	17.78	34.45	20.00	3.33	4.44	1.11	5.56	3.33	100
	%2	7.03	10.19	7.43	11.84	4.23	26.67	5.26	20.83	37.5	
겁재	빈도	12	14	36	17	5	2	2	0	1	89
	%1	13.48	15.73	40.45	19.10	5.62	2.25	2.25		1.12	100
	%2	9.38	8.92	8.63	11.18	7.04	13.33	10.53		12.5	
식신	빈도	13	13	45	10	7	3	4	4	0	99
	%1	13.13	13.13	45.46	10.10	7.07	3.03	4.04	4.04		100
	%2	10.16	8.28	10.79	6.58	9.86	20.00	21.05	16.67		
상관	빈도	14	18	43	10	10	1	2	0	0	98
	%1	14.29	18.37	43.88	10.20	10.20	1.02	2.04			100
	%2	10.94	11.46	10.31	6.58	14.08	6.67	10.53			
편재	빈도	11	13	38	16	9	0	1	5	0	93
	%1	11.83	13.98	40.86	17.20	9.67		1.08	5.38		100
	%2	8.59	8.28	9.11	10.53	12.68		5.26	20.83		
정재	빈도	12	16	51	16	11	1	2	4	1	114
	%1	10.53	14.04	44.73	14.04	9.65	0.88	1.75	3.50	0.88	100
	%2	9.38	10.19	12.23	10.53	15.49	6.67	10.53	16.67	12.5	
편관	빈도	11	14	41	14	6	0	2	1	1	90
	%1	12.22	15.56	45.55	15.56	6.67		2.21	1.11	1.11	100
	%2	8.59	8.92	9.83	9.21	8.45		10.53	4.17	12.5	
정관	빈도	19	14	39	13	8	0	2	3	0	98
	%1	19.39	14.28	39.80	13.27	8.16		2.04	3.06		100
	%2	14.84	8.92	9.35	8.55	11.27		10.53	12.5		
편인	빈도	14	20	42	17	7	1	1	2	0	104
	%1	13.46	19.23	40.39	16.35	6.73	0.96	0.96	1.92		100
	%2	10.94	12.74	10.07	11.18	9.86	6.67	5.26	8.33		
정인	빈도	13	19	51	21	5	3	2	0	2	116
	%1	11.21	16.38	43.97	18.10	4.31	2.59	1.72		1.72	100
	%2	10.16	12.10	12.33	13.82	7.04	20.00	10.53		25.00	
계	명	128	157	417	152	71	15	19	24	8	991
	%	12.92	15.84	42.08	15.33	7.17	1.51	1.92	2.72	0.50	

%1은 격국별 빈도, %2는 계열별 빈도

계열별로 가장 높은 진학을 보인 격국으로는 다음과 같다.

- 인문계열로 진학이 높은 격국은 정관격이었다【19명, 19.39%】.
- 사회계열은 상관격과 편인격이 같은 20명【19.23%】으로 높았다.
- 교육계열에서는 정재격【44.73%】과 정인격【43.97%】이 가장 높았다. 51명에 해당하였다.
- 자연계열은 정인격이 많았지만 격국별 비교에서는 비견격이 20.00% 로 가장 높은 것으로 나타났다.
- 공학계열도 정재격【9.65%】이 많았지만 격국별 비교에서는 상관격이 높은 것으로 나타났다.
- 의학계열은 비견격이 4.44% 해당하였다.
- 미술계열은 식신격이 4.04% 해당하였다.
- 음악계열은 비견격, 편재격이 높았다. 격국별 빈도에서 비견격이 5.56% 해당하였다.

격국별로 가장 높은 진학을 보인 경우는 다음과 같다.

- 비견격은 자연계열과 의학, 음악, 체육계열이 비중이 높았다.
- 겁재격은 자연계열이 비중이 높았다.
- 식신격은 인문계열과 미술계열이 비중이 높았다.
- 상관격은 사회계열과 공학계열이 비중이 높았다.
- 편재격은 자연 계열과 음악계열이 비중이 높았다.
- 정재격은 교육계열과 공학계열이 비중이 높았다.

- 편관격은 사회계열과 자연계열이 비중이 높았다.
- 정관격은 인문계열과 사회계열이 비중이 높았다.
- 편인격은 사회계열과 자연계열이 비중이 높았다.
- 정인격은 교육계열과 자연계열이 비중이 높았다.

통합 분석을 내는데 고민을 많이 하였다. 그 이유는 교육대는 모두가 교육학과이기 때문에 통합 분석을 실시하는 어려움이 있다고 판단하였기 때문이다. 그래서 본 장에서는 계열관계보다는 어느 격국이 많았는가를 살펴보는 것이 바람직하다고 판단하였다. 계열관계는 하나의 참고 자료로 보았으면 한다.

각 대학은 상대평가에 의하여 학생을 입학시키게 된다. 따라서 똑같은 점수를 가지고 같은 조건에서 진학시 어느 격국이 유리하다는 것을 역학인이 참고해야 할 내용이기에 격국과 계열에 대해 나열하였다.

▣ 비견격과 계열

구분	비 견 격						비 고	
	서울대	%	이화여대	%	경인교대	%	집계	%
인문	1	3.23	8	22.22			9	10.34
사회	11	35.48	5	13.89			16	17.78
교육	2	6.45	6	16.67	23	100	31	34.44
자연	8	25.80	10	27.78			18	20.00
공학	3	9.68	0				3	3.33
의학	4	12.90	0				4	4.44
미술	1	3.23	0				1	1.11
음악	1	3.23	4	11.11			5	5.56
체육	0		3	8.33			3	3.33
계	31	100	36	100	23	100	90	9.08

　서울대는 사회·자연·공학계열로 진학자가 많았고, 이화여대는 인문·사회·자연계열에 진학률이 높게 나타났고, 교대는 전체가 교육계열에 해당한다. 교육계열은 13개의 학과로 분류하였고, 그중에서 초등교육과에 입학한 학생이 많은 것으로 나타났다.

　비견격에 해당하는 학생은 자연계열 진학자가 많았다. 의학계열과 음악계열 그리고 체육계열에서도 상대 빈도 분석에서 다소 앞선 것으로 나타났다.

　격국은 내면의 성격을 포함하고 있다. 격국을 통하여 계열과 학과를 안내해 주는 것이 명리학에서는 가장 바람직하다는 결과를 도출하였다.

　교육계열로 가장 진학률이 높은 격국으로는 정재격과 정인격에서 진학률이 가장 높은 것으로 분석되었다. 서울대와 이화여대만을 기준할 경우는 정관격과 정인격으로 나타났다. 공통점은 정인격에 해당하는 학생은 교육계열에 가장 유리하다는 결론을 얻을 수 있었고, 다음으로는 정관격과 정재격으로 길성격에 해당할 때 교육계열이 유리하게 작용하였다는 결과가 나왔다.

길성격이란 식신격·정재격·정관격·정인격을 말한다. 길성격은 생조를 받는 것을 선호한다는 사실도 새롭게 발견하였다.

상대적으로 기질이 강한 격으로는 겁재격·상관격·편관격·편인격을 의미하며, 기질이 강한 격으로 구성된 경우는 이를 통제하는 길성이 원국에 있어야 한다는 결과도 얻었다.

가령 겁재격인 경우는 원국에 정관이 있으면 합리적인 사고를 갖게 되고, 상관격인 경우는 정인이 있어야 학문이나 배움을 지속적으로 갖게 된다. 편관격인 경우는 식신이 원국에 있으면 연구하려 하고 노력하려 하며 끈기력을 갖게 된다. 편인격에 해당하는 경우는 정재가 있으면 실리를 추구하려 하고 현실적인 삶을 유지하려고 한다.

② 겁재격과 계열

구분	겁 재 격						비 고	
	서울대	%	이화여대	%	경인교대	%	집계	%
인문	3	14.29	9	23.68			12	13.48
사회	5	23.81	9	23.68			14	15.73
교육	1	4.76	5	13.16	30	100	36	40.45
자연	8	38.09	9	23.68			17	19.10
공학	3	14.29	2	5.27			5	5.62
의학	0		2	5.27			2	2.25
미술	1	4.76	1	2.63			2	2.25
음악	0		0				0	
체육	0		1	2.63			1	1.12
계	21	100	38	100	30	100	89	8.98

겁재격에 해당하는 학생은 자연계열에 진학률이 가장 높았다.

교육계열에서는 정재격과 정인격이 가장 많았기 때문에 겁재격에서는 진학률이 높지 않았다. 그 외 예체능계열이나 다른 계열에서도 상대적으로 높은 계열을 선택하기가 어려웠다.

겁재격을 양인격이라고도 한다. 그 이유는 협동 속에 언제나 자신은 우월심리가 내재되어 있고 조직 속에서 인정을 받고 싶어하는 경쟁심리가 다른 십성에 비하여 강하게 작용한다.

겁재격의 특징은 활동성과 앞으로 나아가려는 진취성, 동질성을 지니고 있다. 비견이나 겁재가 많으면 경쟁성과 남을 지배하려는 기질이 강하게 되고 타인의 억압이나 간섭을 매우 싫어하게 된다. 그렇기 때문에 모든 십성은 태과불급이라는 용어를 사용하게 된다. 즉, 너무 지나치면 과욕이 되는 이치와 같기 때문이다.

3 식신격과 계열

구분	식 신 격						비 고	
	서울대	%	이화여대	%	경인교대	%	집계	%
인문	4	14.29	9	27.27			13	13.13
사회	7	25	6	18.19			13	13.13
교육	2	7.14	5	15.15	38	100	45	45.45
자연	5	17.86	5	15.15			10	10.10
공학	7	25	0				7	7.07
의학	0		3	9.09			3	3.03
미술	2	7.14	2	6.06			4	4.04
음악	1	3.57	3	9.09			4	4.04
체육	0		0					
계	28	100	33	100	38	100	99	9.99

식신격에 해당하는 경우는 인문계열과 사회계열에 진학분포도가 높았다. 비교분석에서 인문계열이 다소 앞선 것으로 나타났다. 인문계열은 계열빈도에서 13.13%이고 사회계열도 13.13%에 해당하였다.

미술계열로는 식신격이 4.04%이고, 음악계열로는 식신격이 4.04%로 가장 비중이 높은 것으로 나타났다. 미술계열에서는 다른 격국보다 가장 진학률이 높았고, 음악계열은 비견격이나 편재격이 더 많은 것으로 분석되었다.

식신격의 특징은 연구, 분석, 기획성, 친화성, 창의성을 지니고 있고 친화의 욕구가 강하다. 식신과 상관은 청소년기에 해당하기 때문에 어느 분야로 가든 노력을 많이 하고 미래를 준비하려고 한다.

식신, 상관격이고 남자라면 이과 분야로 진학하는 경우가 더 많았고, 여자인 경우는 문과 분야가 높게 나왔다. 그 외에도 예능 분야인 미술이나 음악에서도 다른 격국에 비하여 높은 진학률을 보였다. 미술은 손으로 그리기 때문에 손재주가 능한 것으로 볼 수 있고 음악에서는 작곡, 작사와 같은 학과로 진학자가 많았다.

④ 상관격과 계열

구분	상 관 격						비 고	
	서울대	%	이화여대	%	경인교대	%	집계	%
인문	3	9.09	11				14	14.29
사회	11	33.33	7				18	18.37
교육	3	9.09	4		36	100	43	43.88
자연	6	18.18	4				10	10.20
공학	9	27.27	1				10	10.20
의학	0		1				1	1.02
미술	1	3.03	1				2	2.04
음악	0		0				0	
체육	0		0				0	
계	33	99.99	29		36	100	98	9.89

상관격에 해당하는 경우 진학률이 높은 계열로는 사회계열이 18.37%이고, 공학계열에서도 10.20%로 높은 비중을 차지하였다. 예체능계열에서는 다른 격국에 비하여 진학률이 높지 않은 것으로 나타났다.

상관은 표현, 예지력이 뛰어나게 된다. 남녀 모두 사회계열이 높았고 남자인 경우는 공학계열도 높은 것으로 나타났다.

상관은 미래를 준비하는 과정에 속하고 식신과 같이 청소년기에 해당한다. 상관은 자유로움을 추구하려는 기질이 강하여 구속이나 억압을 받으면 대항하려는 기질이 강하다.

5 편재격과 계열

구분	편재격						비고	
	서울대	%	이화여대	%	경인교대	%	집계	%
인문	6	23.08	5	13.89			11	11.83
사회	1	3.85	12	33.33			13	13.98
교육	4	15.38	3	8.33	31	100	38	40.86
자연	6	23.08	10	27.78			16	17.20
공학	9	34.61	0				9	9.68
의학	0		0				0	
미술	0		1	2.78			1	1.08
음악	0		5	13.89			5	5.38
체육	0		0				0	
계	26	100	36	100	31	100	93	9.38

편재격에 해당하는 경우는 자연계열이 다소 유리하게 나타났다.

2개 대학교를 기준하여 분석한 결과에서는 다른 격국에 비하여 높은 비율을 나타내기가 어려웠다. 다만, 예체능계열 중에서는 음악계열의 편재격이 5.38%로 가장 높게 나타났다.

여자대학교인 경우는 사회계열이 유리하게 작용하였다. 남자인 경우는 공학계열이 앞섰으며, 음악계열에서는 여자대학교가 유리하게 작용하였다.

전체적으로 분석한 자료로는 자연계열과 음악계열에서는 편재격이 유리하게 작용한 것으로 볼 수 있었다.

편재격에 해당하는 학생은 전체 991명 중 93명으로 평균(99명)보다 다소 적은 것으로 나타났다.

6 정재격과 계열

구분	정재격						비고	
	서울대	%	이화여대	%	경인교대	%	집계	%
인문	4	12.12	8	21.62			12	10.53
사회	8	24.24	8	21.62			16	14.03
교육	3	9.09	4	10.81	44	100	51	44.74
자연	8	24.24	8	21.62			16	14.04
공학	10	30.30	1	2.70			11	9.65
의학	0		1	2.70			1	0.88
미술	0		2	5.41			2	1.75
음악	0		4	10.81			4	3.51
체육	0		1	2.70			1	0.88
계	33	99.99	37	99.99	44	100	114	11.50

정재격에 해당하는 경우는 114명으로 전체 인원 991명을 기준했을 때 11.50%를 나타냈다.

2개 대학교를 기준할 경우 자연(사회)계열이 높게 나타났고, 예체능계열에서는 음악계열이 비교적 높게 나타났다. 다른 격국에 비하여 높은 진학률을 보인 계열은 공학계열(9.65%)에 해당하였다.

정재는 노력과 꾸준함을 가져다 주며 실리를 주관하게 된다. 남자인 경우는 공학계열이 유리하였고, 여학생인 경우는 사회계열이 바람직한 것으로 나타났다.

전체 991명 중 정재격에 해당하는 경우는 114명으로 평균(99명)보다 15명이 더 많았다.

❶ 자연계열 ❷ 공학계열 ❸ 음악계열

진로를 결정하는데 중요한 시기는 고등학교 1학년인 경우이다. 고등학교 2학년이 되면 자신이 가장 성적이 좋은 과목을 대상으로 문·이과를 선택하게 되고, 고등학교 3학년이 되면 자신이 선택한 분야로 진출할 수밖에 없게 된다.

7 편관격과 계열

구분	편 관 격						비 고	
	서울대	%	이화여대	%	경인교대	%	집계	%
인문	2	7.41	9	32.14			11	12.22
사회	8	29.63	6	21.43			14	15.56
교육	1	3.70	5	17.86	35	100	41	45.56
자연	8	29.63	6	21.43			14	15.56
공학	6	22.22	0				6	6.67
의학	0		0				0	
미술	2	7.41	0				2	2.22
음악	0		1	3.57			1	1.11
체육	0		1	3.57			1	1.11
계	27	100	28	100	35	100	90	9.8

편관격에 해당하는 학생은 90명이었다. 교대 35명을 제외하면 55명으로 이 중 진학률이 가장 높은 계열은 사회계열이고, 다음으로 비교분석에서 자연계열이 높게 나왔다. 교육계열은 다른 격국에 비하여 높지 않은 것으로 나타났다.

편관격에 해당하는 학생은 전체 991명 중 90명으로 평균(99명)보다 9명이 적은 것으로 나타났다. 명문대학교를 들어가는 경우 정재격이나 정인격이 상대적으로 많다는 것이 정답은 아니지만 통계적으로 많다는 것은 상담에 반영할 수 있는 내용이라고 판단된다.

문과에서는 사회계열을 추천할 수 있고, 이과에서는 자연계열로 안내를 해주는 것이 유리하다고 판단된다.

8 정관격과 계열

구분	정 관 격						비 고	
	서울대	%	이화여대	%	경인교대	%	집계	%
인문	8	21.05	11	33.33			19	19.39
사회	7	18.42	7	21.21			14	14.29
교육	3	7.89	9	27.27	27	100	39	39.80
자연	10	26.32	3	9.09			13	13.27
공학	7	18.42	1	3.03			8	8.16
의학	0		0				0	
미술	2	5.26	0				2	2.04
음악	1	2.63	2	6.06			3	3.06
체육	0		0				0	
계	38	99.99	33	99.99	27	100	98	9.89

정관격에 해당하는 경우는 인문계열이 유리하게 작용하는 것으로 나타났다. 그다음으로는 사회계열이 다소 유리하게 작용하였다. 남자는 자연계열이 다소 많았고 여자는 사회계열이 높은 것으로 분석되었다. 예체능 분야는 다른 격국보다 높은 비중을 차지하지 않았다.

정관격에 해당하는 경우 대체적으로 문과계열이 더 유리하게 작용하였다. 이과 분야로 안내를 해주는 경우는 자연계열이 바람직하다고 판단하였다.

정관격에 해당하는 학생은 평균 수치를 나타냈다. 남학생은 공학계열이 다소 앞섰고, 여학생인 경우는 인문계열이 높게 나타났다.

정관은 합리성과 도덕성 그리고 원칙을 중시하는 성향이 강하게 작용하며 안정을 추구하려는 기질이 내재되어 있다.

구분	편 인 격						비 고	
	서울대	%	이화여대	%	경인교대	%	집계	%
인문	3	9.09	11	31.43			14	13.46
사회	10	30.30	10	28.57			20	19.23
교육	3	9.09	3	8.57	36	100	42	40.38
자연	9	27.27	8	22.86			17	16.35
공학	7	21.21	0				7	6.73
의학	1	3.03	0				1	0.96
미술	0		1	2.86			1	0.96
음악	0		2	5.71			2	1.92
체육	0		0				0	
계	33	99.99	35	100	36	100	104	10.50

편인격에 해당하는 경우는 사회계열이 높았고, 다음으로는 자연계열이었다. 예체능계열에서는 다른 격국보다 진학자가 많지 않은 것으로 나타났다. 교육계열에서도 진학률이 비교분석에서 높지 않은 것으로 나타났다.

편인은 재치와 추구성 그리고 인식지능이 높아 몸을 많이 활용하는 기술직으로는 바람직하지 않고 탐구, 실험, 정신세계, 행정 분야가 더 바람직하다고 볼 수 있다.

전체 인원 991명 중 편인격은 평균 이상 진학을 하였다. 사회계열과 자연계열로 진학한 경우가 많았음을 알 수 있다.

10 정인격과 계열

구분	정인격						비고	
	서울대	%	이화여대	%	경인교대	%	집계	%
인문	4	11.11	9	23.68			13	11.21
사회	11	30.56	8	21.05			19	16.38
교육	2	5.56	7	18.43	42	100	51	43.97
자연	14	38.88	7	18.43			21	18.10
공학	4	11.11	1	2.63			5	4.31
의학	1	2.78	2	5.26			3	2.59
미술	0		2	5.26			2	1.72
음악	0		0				0	
체육	0		2	5.26			2	1.72
계	36	100	38	100	42	100	116	11.71

정인격에 해당하는 경우는 교육계열에 많은 진학자가 있었고, 자연계열에서도 높게 나타났다. 대체적으로 정인격에 해당하는 경우도 교육계열이 더 바람직하다는 결론을 얻었다.

전체 인원 991명 중 정인격에 해당하는 학생은 116명으로 평균대비(116-99.1) 16.9명이 더 많은 것으로 나타났다. 교육계열에서는 정재격과 정인격이 많은 것으로 조사되었다. 여학생은 인문계열과 교육계열이 유리하였고, 남녀공학에 해당하는 학생은 사회계열과 자연계열의 비중이 높은 것으로 나타났다.

주로 여대인 경우는 인문과 자연계열의 비중이 높은 반면 남녀공학에 해당하는 학교는 사회계열과 자연계열 그리고 공학계열로 진학하는 경우가 70%에 이르렀다.

계열 선택에서는 이렇게 다를 수 있다는 것도 상담을 통해 알 수 있었고, 설문통계를 통하여 검증하였다.

본 서에서는 진학년도에 대해 일간을 기준하여 진학년도가 어느 십성에 해당할 때 가장 높았는가를 살펴보는 것으로 하였고, 그다음으로 격국과 진학년도에 대해 살펴보았다.

이 두 가지를 접목하여 공통점이 있는 것인가를 살펴보기 위함이다. 용신을 기준하여 판단하는 것은 생략하였다. 왜냐하면 필자가 박사논문에서 인문계 고등학교 798명을 대상으로 용신을 기준하여 진학관계를 분석한 결과 용신운이 되든 기신운이 되든 진학에는 큰 영향이 없다는 것을 『명리상담술』, 『진로와 전공』 그리고 『명리 진학정보론』에서 밝혔기 때문이다.

격국에 대해서도 격국이 차지하는 비율이 인생 전반에 걸쳐 평생 지속되는 것이 아니고 1세에서 30세까지 그 작용이 형성되고 31세 이후는 격국보다 용신의 작용이 크다는 것을 밝혔다. 또한 용신도 직업에 따라 판단하는 방법도 변화가 되어야 한다는 것을 언급하였다.

이처럼 학문은 연구할수록 사실을 검증하게 된다. 그러면서도 검증하는데 필요한 설문조사나 자료를 역학인들이 두려워하거나 생각하지 못하고 있다는 것도 안타깝지만, 실제로 설문조사를 실시하려고 방문하면 난색을 표하는 경우가 더 많다.

필자가 직업에 관한 연구를 하려고 음식점, 미용실, 공인중개사를 방문하였지만 설문조사서를 받아내기가 너무 힘들어 중도에 포기한 과정을 뒤돌아보면 아직도 우리 역학인들이 해야 할 일이 많다는 것을 피부로 느꼈다.

격 국	1지망	2지망	3지망
비 견	자연계열	의학	음악, 체육
겁 재	자연계열	사회	의학
식 신	인문계열	미술	교육
상 관	사회계열	공학	인문
편 재	자연계열	음악	사회
정 재	교육계열	공학	자연
편 관	자연계열	사회	인문
정 관	인문계열	사회	음악
편 인	사회계열	자연	인문
정 인	교육계열	자연	의학

PART 09

설문응답 분석

멍리 진화학정보론

3개 대학교 재학생들을 대상으로 설문응답을 받은 내용을 연구하였다. '지금도 많은 학생들이 성적에 맞추어 진학하고 있을 것이다.' 라는 가설을 정하고 살펴보았다.

특히 명문대 학생들은 자신이 이미 명문대를 다니고 있기 때문에 적성보다는 성적을 더 우선시할 것이라고 판단하였다.

그 결과에 대해 다음과 같이 분석하였다.

1 전공 선택에 관한 질의응답

(단위 : 명, %)

전공 선택		인원	%	비고
성적에 맞추어	서울대	87	28.43	279 28.15%
	이화여대	99	28.86	
	경인교대	93	27.19	
적성에 맞아	서울대	192	62.75	593 59.84%
	이화여대	213	62.10	
	경인교대	188	54.97	
부모님 권유	서울대	13	4.24	84 8.47%
	이화여대	21	6.12	
	경인교대	50	14.62	
모르겠다	서울대	14	4.58	35 3.53%
	이화여대	10	2.92	
	경인교대	11	3.22	
계		991		

본 서는 이화여대 학생들을 대상으로 분석한 자료를 토대로 작성을 하였지만 필자가 이미 책으로 출간한 자료를 토대로 선행연구와 비교하는 것으로 하였다. 비교에서 살펴보듯 성적에 맞추어 진학한 경우가 27~28%에 해당한다는 사실을 발견하였다.

적성에 맞아 진학했다는 결과는 2개 학교가 62%에 이르렀고 교육대는 54%에 해당한다는 사실을 알게 되었다. 3개 대학을 기준하여 평균을 내보면 59%가 적성을 찾아 진학하고 있다는 것을 알 수 있다.

앞으로 진학을 준비하는 학생이나 학부모가 반드시 참고해야 할 내용이기에 나열하였다. 혹자는 이렇게 말할 수 있다. 명문대에 진학한 학생이기 때문에 모든 과목에서 상위권에 해당하니 당연히 그렇게 말할 수 있다. 그래서 필자가 고등학교 3학년 798명을 대상으로 받은 설문에서도 적성을 찾아 진학했다는 학생이 53%에 이른다는 결과가 나와 있다. 이 결과에는 전문대학까지도 포함된다. 그림을 통하여 세부적으로 살펴보았다.

성적에 맞추어 진학

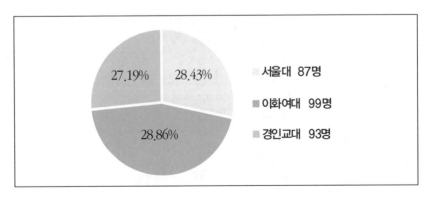

■ 성적에 맞추어 진학을 한 경우는 3개 대학이 유사하였다.

27~28%로 거의 차이가 없었고 전체 991명을 기준했을 때 279명이 응답하여 28.15%에 해당하였다.

학생들이 대학을 결정할 때 담임 또는 진학상담교사와 진로에 대해 상담시 주로 가장 성적이 좋은 교과목을 중심으로 문과, 이과를 결정하게 된다. 그 이유는 학생이 가장 흥미를 느끼고 좋아하기 때문에 해당 교과목의 성적이 좋아질 수밖에 없다고 인식한다.

그런데 문과, 이과 계열의 성적이 평준화된 경우에는 어떻게 결론을 내야 할까? 또한 성적은 좋지만 그 분야에 소질이 없는 경우는 어떻게 판단해야 할까?

고등학교 2학년에서 문과, 이과 계열을 구분하여 수업을 받아도 고등학교 2학년이나 고등학교 3학년도 의외의 과목에서 성적이 오르게 되어 갈망과 고민을 하는 학생도 많다고 한다. 즉, 문과를 선택한 학생이 고등학교 2, 3학년 때 이과의 교과목이 성적이 오르고 반대로 이과를 선택한 학생이 문과 교과목에서 성적이 오르기도 한다.

이처럼 학교 성적이 대학을 결정하는데 상당한 영향을 줄 것이라 생각하고, 재학생들은 과연 성적에 맞추어 진학한 비율이 매우 높을 것이라는 가정 하에 응답을 받아봤다. 그런데 표에서 보듯 실제 학생들이 자신의 성적에 맞추어 진학한 비율은 백분율에서 28%에 지나지 않았다는 것을 밝히게 되었다.

이렇듯 자기 주관이 뚜렷하고 성적이 상위권에 해당하는 학생이기 때문에 어느 과목이든 성적이 높으니 그럴 수 있다고 생각할 수 있지만 선행연구 이론에서도 학생들이 성적에 맞추어 진학한 경우는 38%에 해당하여 일반대학에 진학한 학생과는 10%의 차이는 있었다.

본 연구를 통해 학생들이 진로를 결정할 때 단순히 성적에 맞추어 진학을 하지 않는다는 것은 곧 미래의 직업에 대해 고민을 하고 있다는 것으로 이해할 수 있다.

적성에 맞아

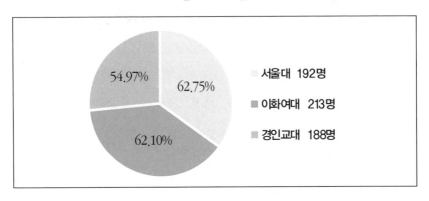

자신의 적성을 찾아 진학한 학생은 593명으로 59.84%에 이르렀다. 3분의 2에 해당하는 학생이 적성을 찾아 진학을 하였다는 새로운 사실을 발견하였다.

진학과 관련된 상식에서 점수에 맞추어 진학을 하기보다는 자신의 적성이나 좋아하는 분야로 진출하는 학생이 많다는 것은 미래의 직업과 연관성을 가지고 있다고 볼 수 있다. 그리고 매우 환영해야 하고 반가운 일이다. 앞으로도 많은 학생이 자신의 적성을 조기에 발견하고 그 분야로 나아가도록 정보를 제공해 주어야 한다.

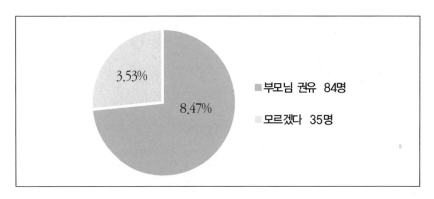

부모님 권유로 진로를 결정한 경우가 3개 대학에서 84명으로 8.47%에 해당하였으며, 잘 모르겠다고 응답한 경우는 35명에 해당하였다. 부모의 권유로 진로를 결정한 경우는 경인교대에 입학한 학생 중 응답자가 50명으로 나타났다. 앞으로도 자신의 적성을 찾아 진학하는 비율이 증가하게 될 것이다.

명리학에서도 어떻게 하면 학생들의 적성을 찾아주면 좋은가를 연구해야 하는 시기이다. 우리나라는 매년 대학을 진학하는 학생이 1993년 4년제 대학 정원 21만 9,350명, 2003년 정원 38만 4,026명, 2013년 정원 37만 5,695명에 이르고 있다(교육부, 2013. 7월 발표).

전문대학 총 모집인원은 2014년도 기준 246,070명(정원 내:199,613명, 정원 외:46,457명)이며, 2013학년도 258,297명에 비해 12,227명 감소한 것으로 조사되었다(Uway 대입정보). 그리고 1년에 대학을 진학하는 학생이 62만 명에 이르는 것으로 조사되었다.

② 진학 상담 역할

(단위 : 명, %)

진학 상담자		인원	%	비고
담임	서울대	26	8.50	71 7.16%
	이화여대	27	7.87	
	경인교대	18	5.26	
진학상담교사	서울대	13	4.25	45 4.54%
	이화여대	23	6.71	
	경인교대	9	2.63	
부모님 멘토	서울대	50	16.34	266 26.84%
	이화여대	100	29.15	
	경인교대	116	33.92	
본인이 결정	서울대	217	70.92	609 61.45%
	이화여대	193	56.27	
	경인교대	199	58.19	
계		991		

진로 상담의 역할이 누가 컸는가를 살펴보기 위함이다. 표에서 나타나듯 본인이 결정하고 진학한 비율이 609명에 61.45%를 나타냈다. 반면에 진학상담교사의 조언으로 진학을 한 경우는 담임보다 낮은 45명에 4.54%에 해당하였다. 담임과 상담하고 진학한 경우는 71명(7.16%)이고 진학상담교사와 상의한 경우는 이보다 더 적었다.

여기서 주목해야 할 내용은 학생들의 진로 적성을 조기에 찾아주기 위하여 중·고등학교에는 진학상담교사가 배치되어 있다. 그런데 아직은 상담교사의 역할이 5%도 안 된다는 것을 간과해서는 안 될 것이다. 교육정책이 학생들의 미래를 밝게 해주기 위한 정책 중 하나인데, 현재로서는 큰 실효를 거두지 못하고 있다는 것을 검증하였다.

3개 대학교를 대상으로 비교분석을 해보면 담임과 상의하여 진학한 경우는 서울대 8.50%, 이화여대 7.87%, 경인교대가 5.26%에 해당하였다. 진학상담교사의 조언으로 진학한 비율은 서울대 4.25%, 이화여대 6.71%, 경인교대가 2.63%에 해당하였다.

반면에 부모님의 역할은 서울대 16.34%, 이화여대 29.15%, 경인교대가 33.92%를 나타냈고, 평균적으로 26.84%에 해당하였다.

본인이 결정

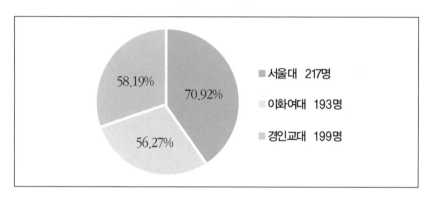

진로를 본인이 결정한 경우 서울대는 무려 70.92%에 해당하였고, 이화여대는 56.27%였으며, 경인교대는 58.19%를 나타냈다. 평균 61.45%가 본인이 결정한 경우에 해당한다.

이처럼 본인의 적성이나 흥미, 나아가서 내재되어 있는 속마음(내면의 성격)을 알아내는 데는 본인보다 더 잘 아는 사람이 없다는 것과 같다. 한국의 교육정책에서는 아쉬움이 많지만 본인의 미래를 본인이 책임지고 나가야 한다는 것을 누구보다도 본인이 가장 잘 알고 있다고 볼 수 있다.

명리학에서는 내재된 성격에 대해 격국을 기준하여 살펴보게 된다. 그런데 명리학을 오랫동안 공부한 경우라 하더라도 격국을 취용하는 방법에 있어서는 각기 의견이 다르게 나타난다.

명리학은 계절의 학문이고 절기의 학문이라고 하면서도 여기에 적용하지 않고 투출된 것을 주장하게 된다. 인문학의 정의를 내린다면 "정답이 없다는 것이다." 그렇기 때문에 자기주장이 강하면 타인의 의견이나 학문을 가볍게 보거나 무시하는 경향이 강하여 오랜 시간을 거치고 있지만 인간의 길흉화복에 대한 연구는 과거나 현재나 변화된 것은 거의 없다.

인간에게 꿈과 희망을 줄 수 있는 명리학이 새롭게 거듭나기 위해서는 현실에 맞는 연구와 검증이 지속적으로 이루어져야 할 것이다.

3 진학 방법

(단위 : 명, %)

진학 방법		인원	%	비고
입학사정관제	서울대	37	12.09	79 7.97%
	이화여대	29	8.46	
	경인교대	13	3.80	
수시 1차	서울대	68	22.22	171 17.26%
	이화여대	78	22.74	
	경인교대	25	7.31	
수시 2차	서울대	61	19.93	146 14.73%
	이화여대	63	18.37	
	경인교대	22	6.43	
정시 진학	서울대	140	45.75	595 60.04%
	이화여대	173	50.43	
	경인교대	282	82.46	
계		991	100	

3개 대학교 조기진학자와 정시진학 관계를 살펴본 결과 조기진학률이 40%이고 정시진학률이 60%에 해당하였다. 특히 교육대생인 경우가 정시진학률이 높은 것으로 나타났다.

입학사정관제로 진학한 경우의 평균율은 7.97%이고 수시 1, 2차로 진학한 경우는 31.99%에 해당하였다.

앞으로 조기진학자가 55%에 이르게 되고 정시진학률은 45%로 감소한다는 결과가 나왔다[국제문화대학원 박사논문, 권상도]. 서울, 인천, 경기권에 속한 7개 대학의 재학생 695명을 대상으로 연구한 권상도 논문을 보면 입학사정관제와 수시 1, 2차 진학률이 55%에 이르는 것으로 나타났다.

대학을 들어가는 것이 1차 과제이다. 이제는 대학을 들어가고 못 들어가는 시대가 아니라 대학을 졸업하고 자신의 전공을 찾아 진로를 모색하게 되는가에 초점을 맞추는 시대이다. 학생이 성적을 기준하여 먼저 대학을 선택할 것인가, 아니면 성적을 기준하여 자신이 원하는 학과를 먼저 선택하고 여기에 해당하는 학교를 선택할 것인가에 대해 고민해야 한다.

성적과 적성은 밀접한 관계성이 있기도 하다. 그러나 성적이 골고루인 경우나 모든 과목이 평범한 경우에는 어떤 과목을 기준할 것인가를 고민하게 된다. 대체적으로 상위 10%에 해당하는 학생은 좋아하는 학과나 학교를 선택하는데 큰 문제가 없지만 많은 학생들은 먼저 성적에 맞는 학교를 선택하게 된다.

명문대를 진학한 학생들은 어떤 응답을 했는지 재차 언급하여 별도의 장에 나열하였다. 이러한 내용을 학생과 학부모, 나아가서는 담임과 진학상담교사들이 진로 적성에 꼭 반영해야 할 내용으로 수록하였다.

또한 역학인들이 진로, 진학 상담을 하면서 참고해야 할 내용이라고 판단하였다.

4 진학시 고려한 내용

(단위 : 명, %)

중요성		인원	%	비고
학교가 더 중요	서울대	113	36.93	404 40.77%
	이화여대	156	45.48	
	경인교대	135	39.47	
학과가 더 중요	서울대	157	51.31	474 47.83%
	이화여대	135	39.36	
	경인교대	182	53.22	
잘 모르겠다	서울대	36	11.76	113 11.40%
	이화여대	52	15.16	
	경인교대	25	7.31	
계		991		

이미 대학에 진학한 재학생들이 대학을 진학할 때 가장 우선시한 내용이 어느 것인지 응답을 통해 밝혀 보았다. 3개 대학교 재학생의 응답 결과는 다음과 같다.

학교가 더 중요하다고 응답한 학생은 전체 991명 중 404명으로 40.77%에 해당하였고, 학과가 더 중요하다고 응답한 학생이 474명으로 47.83%를 나타냈다. 70명에 7.06%의 차이를 보였다.

서울대와 경인교대 진학생과 이화여대생의 응답을 보면 학교가 중요하다고 응답한 여대생은 45.48%를 보였고, 학과가 중요하다고 응답한 결과에서는 서울대와 교대생은 50%에 해당하였지만 이화여대는 39%로 차이를 보였다.

설문이 완료되고 여대생들과 토론한 결과 학교를 중시하는 이유는 졸업 후 여성은 결혼과 직업 중에서 우선순위로 결혼관을 더 중시하기 때문에 훌륭한 남편, 성공한 남편을 만나기 위함이라는 내용이 상당히 많이 차지하였다.

지금의 시대는 여성들의 직업이 다양화되고 사회 진출이 남성보다 높은 시기이다. 그러면서도 명문여대를 선호하는 이유는 미래에 보장받는 남성을 만날 확률이 더 높기 때문에 학과보다 학교를 더 중시하는 성향이 나타난다는 것을 알 수 있었다.

지금도 많은 학생들이 성적을 향상시켜 명문대에 입성하는 것이 희망이다. 성적이 상위권에 속하는 학생은 어느 대학을 가던지 개의치 않으나 중상권이나 하위권에 속하는 학생은 대학에 들어가고 봐야 한다는 것이 일반론적이다. 이제는 대학을 들어가고 못 들어가는 시대가 아니라 졸업 후 자신이 전공한 분야로 직업을 갖고 평생 살아가야 한다는 데 초점을 맞추고 있다는 것을 간과해서는 안 될 것이다.

학과가 중요하다고 응답한 학생이 서울대와 경인교대생들은 51~53%가 넘은 반면에 이화여대생은 39%에 해당하였다.

남녀공학에 해당하는 학생들은 자신이 전공한 분야로 직업을 갖는 경우가 많다고 볼 수 있었으며, 여대생인 경우는 자신이 전공한 분야로 직업을 갖겠다는 학생이 43%에 해당하였다. 상대적으로 잘 모르겠다고 응답한 경우는 28%에 해당하였다. 즉, 졸업하고 결혼을 생각하는 경우가 많다는 것을 알 수 있었다.

여기서 주목해야 할 내용은 학교가 중요하다고 응답한 학생은 40% 대이고, 학과가 중요하다고 응답한 경우는 47%에 이른다는 사실을 발견하였다. 이제는 학생들의 인식이 변화가 되었고 성적이 좋다고 학교를 먼저 선택하는 것이 아니고 자신의 성적에 맞는 학과를 먼저 선택하고 그것이 성적에 맞는가를 살펴보게 된다고 하였다.

5 계열변동 결과

(단위 : 명, %)

변동 여부		인원	%	비고
변동 안함	서울대	226	73.86	653 65.89%
	이화여대	192	55.98	
	경인교대	235	68.71	
변동함	서울대	80	26.14	338 34.11%
	이화여대	151	44.02	
	경인교대	107	31.29	
계		991		

(서울대 306명, 이화여대 343명, 교육대 342명)

재학생 설문응답 결과를 보면 당초 자신이 계획했던 계열로 진학한 학생이 653명으로 65.89%에 해당하였고, 계열을 변동하여 진학한 경우는 338명으로 34.11%에 해당하였다.

본 연구를 하는 목적은 조기진학과 정시진학에서 계열변동이 정시진학에서 많이 나올 것이라고 판단했다. 그 이유는 조기진학시에는 자신이 좋아하는 계열과 학과를 선택하여 원서를 쓰게 되고 다소 자신의 성적에서 상향하여 지원하는 것이 일반적이다.

그래서 입학사정관제에서 안 되면 수시 1차에서 가능성을 찾고, 1차에서 안 되면 2차에서 결정하고, 2차에서 안 되면 정시에서 결정하게 된다.

하지만 정시에서는 자신이 좋아하는 학과에 중점을 두기보다는 성적에 맞는 대학에 초점을 맞추기 때문에 눈치 경쟁과 학교를 진학하고 봐야 한다는 관념이 더 작용하게 된다. 따라서 정시진학은 눈치 경쟁이 진행되므로 성적을 우선시하게 되므로 계열변동이 많을 수밖에 없다는 것이다.

당초 희망한 계열로 진학한 경우는 65.89%에 해당하고, 계열을 변동하여 진학한 비율은 34.11%에 이른다. 학과변동은 워낙 많아 통계의 의미가 없어 계열변동 관계만 분석하였다.

아직도 34%에 해당하는 학생이 자신이 희망하는 계열을 선택하지 못하고 성적에 맞추어 진학하는 경우에 대해 교육학, 심리학, 명리학에서 풀어가야 할 내용이다.

6 학과와 직업의 연관성

(단위 : 명, %)

학교명	그렇다	반반이다	모르겠다	아니다
서울대 306명	145 73.86%	63 20.58%	51 16.67%	47 15.36%
이화여대 343명	150 43.73	94 27.41	57 16.62	42 12.24
경인교대 342명	277 80.99	38 11.11	22 6.43	5 1.46
평균 991명	572 57.72	195 19.68	130 13.12	94 9.49

'졸업 후에 자신이 전공한 분야로 직업을 가질 것인가'라는 응답에 57.72%가 '그렇다'고 답하였다. 그만큼 자신이 전공하는 분야가 직업과 연관성이 매우 크다는 것을 증명하였다. '반반'이라고 응답한 학생이 19.68%에 해당한다는 것은 아직 미래 준비에서는 갈등과 고민을 하고 있다는 것으로 판단하였다. 22.61%에 해당하는 학생은 자신이 전공한 분야로 직업을 갖지 않겠다고 응답하였다.

미래 사회학적 사항에 대해 응답을 받았다. '자신이 전공하는 분야로 직업을 가질 것인가' 하는 것이다. 아직은 재학생이지만 설문대상자가 1학년인 경우도 있을 수 있고 취업을 앞둔 학생도 있을 것이다. 이미 앞에서 언급한 내용이 적성에 맞아 진학한 학생이 3개 대학교 평균 59.84%이었기 때문에 비교분석을 통하여 결과를 밝혀 보려고 하였다.

그 결과 '자신이 전공한 분야로 직업을 가질 것'이라고 응답한 학생이 57.72%에 해당하였다. 이 내용은 진실성을 갖고 설문에 응답했는가를 살펴보기 위함이었는데 +-2.12%의 차이가 있었다. 적성에 맞아 해당 분야로 직업을 갖겠다는 응답과 매우 일치성을 보인다는 것을 알게 되었다. 설문에 진실성을 가지고 응답한 학생이 97.88%에 이르렀고 진실성이 다소 떨어지는 경우는 2.12%에 해당하는 것으로 나타났다.

이제는 자신의 소신을 갖고 대학을 진학하고 있다는 것과 자신이 전공한 분야로 훗날 직업을 갖겠다고 응답한 내용과 매우 일치하고 있다는 것을 본 연구를 통하여 발견하였다. 이러한 내용에 대해 많은 학부모들이 받아들이고 자녀의 적성을 조기에 찾아주는 역할을 게을리 해서는 안 된다는 것을 보여주는 내용이다.

또한 역한인들도 이제는 진학에 관련해서 대학을 들어가고 못 들어가는 것을 알려주기 위한 것이 아니라 진정한 진학 상담자의 역할을 해야 하는 시대임을 기억해야 할 것이다.

7 구체적 직업관

(단위 : 명, %)

학교명	공무원	교사·교수	직장인	자영업	모름
서울대 306명	60	51	86	27	82
	19.60%	16.67%	28.10%	8.82%	26.79%
이화여대 343명	59	99	155	30	
	17.29	28.86	45.19	8.75	
경인교대 342명	25	308	9		
	7.31	90.06	2.63		
평균 991명	144	458	250	57	82
	14.53	46.22	25.33	5.75	8.27

서울대, 이화여대 직장인 평균율 = 36.65%

'졸업 후 직업을 어느 분야로 가질 것인가'라는 예측성 응답을 받은 결과 교대생들은 90%에 해당하는 학생이 교사나 교수로 계획을 하고 있다. 직장인보다 공무원이나 교사, 교수로 가겠다는 학생이 서울대는 36.27%이고 이화여대는 46.15%에 해당하는 결과가 나왔다(2개 학교에서는 평균 41.21%에 해당).

이처럼 안정적인 직업을 원하는 경우가 41%에 해당하였다. 과거에는 이공계 부활에 힘입어 경제성장을 주도하였지만, 지금은 육체노동 시장이 지속적으로 감소하는 반면 정신적인 분야(연구, 교육)로 진출하려는 성향이 매우 강하다는 것을 알 수 있었다.

8 진학년도 결과

(단위 : 명)

십 성	인 원			계
	이화여대	서울대	경인교대	
비견	35	37	34	106
겁재	35	26	37	98
식신	29	31	46	106
상관	39	24	30	93
편재	30	29	35	94
정재	36	28	37	101
편관	25	25	31	81
정관	43	41	25	109
편인	32	30	34	96
정인	39	35	33	107
	343	306	342	991

3개 대학에 재학 중인 학생을 대상으로 진학년도가 어느 운일 때 진학률이 높았는가를 연구하기 위함이다. 그 결과 정관운일 때 109명이 진학하여 10.99%로 나타났다. 그 외에 세운이 비견, 식신, 정인운일 때

각각 10.69%에 해당하였다.

　상대적으로 진학에 불리한 경우는 편관운일 때 가장 낮은 수치를 나타내 81명으로 8.17%에 해당하였다.

　대학을 진학하는 년도는 진학과 관련되어 중요한 역할을 한다. 즉, 대학에 들어가느냐 그렇지 못하느냐와 관계성을 갖고 있기 때문에 살펴봐야 할 자리이다.

　본 서에서 살펴본 자료는 격국을 기준하여 비교해 본 자료이다. 일간을 기준하여 진학년도와의 관계에서는 연구의 결과에서 살펴보았다.

9 진학이 높은 십성(진학년도 기준)

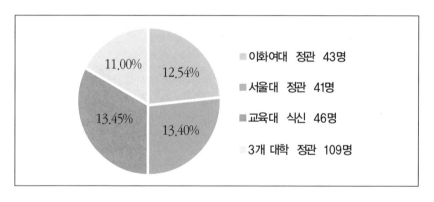

　3개 대학과 진학년도가 어느 십성일 때 진학자가 많았는가를 살펴보았다.

　이화여대는 전체 343명을 대상으로 분석한 결과 진학년도가 정관운일 때 43명이 진학하여 12.54%를 나타냈다. 서울대는 306명 중 정관운일 때 41명이 진학하여 13.40%를 나타냈다.

　반면에 교육대 진학생 342명 중 진학년도가 식신에 해당할 때 46명이 진학하여 13.45%를 차지하였다.

　3개대 991명을 대상으로 분석한 결과 정관운일 때 109명이 진학하여 11.00%에 해당하였다.

　가장 진학률이 낮은 경우는 상관, 편재년에 해당할 때로 나타났다.

PART 10
요약 및 결론

멩키 진화와 정보론 Ⅲ

1

요약

이화여대에 진학한 학생들의 설문응답을 기준하여 문제를 제기한 내용을 다음과 같이 요약하였다.

■ 일간을 기준하여 어느 일간이 명문대에 많이 진학하였는가?

결과를 요약하면 甲, 丁, 辛일간이 42명으로 12.24%로 나타났다. 상대적으로 庚일간이 25명으로 가장 낮은 비율을 보였다. 진학률이 가장 높은 일간과 가장 낮은 진학률을 보인 일간과의 차이는 4.95%로 나타났다.

일간별로 분석한 이유는 여자대학교에 진학하는 경우는 어느 일간이 많았는가를 살펴보기 위함이었다. 일간별 평균 10%를 십간별로 유지할 것이라 판단하였는데 甲, 丁, 辛일간은 평균을 웃도는 것으로 분석되었다.

2 십간과 계열에서 진학률이 높은 십성은 어느 것인가?

- ❶ 인문계열은 癸일간이 12명으로 40%를 나타냈다.
- ❷ 사회계열은 己일간이 11명으로 33.33%를 나타냈다.
- ❸ 자연계열은 庚일간이 8명으로 32%를 나타냈다.
- ❹ 교육계열은 丁일간이 9명으로 21.43%를 나타냈다.
- ❺ 공학계열은 己일간이 2명으로 6.06%를 나타냈다.
- ❻ 의학계열은 丁일간이 3명으로 7.14%를 나타냈다.
- ❼ 미술계열은 壬일간이 4명으로 12.90%를 나타냈다.
- ❽ 음악계열은 丙일간이 4명으로 13.79%를 나타냈다.
- ❾ 체육계열은 丙일간이 2명으로 6.89%를 나타냈다.

3 진학을 하는 해의 십성으로는 어느 것이 더 유리하였는가?

대학을 진학한 년도를 기준하여 십성으로 분석한 결과 정관운에 해당할 때 43명으로 12.54%에 해당하였다. 다음으로 상관과 정인운에 해당하는 경우가 진학률이 높게 나왔다. 상대적으로 진학률이 낮은 십성은 편관운에 해당하는 경우로 25명에 7.29%에 해당하였다.

4 여대생이 많이 진학하는 계열은 어느 계열인가?

진학률이 높은 3개 계열의 학생은 전체 343명 중 인문계열이 90명인 26.24%로 가장 많았으며, 다음이 사회계열 78명으로 22.74%에 해당하였다. 그다음이 자연계열인 70명으로 20.41%에 해당하였다.

인문계열은 격국이 정관에 해당하는 경우가 12명인 34.29%로 가장 진학률이 높았다. 사회계열은 편인인 경우가 33.33%에 해당하였다. 사회계열은 편재격에 해당할 때 진학자가 12명으로 32.43%를 나타냈지만, 격국별 인원 대비에서는 편인이 앞선 것으로 나타났다. 자연계열은 겁재에 해당하는 격국이 10명으로 28.57%를 나타냈다.

선행연구 이론에서는 남녀공학을 대상으로 한 경우 사회, 자연, 공학계열이 높았지만 여대는 인문, 사회, 자연계열로 나타났다.

5 격국을 기준하여 진학률이 높은 계열은 어느 계열인가?

(1) 비견격과 진학계열

비견격에 해당하는 학생이 36명이고 격국 중 가장 빈도율이 높은 계열은 자연계열로 27.78%에 해당하였다. 다음으로는 인문계열이 22.22%에 해당하였다. 계열빈도에서는 체육계열이 37.50%를 나타냈다.

비견격과 높은 계열은 ❶ 자연계열(이과) ❷ 인문계열(문과) ❸ 체육계열(예체능)이었다.

본 자료는 여자대학에 진학한 학생을 대상으로 설문조사를 실시하여 분석한 자료이다.

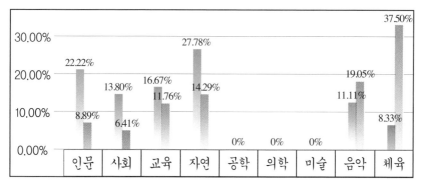

(2) 겁재격과 진학계열

겁재격인 학생이 38명이고 진학이 많은 계열로는 격국, 계열빈도에서 자연계열이 23.68%(12.86%)를 차지해 높은 것으로 나타났다. 다음으로 공학계열이 계열빈도에서 33.33%를 나타냈고, 의학계열이 22.22%로 높았다.

요약한다면 인문, 사회, 자연계열 중에서는 자연계열이 진학률이 높았고 예체능계열에서는 체육계열이 앞섰다.

❶ 자연계열 ❷ 체육계열 ❸ 의학계열 ❹ 공학계열

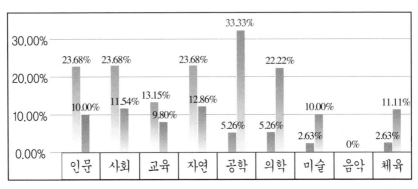

(3) 식신격과 진학계열

식신격에 해당하는 경우는 격국빈도율에서 인문계열이 27.27%에 해당하였다. 예체능계열은 계열빈도에서 의학계열이 33.33%로 높았으며, 미술계열도 20.00%로 다른 격국에 비해 두 번째로 높게 나타났다.

요약하면 식신격에 유리한 계열은 ❶ 인문계열 ❷ 의학계열 ❸ 미술계열에 해당하였다.

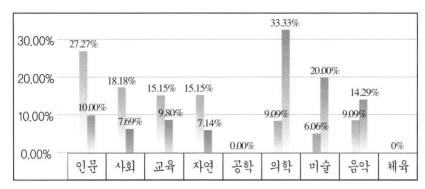

■ 격국빈도 ■ 계열빈도

(4) 상관격과 진학계열

상관격에 해당하는 인원이 전체 343명 중 29명으로 8.45%에 해당하여 평균보다 낮았다.

3개 계열 중에서는 인문계열로 진학률이 격국빈도에서 37.93%로 가장 높았으며, 6개 계열 중에서는 계열빈도와 격국빈도에서 공학계열이 16.67%로 비중이 높은 것으로 나타났다.

❶ 인문계열 ❷ 공학계열로 분류하였다.

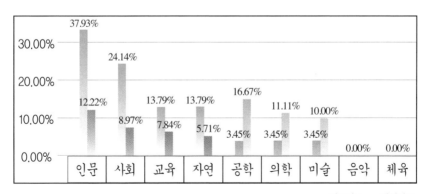

■ 격국빈도 ■ 계열빈도

(5) 편재격과 진학계열

편재격에 해당하는 학생이 36명이 진학하여 10.79%로 평균치에 해당하였다. 사회계열이 12명으로 33.33%로 가장 많았다. 6개 계열에서 비교분석한 결과 음악계열이 23.81%로 높은 비중을 차지하였다.

편재격은 ❶ 사회계열 ❷ 음악계열이 진학률이 높았다.

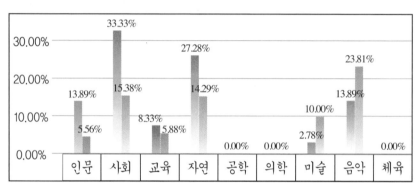

(6) 정재격과 진학계열

정재격에 해당하는 학생은 343명 중 37명으로 10.79%를 나타냈다. 평균보다 2명이 더 많았다.

진학률이 높은 계열은 인문, 사회, 자연계열이 똑같이 21.62%에 해당하였다. 격국빈도와 계열분도를 분석한 결과 자연계열이 다소 앞선 것으로 나타났다. 6개 계열 중에서는 미술계열이 20.00%에 해당하여 가장 높게 나타났다.

정재격은 ❶ 자연계열 ❷ 미술계열이 유리하게 작용한 것으로 나타났다.

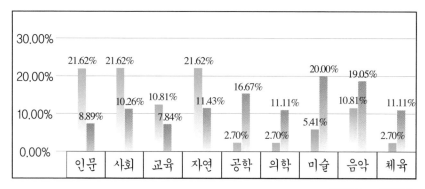

■ 격국빈도 ■ 계열빈도

(7) 편관격과 진학계열

편관격은 28명으로 전체 인원 대비 8.16%에 해당하며 평균보다 낮은 수치를 보였다.

진학률이 높은 3개 계열에서는 32.14%로 인문계열이 가장 높았으며, 6개 계열에서는 체육계열이 11.11%에 해당하였다.

편관격은 ❶ 인문계열 ❷ 체육계열이 높은 것으로 나타났다.

■ 격국빈도 ■ 계열빈도

(8) 정관격과 진학계열

정관격에 해당하는 학생은 33명으로 9.62%에 해당하였다. 3개 계열
에서는 인문계열이 33.33%로 가장 높았고 6개 계열에서는 교육계열이
17.65%로 높았다.

❶ 인문계열 ❷ 교육계열이 유리한 것으로 나타났다.

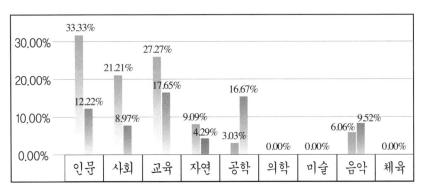

(9) 편인격과 진학계열

편인격에 해당하는 학생은 35명으로 10.20%에 해당하였다.

3개 계열에서는 인문계열 진학률이 31.43%에 해당하였고, 6개 계열
에서는 미술계열이 계열빈도에서 10.00%로 나타났다.

편인격에 해당하는 경우는 ❶ 인문계열 ❷ 미술계열 ❸ 사회계열이 유리
한 것으로 나타났다.

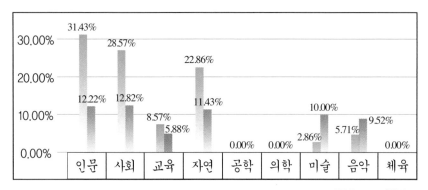

(10) 정인격과 진학계열

정인격에 해당하는 학생은 38명으로 11.08%에 해당하여 평균 인원 보다 4명이 많았다. 3개 계열에서는 인문계열이 가장 높았으며 6개 계열에서는 계열빈도 분석에서 체육계열이 25.00%로 높게 나왔다.

정인격에 해당하는 경우는 ❶ 인문계열 ❷ 체육계열 ❸ 의학계열이 유리한 것으로 나타났다.

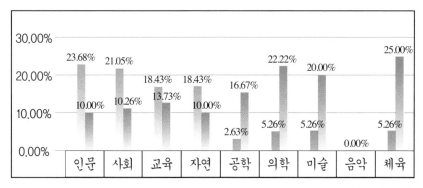

2
응답 결과

1 **담임 및 상담교사의 역할이 어느 정도 반영되었는가?**

　담임과 상담을 하고 진학한 경우는 7.87%이고, 진학상담교사의 조언으로 진학한 경우는 이보다 더 적은 6.71%에 해당하였다. 본인이 결정한 경우는 56.27%에 해당하는 결과가 나왔다.

2 **본인이 처음 희망한 계열로 진학하였는가?**

　계열을 변동하지 않은 경우가 220명으로 64.14%에 해당하였다. 상대적으로 계열을 변동하고라도 이화여대를 들어간 경우가 35.86%에 해당하였다.

3 **대학 진학시 학교와 학과 중 어느 것을 더 중요시하였나?**

　대학을 진학할 때 가장 필수적인 것이 성적이다. 즉, 점수를 기준하여 학교를 선택하게 되는데 이화여대의 학생은 학교와 학과 중 어느 것이 더 중요한가를 분석해 보았다.

학교가 중요하다고 한 경우가 156명으로 45.48%를 나타냈다. 반면에 학과가 중요하다고 응답한 학생은 135명으로 39.39%에 해당하였다. 선행연구된(앞의 책) 책에서 밝힌 내용으로는 학과가 더 중요하다고 응답한 학생이 51.31%에 해당하였다.

남녀공학에 재학 중인 경우와 여대에 해당하는 경우 11.95%의 차이를 보였다.

4 전공 선택 방법으로는 어떻게 결정하였나?

전공 선택을 하는데 있어 성적을 기준하여 진학한 학생이 99명으로 28.86%이었고, 적성에 맞아 진학한 학생이 213명으로 62.09%로 나타났다.

5 입학사정관제와 수시 1, 2차 진학률과 정시진학률은 어느 정도 되는가?

대학 진학시 수시나 입학사정관제와 정시진학생의 비율에 대해 알아보는 것으로 하였다.

정시진학생이 173명으로 50.43%에 해당하였다. 입학사정관제나 수시로 진학한 학생이 170명으로 49.57%에 해당하였다.

③
미래예측학적 응답

1 자신이 전공하는 분야로 직업을 갖겠는가?

자신이 전공한 분야로 직업을 갖겠다고 응답한 학생이 43.73%에 해당하였다. 아직 구체적이지는 않지만 '그럴 것이다' 라고 응답한 경우는 27.41%에 해당하였다.

2 직업을 갖는다면 어느 분야로 계획을 하고 있는가?

졸업 후 직장으로 진출하려는 학생이 45.19%를 나타냈다. 공무원이나 교사, 교수의 직업을 갖겠다는 응답도 158명으로 46.06%나 되었다.

4

결 론

명리학을 교육학적으로 접근하여 진로에 대한 결과를 밝히려고 하였다. 입시만 되면 많은 학생들이 자신의 객관성보다는 성적 위주로 진학을 하고 보겠다는 의도가 점차 감소하고 있다는 것을 밝히게 되었다. 격국을 기준하여 계열과의 관계를 분석한 결과, 격국과 진학계열이 서로 관계성을 갖고 있다는 것을 알았다.

다음과 같이 결론을 내렸다.

설문응답 결과 내용을 살펴보면 담임이나 진학상담교사의 역할이 아직은 낮은 것으로 나타나 보다 실효성이 있는 진학상담이 이루어져야 한다고 판단하였다. 자신이 처음부터 계획하고 희망한 계열로 진학하는 비율이 매우 높다는 것을 입시생들이 주목해야 할 내용이다.

전공 선택을 정하는 방법도 단순히 성적을 위시하여 진학하고 있는 것이 아니라 먼저 자신이 좋아하거나 흥미를 많이 갖고 있는 계열을 선택하고, 그 다음으로 성적을 반영하였다는 것도 본 연구를 통해 알게 되었다.

자신이 전공한 분야로 직업을 갖겠다는 학생이 매우 많았다는 것은 학과는 곧 직업과 연계성을 갖고 있다는 것을 검증하게 되었다. 진학을 준비하는 학생들이 진로를 결정할 때 자신의 흥미나 적성을 조기에 발견하는 것이 중요하고 자신이 전공하는 학과가 곧 미래의 직업이 된다는 것을 인식해야 한다.

자신이 희망하는 계열이나 학과를 선택하고 싶은데 성적이 따라주지 않는다면 학교를 먼저 고려하지 말고 학과를 먼저 선택하고 여기에 해당하는 학교를 찾도록 변화를 주어야 한다.

5
제 언

선행연구 자료와 본 연구에서 살펴본 내용 중 진로를 선택할 때 자신들의 미래까지도 생각하고, 사전에 준비·계획·실천하고 있다는 것을 발견하였다.

단순히 성적에 맞추어 대학을 들어가야 한다는 차원을 넘어 성격이나 적성검사를 실시하여 진로를 선택하고 있다는 사실을 검증하였다.

진로를 준비하는 학생들이 자신의 적성을 찾아 진학하는 학생이 더욱 많아져야 할 것이다.

맹티 진화적 정보론 III

PART 11

격국별 사례

PART III

전체 343명 중 격국별 진학률이 높은 학과를 기준, 30명의 사례를 나열하였다. 본 자료는 이화여대생의 응답을 기준하여 연구한 내용이다.

격국을 정하는 방법은 월지를 기준하여 자신의 본기를 격으로 취하였다. 대운도 해당되는 나이가 천간에 해당할 때는 천간의 십성을 기준하였고, 지지에 해당할 때는 지지의 십성을 적용하였다. 즉, 대운 천간을 5년, 지지를 5년으로 분석하였다. 혹자는 대운은 천간이 10년을 관장한다고 하였지만 검증된 자료가 없기 때문에 나누어 십성을 판단하였다. 대운 천간을 10년간 사용해야 한다고 주장한다면 그에 맞는 연구 결과가 있거나 그 이유가 충분해야 한다.

따라서 본 서에서는 5년씩 나누어 판단하였다. 그간 임상을 거친 결과 지지가 10년을 관장하게 되므로 지지가 합을 하거나 충, 형이 되면 그 작용이 10년 안에 존재하게 되고 재차 대운 속의 세운이 어디에서 합, 충, 형에 해당하느냐에 따라 그 시기에 작용력을 갖게 된다.

이처럼 역학인이 자신마다 주장하는 내용이 다르기 때문에 어느 것이 정답이라고 보기는 어렵다. 그래서 더 많은 연구 자료가 계속해서 나와야 한다는 것이 필자의 생각이다.

이화여대생들의 격국을 기준하여 진학계열과의 관계에 대해 살펴보았다.

1 비견격과 자연계열

곤명(여) 92년 2월 18일 시 : 모름

時	日	月	年		대운	세운
甲	壬	壬			15 庚 편관	己 정재
子	寅	申			子	丑

❖ 甲일간에 寅월생으로 득령을 하였고 득지를 하여 신강구조이다.

❖ 대운과는 편관운에 해당하고 세운과는 정재운에 해당하였다.

❖ 세운이 대운을 생하는 관계이다.

❖ 일지와 세운 지지는 합이 되었고 대운과 세운도 합이 된 상태이다.

❖ 격국으로는 비견격에 해당한다.

❖ 자연계열로 진학하였다.

❖ 진학 방법으로는 성적을 기준하여 진학하였다.

❖ 정시로 진학하였다.

❖ 계열을 변동하여 진학하였다.

❖ 진학시 조언자로는 부모님과 상의하여 결정하였다.

❖ 학교와 학과 중 어느 것이 중요한가에 대해서 학과가 중요하다고 응답하였다.

❖ 자신이 전공한 분야로 직업을 가질 것인가에 대해서는 반반이라고 응답하였다.

❖ 졸업 후 어느 분야로 취업할 것인가에 대해 직장이라고 응답하였다.

위 구조를 보면 유년기에 관인상생의 구조로 구성되어 있다. 甲木은 천간에 丙火가 들어와야 실속이 생기는데 운에서 火운이 올 때 목적 실현이 될 수 있다.

② 비견격과 인문계열

곤명(여) 94년 양력 6월 19일 丑시

❖ 丙일간에 午월생이고 초기생이다. 득령을 하였고 실지를 하였지만 신강구조이다(午-戌 火).

❖ 대운과는 식신운에 해당하고 세운과는 편관운에 해당하였다.

❖ 세운과 대운은 같은 오행의 관계이다.

❖ 둘째 대운 식신에 해당하고 에너지가 10점에 해당한다.

❖ 격국으로는 비견격에 해당한다. 상관생재의 구조가 발달하였다.

❖ 인문계열로 진학하였다.

❖ 학과 선택으로는 적성에 맞아 진학하였다.

❖ 진학 방법은 수시 2차로 진학하였다.

❖ 계열을 변동하지 않고 당초 희망한 계열로 진학하였다.

❖ 진학시 조언자로는 본인이 결정하였다.

❖ 학교와 학과 중 어느 것이 중요한가에 대해서 학과가 중요하다고 응답하였다.

❖ 자신이 전공한 분야로 직업을 가질 것인가에 대해서는 '그렇다' 라고

응답하였다.

❖ 졸업 후 어느 분야로 취업할 것인가에 대해 직장이라고 응답하였다.

위 구조는 신강한 구조이다. 火가 조열하여 水를 취할 것인가 아니면 土를 더 활용할 것인가이다. 불이 너무 왕하면 수증기가 되어 사라지게 되고 土가 있으면 메마른 땅이 된다. 그래도 土를 쓰는 것이 바람직하다고 보였다. 土는 식, 상에 해당하고 연구력, 표현력에 해당하는데 상관이 발달하여 언어 분야로 진학하였다.

③ 비견격과 사회계열
곤명 (여) 94년 양력 4월 22일 시 : 모름

時	日	月	年		대운	세운
戊	戊	甲			16 丙 편인	壬 편재
寅	辰	戌			寅	辰

❖ 戊일간에 辰월생이고 정기생이다. 득령하였고 득지를 하였다. 寅은 戊土의 생지이어서 세력이 왕하여 신강구조이다.

❖ 대운과는 편인운에 해당하고 세운과는 편재운에 해당하였다.

❖ 세운과 대운은 극하는 관계이다.

❖ 둘째 대운 편인이 기신에 해당하지만 에너지가 9점에 해당한다. 세운의 에너지는 10점에 해당하였다.

❖ 격국으로는 비견격에 해당한다.

❖ 사회계열로 진학하였다.

❖학과 선택으로는 적성에 맞아 진학하였다

❖진학 방법은 수시 2차로 진학하였다.

❖계열을 변동하지 않고 당초 희망한 계열로 진학하였다.

❖진학시 조언자로는 부모님이라고 응답하였다.

❖학교와 학과 중 어느 것이 중요한가에 대해서 학교가 중요하다고 응답하였다.

❖자신이 전공한 분야로 직업을 가질 것인가에 대해서는 반반이라고 응답하였다.

❖졸업 후 어느 분야로 취업할 것인가에 대해 자영업이라고 응답하였다.

위 구조는 신강한 구조이다. 비겁이 왕하여 남의 구속이나 억압을 받는 것을 싫어하게 된다. 그래서 본인은 졸업하고 곧바로 자영업을 계획하고 있다고 응답하였다.

④ 겁재격과 인문계열

곤명(여) 93년 양력 3월 24일 卯시

時	日	月	年	대운	세운
丁	甲	乙	癸	14丁 상관	壬 편인
卯	辰	卯	酉	巳	辰

❖甲일간에 卯월생이고 정기생이다. 득령을 하였고 득지를 하였다. 세력이 왕하여 신강구조이다.

❖대운과는 상관운에 해당하고 세운과는 편인운에 해당하였다.

❖ 세운과 대운은 합하는 관계이고 일간에게는 비견에 해당한다.

❖ 둘째 대운 상관이 용신에 해당하고 에너지는 4점에 해당한다.

❖ 격국으로는 겁재격에 해당한다.

❖ 인문계열로 진학하였다.

❖ 학과 선택으로는 성적에 맞추어 진학하였다.

❖ 진학 방법은 수시 1차로 진학하였다.

❖ 계열을 변동하지 않고 당초 희망한 계열로 진학하였다.

❖ 진학시 조언자로는 상담교사라고 응답하였다.

❖ 학교와 학과 중 어느 것이 중요한가에 대해서 학과가 중요하다고 응답하였다.

❖ 자신이 전공한 분야로 직업을 가질 것인가에 대해서는 모름이라고 응답하였다.

❖ 졸업 후 어느 분야로 취업할 것인가에 대해 교수라고 응답하였다.

위 구조는 유년기에 관인상생의 구조가 발달하였다. 대운은 상관으로 창의력과 예술적 기질도 발달하였고, 공부도 꾸준하게 실천하는 유형으로 살펴보았다.

⑤ 겁재격과 사회계열

곤명 (여) 90년 양력 4월 24일 未시

時	日	月	年
辛	己	庚	庚
未	未	辰	午

대운	세운
16 戊 겁재	戊 겁재
寅 2점	子 1점

❖ 戊일간에 辰월생이고 정기생이다. 득령하였고 득지를 하였다.

❖ 대운과는 겁재운에 해당하고 세운도 겁재운에 해당하였다.

❖ 세운과 대운은 같은 오행의 관계이다.

❖ 둘째 대운 겁재가 기신에 해당하지만 에너지가 2점에 해당한다.

❖ 격국으로는 겁재격에 해당한다.

❖ 사회계열로 진학하였다.

❖ 학과 선택으로는 적성에 맞아 진학하였다.

❖ 진학 방법은 수시 2차로 진학하였다.

❖ 계열을 변동하지 않고 당초 희망한 계열로 진학하였다.

❖ 진학시 조언자로는 부모님이라고 응답하였다.

❖ 학교와 학과 중 어느 것이 중요한가에 대해서 학교가 중요하다고 응답하였다.

❖ 자신이 전공한 분야로 직업을 가질 것인가에 대해서는 반반이라고 응답하였다.

❖ 졸업 후 어느 분야로 취업할 것인가에 대해서는 자영업이라고 응답하였다.

신강구조에 대운과 세운이 비겁으로 이루어져 있을 때 정시보다는 입학사정관제 또는 수시로 조기진학을 하는 것이 유리하다는 것을 알게 되었다.

신강구조이지만 에너지가 하락할 때 조기진학을 하여 목적을 실현하였다.

겁재격과 자연계열

곤명(여) 90년 양력 12월 14일 시 : 모름

時	日	月	年		대운	세운
癸	戊	庚			12 丙	庚 정인
丑	子	午			戊 정관	寅 7점

❖ 癸일간에 子월생이고 초기생이다. 득령을 하였고 득지를 하였다. 지
    장간에는 癸의 뿌리가 있어 丑을 土로 보기보다는 水의 기질이 강
    하다. 신약구조로 판단하였다.

❖ 대운과는 정관운에 해당하고 세운과는 정인운에 해당하였다. 진학
    시기가 19세이므로 지지의 십성을 판단하였다. 일지와 대운 지지가
    형이 되어 자신을 더욱 견고하게 만들려고 하는 시기이다.

❖ 세운과 대운은 극하는 관계이다.

❖ 둘째 대운 정관의 에너지가 7점에 해당한다.

❖ 격국으로는 겁재격에 해당한다.

❖ 자연계열로 진학하였다.

❖ 학과 선택으로는 성적에 맞추어 진학하였다.

❖ 진학 방법은 정시로 진학하였다.

❖ 계열을 변동하지 않고 당초 희망한 계열로 진학하였다.

❖ 진학시 조언자로는 본인이라고 응답하였다.

❖ 학교와 학과 중 어느 것이 중요한가에 대해 모름이라고 응답하였다.

❖ 자신이 전공한 분야로 직업을 가질 것인가에 대해서는 그렇다고 응
    답하였다.

❖ 졸업 후 어느 분야로 취업할 것인가에 대해서는 직장이라고 응답하였다.

위 구조를 보면 신약한 구조이고 재생관의 구조가 더 발달하였다. 세운에서 인성운이 와서 목적 실현이 이루어진 것으로 판단하였다.

7 겁재격과 의학계열

곤명(여) 94년 양력 5월 31일 시 : 모름

時	日	月	年	대운	세운
	丁	己	甲	18 丁 비견	壬 정관
巳	巳	巳	戌	卯	辰

❖ 丁일간에 巳월생이고 정기생이다. 득령을 하였고 득지를 하였다.

❖ 대운과는 비견운에 해당하고 세운과는 정관운에 해당하였다.

❖ 세운과 대운은 합하는 관계이고 합이 되어 일간에게는 정인에 해당한다.

❖ 둘째 대운 비견이 기신에 해당하지만 세운은 용신에 해당하고 에너지는 8점에 해당한다.

❖ 격국으로는 겁재격에 해당한다.

❖ 의학계열로 진학하였다.

❖ 학과 선택으로는 성적에 맞추어 진학하였다.

❖ 진학 방법은 입학사정관제로 진학하였다.

❖ 계열을 변동하지 않고 당초 희망한 계열로 진학하였다.

❖ 진학시 조언자로는 담임이라고 응답하였다.

❖ 학교와 학과 중 어느 것이 중요한가에 대해서 학과가 중요하다고 응답하였다.

❖ 자신이 전공한 분야로 직업을 가질 것인가에 대해서는 반반이라고 응답하였다.

❖ 졸업 후 어느 분야로 취업할 것인가에 대해서는 직장이라고 응답하였다.

위 구조는 일간과 세운이 합을 하여 인성으로 변하였고, 대운과 세운의 관계도 합이 되어 인성으로 변화가 되었고, 일간에게 도움을 주는 역할을 하는 시기가 진학년도에 해당하였다.

8 겁재격과 체육계열

곤명(여) 93년 양력 4월 3일 巳시

時	日	月	年
己	甲	乙	癸
巳	寅	卯	酉

대운	세운
11 丁	辛 정관
巳 식신	卯

❖ 甲일간에 卯월생이고 정기생이다. 득령하였고 득지하였다. 세력이 왕하여 신강구조이다.

❖ 대운과는 식신운에 해당하고 세운과는 정관운에 해당하였다.

❖ 세운과 대운은 극하는 관계이다. 월간과 세운이 沖에 해당한다.

❖ 둘째 대운 식신이 용신에 해당하고 세운의 에너지가 12점에 해당한다.

❖ 격국으로는 겁재격에 해당한다.

❖ 체육계열로 진학하였다.

❖ 학과 선택으로는 성적에 맞추어 진학하였다.

❖ 진학 방법은 정시로 진학하였다.

❖ 계열을 변동하여 진학하였다.

❖ 진학시 조언자로는 본인이라고 응답하였다.

❖ 학교와 학과 중 어느 것이 중요한가에 대해 모름이라고 응답하였다.

❖ 자신이 전공한 분야로 직업을 가질 것인가에 대해서는 그렇다고 응답하였다.

❖ 졸업 후 어느 분야로 취업을 할 것인가에 대해서는 교사라고 응답하였다.

위 구조는 비겁이 왕한 구조이다. 대운에서 일간을 설기시키고 있고 세운의 일간을 제압하는 정관운에 해당한다. 과목별 계획표를 작성하여 꾸준하게 지켜가며 공부를 하였다고 판단한다.

⑨ 식신격과 인문계열

곤명(여) 86년 양력 9월 11일 巳시

時	日	月	年		대운	세운
丁	戊	丁	丙		11 乙	甲 편관
巳	午	酉	寅		未 겁재	申

❖ 戊일간에 酉월생이고 초기생이다. 실령하였고 득지를 하였으며 득

세를 하였다. 신강구조로 金, 水, 木이 용신이다.

❖ 대운과는 겁재운에 해당하고 세운과는 편관운에 해당하였다.

❖ 세운과 대운은 같은 오행의 관계이다.

❖ 둘째 대운 겁재는 기신에 해당하지만 천을귀인이고 세운의 에너지가 4점에 해당한다.

❖ 격국으로는 식신격에 해당한다.

❖ 인문계열로 진학하였다.

❖ 학과 선택으로는 적성에 맞아 진학하였다.

❖ 진학 방법은 정시로 진학하였다.

❖ 계열을 변동하여 진학하였다.

❖ 진학시 조언자로는 본인이라고 응답하였다.

❖ 학교와 학과 중 어느 것이 중요한가에 대해서는 모름이라고 응답하였다.

❖ 자신이 전공한 분야로 직업을 가질 것인가에 대해서는 그렇다고 응답하였다.

❖ 졸업 후 어느 분야로 취업할 것인가에 대해서는 직장이라고 응답하였다.

위 사주는 대학원생으로 박사과정에 해당되는 경우이다.

인성이 왕하지만 대운과 세운에서 일간을 통제하는 木운이 들어와 책임성을 갖고 실천하여 목적을 실현하였다고 판단하였으며, 甲午 대운에 이르니 지속적으로 공부를 하고 있는 것으로 살펴보았다.

곤명(여) 94년 양력 5월 28일 시 : 모름

❖ 甲일간에 巳월생이고 정기생이다. 실령하였고 득지하였다. 세력이
　약하여 水가 필요한 구조이다.

❖ 대운과는 상관운에 해당하고 세운과는 편인운에 해당하였다.

❖ 세운과 대운은 합하는 관계이고 木은 일간에게 힘이 된다(木국).

❖ 둘째 대운 상관이 기신에 해당하지만 지지의 계절은 봄이다. 세운에
　서 水를 만나 목적이 실현되는 해이다. 에너지가 8점에 해당한다.

❖ 격국으로는 식신격에 해당한다.

❖ 자연계열로 진학하였다.

❖ 학과 선택으로는 적성에 맞아 진학하였다.

❖ 진학 방법은 수시 1차로 진학하였다.

❖ 계열을 변동하지 않고 당초 희망한 계열로 진학하였다.

❖ 진학시 조언자로는 본인이라고 응답하였다.

❖ 학교와 학과 중 어느 것이 중요한가에 대해서 학과가 중요하다고 응
　답하였다.

❖ 자신이 전공한 분야로 직업을 가질 것인가에 대해서는 반반이라고
　응답하였다.

❖ 졸업 후 어느 분야로 취업할 것인가에 대해 직장이라고 응답하였다.

11 식신격과 의학계열

곤명(여) 94년 양력 9월 30일 시 : 모름

時	日	月	年
己	癸	甲	
未	酉	戌	

대운	세운
18 후 식신	壬 정재
未	辰

❖ 己일간에 酉월생이고 정기생이다. 실령을 하였고 득지를 하였다. 세력이 약하여 火가 필요한 구조이다.

❖ 대운과는 식신운에 해당하고 세운과는 정재운에 해당하였다.

❖ 세운과 대운은 합하는 관계이고 木은 일간에게 힘이 된다.

❖ 둘째 대운 식신이 세운과는 생관계에 해당하고 대운의 에너지는 전 대운보다 에너지가 상승하고 있다. 세운도 전년도 보다 상승하고 있다.

❖ 격국으로는 식신격에 해당한다.

❖ 의학계열로 진학하였다.

❖ 학과 선택으로는 적성에 맞아 진학하였다.

❖ 진학 방법은 수시 1차로 진학하였다.

❖ 계열을 변동하지 않고 당초 희망한 계열로 진학하였다.

❖ 진학시 조언자로는 부모님이라고 응답하였다.

❖ 학교와 학과 중 어느 것이 중요한가에 대해 모름이라고 응답하였다.

❖ 자신이 전공한 분야로 직업을 가질 것인가에 대해서도 모름이라고 응답하였다.

❖ 졸업 후 어느 분야로 취업을 할 것인가에 대해서는 직장이라고 응답하였다.

⑫ 상관격과 인문계열

곤명(여) 90년 양력 1월 31일 辰時

時	日	月	年
壬	丙	丁	己
辰	申	丑	巳

대운	세운
11 己	戊 식신
卯 정인	子

❖ 丙일간에 丑월생이고 정기생이다. 실령하였고 실지하였다. 신약한
구조이다.

❖ 대운과는 정인운에 해당하고 세운과는 식신운에 해당하였다.

❖ 세운과 대운은 같은 오행이고 지지는 형살의 관계이다.

❖ 일지와 세운 지지가 합이 되어 水局이 되니 신약하지만 행동 실천을
하는 시기이다. 세운의 에너지는 3점에 해당하였다.

❖ 격국으로는 상관격에 해당한다.

❖ 인문계열로 진학하였다. 상관생재의 구조가 발달하였다.

❖ 학과 선택으로는 적성에 맞아 진학하였다.

❖ 진학 방법은 정시로 진학하였다.

❖ 계열을 변동하지 않고 당초 희망한 계열로 진학하였다.

❖ 진학시 조언자로는 본인이라고 응답하였다.

❖ 학교와 학과 중 어느 것이 중요한가에 대해 모른다고 응답하였다.

❖ 자신이 전공한 분야로 직업을 가질 것인가에 대해서는 '아니다' 라
고 응답하였다.

❖ 졸업 후 어느 분야로 취업할 것인가에 대해서 자영업이라고 응답하
였다.

13 상관격과 사회계열

곤명(여) 93년 양력 11월 26일 巳시

時	日	月	年
癸	辛	癸	癸
巳	亥	亥	酉

대운	세운
14 乙	壬 상관
丑 편인	辰

❖ 辛일간에 亥월생이고 정기생이다. 실령을 하였고 실지를 하였다. 세력이 약하여 신약구조이다.

❖ 대운과는 편인운에 해당하고 세운과는 상관운에 해당하였다.

❖ 세운과 대운은 생하는 관계이다.

❖ 둘째 대운 편인이 기신에 해당하고 세운의 에너지는 5점에 해당한다.

❖ 격국으로는 상관격에 해당한다.

❖ 사회계열로 진학하였다.

❖ 학과 선택으로는 적성에 맞아 진학하였다.

❖ 진학 방법은 수시 1차로 진학하였다.

❖ 계열을 변동하지 않고 당초 희망한 계열로 진학하였다.

❖ 진학시 조언자로는 본인이라고 응답하였다.

❖ 학교와 학과 중 어느 것이 중요한가에 대해서 학과가 중요하다고 응답하였다.

❖ 자신이 전공한 분야로 직업을 가질 것인가에 대해서는 그렇다고 응답하였다.

❖ 졸업 후 어느 분야로 취업할 것인가에 대해 직장이라고 응답하였다.

⒁ 상관격과 자연계열

곤명(여) 91년 양력 3월 4일 17 : 00시

時	日	月	年	대운	세운
庚	癸	庚	辛	11 壬	己 편관
申	酉	寅	未	辰(정관)6점	丑 10점

- ❖ 癸일간에 寅월생이고 정기생이다. 실령하였고 득지하였다. 득세를 하여 신강구조이다.
- ❖ 대운과는 정관운에 해당하고 세운과는 편관운에 해당하였다.
- ❖ 세운과 대운은 극하는 관계이다.
- ❖ 둘째 대운 정관이 용신에 해당하였고 세운도 용신이고 에너지는 10점에 해당한다.
- ❖ 격국으로는 상관격에 해당한다.
- ❖ 자연계열로 진학하였다.
- ❖ 학과 선택으로는 적성에 맞아 진학하였다.
- ❖ 진학 방법은 정시로 진학하였다.
- ❖ 계열을 변동하지 않고 당초 희망한 계열로 진학하였다.
- ❖ 진학시 조언자로는 부모님이라고 응답하였다.
- ❖ 학교와 학과 중 어느 것이 중요한가에 대해서 학과가 중요하다고 응답하였다.
- ❖ 자신이 전공한 분야로 직업을 가질 것인가에서는 그렇다고 응답하였다.
- ❖ 졸업 후 어느 분야로 취업할 것인가에 대해 직장이라고 응답하였다.

곤명(여) 92년 양력 3월 26일 시 : 모름

時	日	月	年
辛	癸	壬	
丑	卯	申	

대운	세운
17 후 비견	후 비견
丑 6점	卯 1점

❖ 辛일간에 卯월생이고 정기생이다. 실령을 하였고 득지를 하였다. 신약구조로 이루어져 있다.

❖ 대운과는 비견운에 해당하고 세운과도 비견운에 해당하였다.

❖ 세운과 대운은 같은 오행의 관계이다.

❖ 둘째 대운 비견이 용신에 해당하고 에너지가 6점에 해당한다. 세운의 에너지는 1점에 해당하였다.

❖ 격국으로는 편재격에 해당한다.

❖ 사회계열로 진학하였다.

❖ 학과 선택으로는 적성에 맞아 진학하였다.

❖ 진학 방법은 수시 2차로 진학하였다.

❖ 계열을 변동하지 않고 당초 희망한 계열로 진학하였다.

❖ 진학시 조언자로는 본인이라고 응답하였다.

❖ 학교와 학과 중 어느 것이 중요한가에 대해서 학교가 중요하다고 응답하였다.

❖ 자신이 전공한 분야로 직업을 가질 것인가에 대해서는 반반이라고 응답하였다.

❖ 졸업 후 어느 분야로 취업할 것인가에서는 직장이라고 응답하였다.

16 편재격과 자연계열

곤명(여) 90년 양력 3월 27일 巳시

時	日	月	年
癸	辛	己	庚
巳	卯	卯	午

대운	세운
17 丁 편관	戊 정인
丑	子

❖ 辛일간에 卯월생이고 정기생이다. 실령을 하였고 실지를 하였다.

❖ 대운과는 편관운에 해당하고 세운과는 정인운에 해당하였다. 대운의 에너지는 6점에 해당하고 세운의 에너지는 9점이다.

❖ 세운과 대운은 생하는 관계이다.

❖ 둘째 대운 편관이 기신에 해당하지만 세운은 용신에 해당한다.

❖ 격국으로는 편재격에 해당한다.

❖ 자연계열로 진학하였다.

❖ 학과 선택으로는 적성에 맞아 진학하였다.

❖ 진학 방법은 정시로 진학하였다.

❖ 계열을 변동하여 진학하였다.

❖ 진학시 조언자로는 본인이라고 응답하였다.

❖ 학교와 학과 중 어느 것이 중요한가에 대해서 학과가 중요하다고 응답하였다.

❖ 자신이 전공한 분야로 직업을 가질 것인가에 대해서는 '아니다' 라고 응답하였다.

❖ 졸업 후 어느 분야로 취업할 것인가에 대해서는 직장인이라고 응답하였다.

곤명 (여) 92년 양력 9월 18일 수시

時	日	月	年
丙	丁	己	壬
午	酉	酉	申

대운	세운
14 丁	庚 정재
未 식신	寅

❖丁일간에 酉월생이고 정기생이다. 실령을 하였고 실지를 하였다. 월
  과 일지가 생지에 해당하고 있지만 신약구조이다.

❖대운과는 식신운에 해당하고 세운과는 정재운에 해당하였다.

❖세운과 대운은 극하는 관계이다.

❖둘째 대운 식인은 에너지가 10점에 해당하고 세운의 에너지는 2점에
  해당한다.

❖격국으로는 편재격에 해당한다.

❖음악계열로 진학하였다.

❖학과 선택으로는 적성에 맞아 진학하였다.

❖진학 방법은 정시로 진학하였다.

❖계열을 변동하여 진학하였다.

❖진학시 조언자로는 본인이라고 응답하였다.

❖학교와 학과 중 어느 것이 중요한가에 대해서 학과가 중요하다고 응
  답하였다.

❖자신이 전공한 분야로 직업을 가질 것인가에 대해서는 '그렇다' 라
  고 응답하였다.

❖졸업 후 어느 분야로 취업할 것인가에 대해 교사라고 응답하였다.

정재격과 인문계열

곤명(여) 94년 양력 11월 5일 시 : 모름

時	日	月	年	대운	세운
乙	甲	甲		19 壬 정인	壬 정인
未	戌	戌		申	辰

❖ 乙일간에 戌월생이고 정기생이다. 실령을 하였고 실지를 하였다.

❖ 대운과는 정인운에 해당하고 세운과는 정인운에 해당하였다. 신약
  구조에 水를 만났다.

❖ 세운과 대운은 같은 오행의 관계이다.

❖ 둘째 대운 정인이 용신에 해당하고 세운도 용신이고 에너지가 10점
  에 해당한다.

❖ 격국으로는 정재격에 해당한다.

❖ 인문계열로 진학하였다.

❖ 학과 선택으로는 적성에 맞아 진학하였다.

❖ 진학 방법은 정시로 진학하였다.

❖ 계열을 변동하지 않고 당초 희망한 계열로 진학하였다.

❖ 진학시 조언자로는 부모님이라고 응답하였다.

❖ 학교와 학과 중 어느 것이 중요한가에 대해 '모른다' 고 응답하였다.

❖ 자신이 전공한 분야로 직업을 가질 것인가에 대해서는 반반이라고
  응답하였다.

❖ 졸업 후 어느 분야로 취업할 것인가에 대해 직장이라고 응답하였다.

곤명(여) 92년 양력 6월 6일 시 : 모름

時	日	月	年
癸	丙	壬
丑	午	申

대운	세운
11 甲	辛 편인
辰 (정관)	卯

❖ 癸일간에 午월생이고 초기생이다. 실령하였고 실지하였다. 火가 왕
  하여 신약구조이다.

❖ 대운과는 정관운에 해당하고 세운과는 편인운에 해당하였다.

❖ 세운과 대운은 극하는 관계이다. 월간 丙과 세운 辛이 합을 하여 일
  간에게 도움을 주는 역할을 하는 해이다.

❖ 둘째 대운 정관이 기신에 해당한다. 세운은 癸水의 생지이며 천을귀
  인이고 천간은 용신에 해당하였다. 에너지는 9점에 해당하였다.

❖ 격국으로는 정재격에 해당한다.

❖ 교육계열로 진학하였다.

❖ 학과 선택으로는 부모님 의견에 따라 진학하였다.

❖ 진학 방법은 입학사정관제로 진학하였다.

❖ 계열을 변동하지 않고 당초 희망한 계열로 진학하였다.

❖ 진학시 조언자로는 부모님이라고 응답하였다.

❖ 학교와 학과 중 어느 것이 중요한가에 대해서 학과가 중요하다고 응
  답하였다.

❖ 자신이 전공한 분야로 직업을 가질 것인가에서 그렇다고 응답하였다.

❖ 졸업 후 어느 분야로 취업할 것인가에서는 교수라고 응답하였다.

⑳ 정재격과 음악계열

곤명(여) 89년 양력 12월 6일 시 : 모름

時	日	月	年	대운	세운
己	乙	己		11 丁	戊 겁재
	亥	亥	巳	丑 비견	子

❖ 己일간에 亥월생이고 정기생이다. 실령하였고 실지하였다. 지지가 형과 충으로 구성되어 있다.

❖ 대운과는 비견운에 해당하고 세운과는 겁재운에 해당하였다. 일주와 대운과 세운 지지가 수국으로 이루어져 있다. 천간은 火, 土로 이루어져 용신운에 해당한다.

❖ 세운과 대운은 생하는 관계이다.

❖ 둘째 대운 비견이 용신에 해당하고 세운도 일간에게 힘이 된다.

❖ 격국으로는 정재격에 해당한다.

❖ 음악계열로 진학하였다.

❖ 학과 선택으로는 적성에 맞아 진학하였다.

❖ 진학 방법은 정시로 진학하였다.

❖ 계열을 변동하지 않고 당초 희망한 계열로 진학하였다.

❖ 진학시 조언자로는 본인이라고 응답하였다.

❖ 학교와 학과 중 어느 것이 중요한가에 학과가 중요하다고 응답하였다.

❖ 자신이 전공한 분야로 직업을 가질 것인가에서 그렇다고 응답하였다.

❖ 졸업 후 어느 분야로 취업할 것인가에서는 교수라고 응답하였다.

❖ 辰巳가 공망에 해당하였다.

정재격과 자연계열

곤명(여) 94년 양력 4월 30일 辰시

時	日	月	年	대운	세운
庚	乙	戊	甲	18 丙 상관	辛 편관
辰	卯	辰	戌	寅 12점	卯 11점

❖ 乙일간에 辰월생이고 정기생이다. 실령하였고 득지하였다. 세력이
  약하여 신약구조이다.

❖ 대운과는 상관운에 해당하고 세운과는 편관운에 해당하였다.

❖ 세운과 대운은 합하는 관계이며 일간에게는 정인에 해당한다.

❖ 진학하는 년도가 일간에게는 기신에 해당한다. 지지의 에너지는 11
  점이다.

❖ 격국으로는 정재격에 해당한다.

❖ 자연계열로 진학하였다.

❖ 학과 선택으로는 적성에 맞아 진학하였다.

❖ 진학 방법은 수시 1차로 진학하였다.

❖ 계열을 변동하지 않고 당초 희망한 계열로 진학하였다.

❖ 진학시 조언자로는 본인이라고 응답하였다.

❖ 학교와 학과 중 어느 것이 중요한가에 대해서 학교가 중요하다고 응
  답하였다.

❖ 자신이 전공한 분야로 직업을 가질 것인가에 대해서는 반반이라고
  응답하였다.

❖ 졸업 후 어느 분야로 취업할 것인가에서 직장이라고 응답하였다.

곤명(여) 92년 양력 2월 22일 20시

時	日	月	年	대운	세운
壬	戊	壬	壬	16 庚 식신	己 겁재
戌	辰	寅	申	子 3점	丑 6점

❖ 戊일간에 寅월생이고 정기생이다. 실령하였고 득지하였다. 寅은 戊신의 생지이지만 세력이 약하다.

❖ 대운과는 식신운에 해당하고 세운과는 겁재운에 해당하였다. 대운의 에너지는 3점이고 세운의 에너지는 6점이다.

❖ 세운과 대운은 생하는 관계이다.

❖ 둘째 대운 식신이 기신에 해당하지만 세운은 용신에 해당한다.

❖ 격국으로는 편관격에 해당한다.

❖ 인문계열로 진학하였다.

❖ 학과 선택으로는 성적에 맞추어 진학하였다.

❖ 진학 방법은 입학사정관제로 진학하였다.

❖ 계열을 변동하지 않고 당초 희망한 계열로 진학하였다.

❖ 진학시 조언자로는 본인이라고 응답하였다.

❖ 학교와 학과 중 어느 것이 중요한가에 대해서 학교가 중요하다고 응답하였다.

❖ 자신이 전공한 분야로 직업을 가질 것인가에서는 '그렇다'라고 응답하였다.

❖ 졸업 후 어느 분야로 취업할 것인가에 대해 교수라고 응답하였다.

23 편관격과 사회계열

곤명(여) 94년 양력 3월 3일 21시

時	日	月	年
壬	戊	丙	甲
戌	子	寅	戌

대운	세운
19 甲 편관	壬 편재
子 3점	辰 10점

❖ 戊일간에 寅월생이고 정기생이다. 실령하였고 실지하였다. 寅은 戊신의 생지이지만 신약구조이다.

❖ 대운과는 편관운에 해당하고 세운과는 편재운에 해당하였다.

❖ 세운과 대운은 생하는 관계이다.

❖ 둘째 대운 편관이 기신에 해당하고 에너지가 3점에 해당한다. 세운의 에너지는 10점에 해당하였다.

❖ 격국으로는 편관격에 해당한다.

❖ 사회계열로 진학하였다.

❖ 학과 선택으로는 적성에 맞아 진학하였다.

❖ 진학 방법은 수시 1차로 진학하였다.

❖ 계열을 변동하여 진학하였다.

❖ 진학시 조언자로는 부모님이라고 응답하였다.

❖ 학교와 학과 중 어느 것이 중요한가에 대해 학과가 중요하다고 응답하였다.

❖ 자신이 전공한 분야로 직업을 가질 것인가에서는 '아니다'라고 응답하였다.

❖ 졸업 후 어느 분야로 취업할 것인가에서 직장인이라고 응답하였다.

곤명(여) 94년 양력 9월 28일 巳시

時	日	月	年	대운	세운
丁	癸	甲	辛	17 丙 정재	癸 비견
巳	酉	戌	未	子 11점	巳 3점

❖ 癸일간에 戌월생이고 정기생이다. 실령하였고 득지하였다. 신약구조이다

❖ 대운과는 정재운에 해당하고 세운과는 비견운에 해당하였다.

❖ 세운과 대운은 극하는 관계이다.

❖ 둘째 대운 정재가 기신에 해당하지만 에너지가 11점에 해당한다. 세운의 에너지는 3점에 해당한다.

❖ 격국으로는 정관격에 해당한다.

❖ 사회계열로 진학하였다.

❖ 학과 선택으로는 성적에 맞추어 진학하였다.

❖ 진학 방법은 정시로 진학하였다.

❖ 계열을 변동하여 진학하였다. 전년도보다 에너지가 감소하고 있다.

❖ 진학시 조언자로는 부모님이라고 응답하였다.

❖ 학교와 학과 중 어느 것이 중요한가에 대해서 학교가 중요하다고 응답하였다.

❖ 자신이 전공한 분야로 직업을 가질 것인가에 대해서는 '그렇다'고 응답하였다.

❖ 졸업 후 어느 분야로 취업할 것인가에 대해 직장이라고 응답하였다.

곤명(여) 94년 양력 11월 3일 16:00시

時	日	月	年		대운	세운
庚	癸	甲	甲		19壬 겁재	壬 겁재
申	巳	戌	戌		申 2점	辰 6점

❖ 癸일간에 戌월생이고 정기생이다. 실령하였고 실지하였다. 신약구
  조로 이루어져 있다.

❖ 대운과는 겁재운에 해당하고 세운과도 겁재운에 해당하였다. 대운
  의 에너지는 2점이고 세운은 6점에 해당한다.

❖ 세운과 대운은 같은 오행의 관계이다.

❖ 둘째 대운 겁재는 용신에 해당하고 세운도 용신에 해당하였다.

❖ 격국으로는 정관격에 해당한다.

❖ 교육계열로 진학하였다.

❖ 학과 선택으로는 성적에 맞추어 진학하였다.

❖ 진학 방법은 수시 1차로 진학하였다.

❖ 계열을 변동하지 않고 당초 희망한 계열로 진학하였다.

❖ 진학시 조언자로는 담임이라고 응답하였다.

❖ 학교와 학과 중 어느 것이 중요한가에 대해서 학교가 중요하다고 응
  답하였다.

❖ 자신이 전공한 분야로 직업을 가질 것인가에 대해서는 '모른다' 라
  고 응답하였다.

❖ 졸업 후 어느 분야로 취업할 것인가에 대해 교사라고 응답하였다.

곤명(여) 94년 양력 2월 19일 시 : 모름

時	日	月	年	대운	세운
丙	丙	甲		15 甲 편인	壬 편관
子	寅	戌		子 3점	辰 10점

❖ 丙일간에 寅월생이고 정기생이다. 득령하였고 실지하였다. 월천간
   이 일간을 돕고 지지 寅이 천간을 생조하여 신강구조이다.

❖ 대운과는 편인운에 해당하고 세운과는 편관운에 해당하였다.

❖ 세운과 대운은 생하는 관계이다.

❖ 둘째 대운 편인이 3점에 해당하고 세운은 10점에 해당한다.

❖ 격국으로는 편인격에 해당한다.

❖ 인문계열로 진학하였다.

❖ 학과 선택으로는 성적에 맞추어 진학하였다.

❖ 진학 방법은 수시 1차로 진학하였다.

❖ 계열을 변동하지 않고 당초 희망한 계열로 진학하였다.

❖ 진학시 조언자로는 부모님이라고 응답하였다.

❖ 학교와 학과 중 어느 것이 중요한가에 대해서 학교가 중요하다고 응
   답하였다.

❖ 자신이 전공한 분야로 직업을 가질 것인가에 대해서는 '아니다' 라
   고 응답하였다.

❖ 졸업 후 어느 분야로 취업할 것인가에 대해서 직장인이라고 응답하
   였다.

곤명(여) 88년 양력 1월 27일 06시

時	日	月	年
辛	辛	癸	丁
卯	巳	丑	卯

대운	세운
13 乙	戊 정인
卯 편재 1점	子 9점

❖ 辛일간에 丑월생이고 정기생이다. 득령하였고 실지하였다. 金의 생
지이지만 신약구조이다.

❖ 대운과는 편재운에 해당하고 세운과는 정인운에 해당하였다.

❖ 세운과 대운은 극하는 관계이다.

❖ 둘째 대운 편재에 해당하고 에너지는 1점에 해당하였다. 세운의 에
너지는 9점에 해당한다.

❖ 격국으로는 편인격에 해당한다.

❖ 사회계열로 진학하였다.

❖ 학과 선택으로는 적성에 맞아 진학하였다.

❖ 진학 방법은 정시로 진학하였다.

❖ 계열을 변동하여 진학하였다.

❖ 진학시 조언자로는 본인이라고 응답하였다.

❖ 학교와 학과 중 어느 것이 중요한가에 대해서 학과가 중요하다고 응
답하였다.

❖ 자신이 전공한 분야로 직업을 가질 것인가에 대해서는 '모른다'고
응답하였다.

❖ 졸업 후 어느 분야로 취업할 것인가에서 직장이라고 응답하였다.

28 정인격과 인문계열

곤명(여) 92년 양력 7월 23일 묘시

時	日	月	年	대운	세운
庚	丁	壬		15乙 정재	후 겁재
子	未	申		巳	卯

❖ 庚일간이 未월생이고 정기생이다. 득령하였고 실지를 하였다. 월간
  丁火가 未土를 생하고 년지 申의 도움을 받으니 신강구조이다.

❖ 대운과는 정재운에 해당하고 세운과는 겁재에 해당하였다.

❖ 세운과 대운은 극하는 관계이다. 일간과 대운은 합이 되어 일간을 돕
  는다.

❖ 둘째 대운 정재가 용신에 해당하지만 합이 되었다. 세운 지지와 월지
  가 합이 되어 木의 역할을 하고 있다. 세운 에너지는 3점에 해당한다.

❖ 격국으로는 정인격에 해당한다.

❖ 인문계열로 진학하였다.

❖ 학과 선택으로는 적성에 맞아 진학하였다.

❖ 진학 방법은 정시로 진학하였다.

❖ 계열을 변동하지 않고 당초 희망한 계열로 진학하였다.

❖ 진학시 조언자로는 본인이라고 응답하였다.

❖ 학교와 학과 중 어느 것이 중요한가에 대해 '모름' 이라고 응답하였다.

❖ 자신이 전공한 분야로 직업을 가질 것인가에 대해서는 반반이라고
  응답하였다.

❖ 졸업 후 어느 분야로 취업할 것인가에서 직장이라고 응답하였다.

곤명(여) 91년 양력 3월 8일 17 : 40시

❖ 丁일간에 卯월생이고 초기생이다. 득령하였고 실지하였다. 세력이
   약하여 신약구조로 불리운다.

❖ 대운과는 편관운에 해당하고 세운과는 식신운에 해당하였다.

❖ 세운과 대운은 극하는 관계이다.

❖ 둘째 대운 편관이 기신에 해당하지만 에너지가 12점에 해당한다.

❖ 격국으로는 정인격에 해당한다.

❖ 교육계열로 진학하였다.

❖ 학과 선택으로는 성적에 맞추어 진학하였다.

❖ 진학 방법은 입학사정관제로 진학하였다.

❖ 계열을 변동하여 진학하였다.

❖ 진학시 조언자로는 본인이라고 응답하였다.

❖ 학교와 학과 중 어느 것이 중요한가에 대해서 학과가 중요하다고 응
   답하였다.

❖ 자신이 전공한 분야로 직업을 가질 것인가에 대해서는 '모른다' 라
   고 응답하였다.

❖ 졸업 후 어느 분야로 취업할 것인가에 대해 교사라고 응답하였다.

앞의 구조를 보면 식신생재의 구조가 발달하였다. 신약한 구조이지만 조기진학을 하여 목적을 실현한 경우로 판단하였다.

이처럼 신약한 경우에는 조기진학을 하는 것이 유리하다는 내용을 본 서에서 언급했었다. 모든 경우가 다 그런 것은 아니지만 지지가 합이 되어 변하거나 일간이 합을 하는 경우가 대체적으로 유리하다.

본 사주에서도 지지와 대운이 巳酉丑 슴이 되어 재로 변하여 설계능력이 매우 발달하였고, 기회를 잘 활용한 경우라 판단하였다.

③⓪ 정인격과 미술계열

곤명(여) 92년 양력 9월 23일 22시

時	日	月	年	대운	세운
辛	壬	己	壬	15 丁 정재	辛 정인
亥	寅	酉	申	未 6점	卯 2점

❖ 壬일간에 酉월생이고 정기생이다. 득령을 하였고 실지를 하였다. 그러나 득세를 하여 신강하다.

❖ 대운과는 편인운에 해당하고 세운과는 편재운에 해당하였다.

❖ 세운과 대운은 극하는 관계이다. 대운과 일간이 합을 하고 있다.

❖ 둘째 대운 편인이 기신에 해당하지만 에너지가 9점에 해당한다.

❖ 격국으로는 비견격에 해당한다.

❖ 사회계열로 진학하였다.

❖ 학과 선택으로는 적성에 맞아 진학하였다.

❖ 진학 방법은 수시 2차로 진학하였다.

❖ 계열을 변동하지 않고 당초 희망한 계열로 진학하였다.

❖ 진학시 조언자로는 부모님이라고 응답하였다.

❖ 학교와 학과 중 어느 것이 중요한가에 대해서 학교가 중요하다고 응답하였다.

❖ 자신이 전공한 분야로 직업을 가질 것인가에 대해서는 '반반'이라고 응답하였다.

❖ 졸업 후 어느 분야로 취업할 것인가에 대해서 자영업이라고 응답하였다.

1
책을 마감하며

본 서에서는 이화여대의 학생구조를 통하여 여러 가지 분석을 해보았다. 그리고 3개 대학의 학생을 토대로 통합분석도 해보았다.

나름대로 학생들에게 꿈과 희망을 주기 위하여 부단한 노력을 하려고 하였다. 그러나 모든 내용이나 과정이 마음에 들지만은 않는다. 더 열심히 많은 학생들을 대상으로 설문조사를 실시하고 연구를 해야 하는데 많은 어려움이 뒤따랐다.

그렇지만 기쁜 마음으로 밤을 새워 연구하고 분석하는 시간들을 뒤돌아보면 너무나 감사하다. 누군가 더 많은 자료를 분석하고 많은 역학인에게 정보를 제공할 수 있다면 명리학은 더욱 진보된 학문으로 대중에게 다가갈 것이다.

필자가 설문조사를 실시하면서 태어난 시에 대해 많은 부탁을 학생에게 요청하였지만 어려웠다. 그래서 연구를 한 것이 태어난 시를 몰라도 사주를 몰라도 학생들의 진로에 대해 명리학적으로 밝힐 수 있는 방법을 강구하게 되었다. 가능성을 열어둔 것은 다중지능이론이나 에니어그램 또는 홀랜드이론이나 MBTI이론을 접해 본 결과 명리학에서도 그 가능성을 찾게 되었다.

명리학의 성격 특성에 대해 연구를 시작하였고 내면의 성격 유형을 기준하여 100문항의 성격 유형을 만들어 서울, 경기에 속한 명문대 학생들을 대상으로 설문조사를 실시하였고 그 자료를 통계분석을 실시한 결과가 나왔다.

필자는 실제 진학상담에 명리학을 기준한 자료와 학생들에게 설문을 실시하여 나온 결과를 가지고 통합하여 진학상담을 진행하고 있다.

지금은 시작단계이지만 성격심리 적성검사에 참여한 많은 학생들이 호감과 동기부여를 받고 있고 정확성에 대해 놀라움을 표하기도 하였다. 이제는 한 단계 더 발전하기 위하여 고등학교 3학년을 대상으로 1차 설문조사와 2차 결과 설문조사를 실시한 자료를 가지고 우선적으로 중·고등학교 교사 및 진학상담교사를 대상으로 "성격을 알면 진로가 보인다"는 과정을 계획하고 실전상담을 하도록 준비 중에 있다.

명리학도 학생들에게 꿈과 희망을 주기 위하여 실전 명리학으로 거듭나야 할 시기라고 사료된다.

성격 심리구조를 통하여 나타난 자료와 앞으로의 구상에 대해 PART 13에 게재하니 열정과 관심을 가진 분들은 좋은 인연이 되기를 희망해 본다.

PART 12
학과 및 대학

정규대학 학과 분류

계열	중계열	학 과
문 과	인 문 계 열	문화학과, 미디어창작학, 문헌정보학, 독일언어문회학, 독일이학, 고고학, 고고미술사학, 동양사학, 동양종교학, 동양철학, 러시아어학, 국민윤리학, 윤리문화학, 국사학, 기독교학, 대순종학, 목회학, 문예창작학, 문화인류학, 미국학, 미학, 민속학, 불교학, 사학, 선교학, 순결학, 신학, 아랍학, 영미지역학, 외식사업학, 유럽학, 일본어학, 종교철학, 중국어학, 철학, 프랑스학, 히브리학. 관광영어통역학과, 관광일어통역학, 관광통역학, 국어국문학, 네덜란드어학, 노어노문학, 독어독문학, 루마니어학, 말레이시어학, 인도네시어학, 몽골어학, 마얀마어학, 베트남어학, 불어불문학, 서반어학, 서어서문학, 선교언어학, 선교영어학, 스칸디나비어학, 스페인어학, 아랍어학, 아프리카어학, 언어학과, 영어영문학, 유고어학, 이란어학, 이태리어학, 인도어학, 일어일본어학, 중앙아시아어학, 중어중문학, 체코어학, 태국어학, 터키어학, 통번역학, 포루투칼어학, 폴란드어학, 프랑스어학, 한문학, 헝가리어학

계열	중계열	학 과
문 과	사회 · 상경 계열	경영학 〉 경영학, 국제경제학, 마케팅학과, 경영정보학과, 응용경영학과, 경제학과 관광학 〉 관광경영학과, 호텔경영학과, 항공서비스과 광고홍보학과, 광고학과, 관광개발학, 관광학, 관광정보학, 호텔경영학, 호텔식당경영학, 호텔관광경영학 금융, 회계, 세무 〉 금융보험학, 세무회계학, 세무학, 세무회계정보학, 회계정보학, 회계학, 재무학, 보험금융학 무역, 유통 〉 무역학, 유통관리학, 유통정보학 법학 〉 법학과, 공법학, 국제법무학, 법률학, 법학, 사법학, 지적재산권 가족, 사회, 복지 〉 노인복지학, 보육학, 사회복지학, 산업복지학 아동, 청소년학 국제학 〉 국제관계학, 국제회의산업학, 국제경영학, 국제관광학, 국제무역학, 국제통상학, 외교학, 정치외교학 도시, 지역학 〉 도시 및 지역계획학, 지역사회개발학, 지적학 언론, 방송, 매체학 〉 매스컴학, 방송산업학, 방송통신학, 정보방송학, 신문방송학, 언론학 행정학 〉 행정학과, 경찰행정학, 도시행정학, 보건의료행정학, 세무행정학, 비서행정학, 비서정보학, 비서학, 자치행정 사회학 〉 교정학, 문헌정보학, 문화재관리학, 문화재학, 부동산학, 북한학, 산업심리학, 사회산업학, 사회학, 심리학, 이벤트학, 산업정보학, 인류학, 정보관리학, 지리학, 지질학, 풍수지리학, 디지털경제학, 병원경영학, 문화재보존학, 사이버해킹보안과,

계열	중계열	학 과
문과		기업경영학, 병원경영관리학, 농업경제학, 러시아지역통상학, 디지털경제학, 산업경영학, 산업경제학, 생명자원경제학, 소비자경제학, 수산경영학, 중국통상학, 중소기업학, 지식경영학, 축산경영학, 정책학, 정치학
문과	교육 계열	교육학 〉교육학과, 교육공학과, 교육심리학과 유아교육과 〉유아교육학과, 보육학과, 유아특수교육학 초등교육 〉초등교육학 툭수교육 〉초등특수교육학, 중등특수교육학, 치료특수교육학, 특수교육학 언어교육 〉국어교육학, 독어교육학, 불어교육학, 영어교육학, 일어교육학, 한국어교육학, 한문교육학, 농업교육학, 농산업교육학, 보건교육학, 컴퓨터교육학, 환경교육학, 교리교육학, 국민윤리교육학, 기독교교육학, 문헌정보교육학, 사회교육학, 상업교육학, 역사교육학, 윤리교육학, 종교교육학 사회교육 〉사회교육학, 일반사회교육학, 지리교육학 공학교육 〉기술교육학, 건축공학교육학, 금속공학교육학, 기계공학교육학, 전기공학학교육학, 전자공학교육학, 토목공학교육학, 화학공학교육학, 기관공학교육학, 냉동공학교육학, 식품공학교육학, 양식공학교육학, 어업공학교육학, 상업정보교육학 자연교육 〉가정교육학, 과학교육학, 물리교육학, 생물교육학, 수학교육학, 지구과학교육학, 화학교육학 예체능교육 〉미술교육학, 음악교육학, 응용미술교육학, 특수체육교육학, 체육교육학, 선교체육교육학

계열	중계열	학 과
이 과	자연·이학계열	수학 〉 수학과 통계학 〉 통계학 물리, 과학 〉 과학과, 물리학 천문, 기상 〉 대기과학, 우주학 지구학 〉 지구환경학, 지질학 생명과학 〉 유전공학, 환경과학, 국제출산개발학, 생명과학 생물학 〉 농생물학, 미생물학, 생물과학 동물, 수의학 〉 동물과학, 축산가공학, 축산학 자원학 〉 식량자원학, 식물자원학, 영양자원학, 한약자원학 동물영양자원학, 동물자원학, 자원식천연섬유학 화학 〉 공업화학, 화학, 농화학, 생화학 환경공학 〉 임산공학, 제지공학, 신소재학 농업학 〉 낙농학, 농공학, 농업기계공학, 농업토목공학, 농학 수산학 〉 수산가공학과, 기관공학, 냉동공학, 선박공학, 선박기계공학, 수산가공학, 수산생명의학, 양식학, 조선공학, 조선해양공학, 해양공학, 해양생물공학, 해양생산학, 해양자원학, 해양토목공학, 해양환경공학 산림, 원예 〉 문화재보존학, 관상원예학, 동산림과학, 산림자원학, 원예학, 원예육종학, 화훼원예학, 환경원예학, 임학과 가정관리 〉 아동가족학과, 소비자거주학과, 가정관리학, 가정복지학, 가정학, 가족복지학, 주거환경학, 불교아동학, 생활과학, 소비자아동학, 아동가족학, 아동복지학, 아동학 식품 〉 식품영양학, 식품공학, 식품과학, 식품생물공학, 연초

계열	중계열	학　　과
이 과		학, 식품조리, 제과제빵, 차학과, 영양학, 조리과학 의류, 의상 > 의류직물학, 의류학, 의상학, 의생활학, 주얼리디자인학과 컴퓨터 > 게임학, 웹정보학, 정보및전산화학, 컴퓨터디자인학, 디지털매체출판학
	공학 계열	건축 > 건축공학, 건축디자인학, 건축설계학, 건축설비학 조경 > 조경학과 토목 > 지리정보공학, 측지공학, 토목공학, 토목환경공학 도시, 교통 > 교통공학, 도시계획공학, 도시공학 기계 > 기계공학, 기계설계학, 메카트로닉스공학, 동력기계공학, 정밀기계공학, 제어계측공학 전기, 전자 > 전기전자공학, 전기공학, 전기제어공학, 전자공학 광학, 에너지 > 광학공학, 에너지공학, 열공학, 원자력공학, 원자핵공학, 사진공학, 사진정보공학 소재, 재료 > 고분자공학, 구조시스템공학, 금속공학, 금속재료학, 금형설계학, 기계재료학, 냉동공조, 재료금속공학, 재료공학, 전자재료공학, 무기재료공학 컴퓨터, 정보통신 > 멀티미디어공학, 정보공학, 정보시스템공학, 정보전산학, 정보전자학, 정보처리학, 정보통신학,컴퓨터공학, 컴퓨터네트워크학, 컴퓨터시스템학, 컴퓨터응용학, 통신학, 전파공학, 인터넷정보학 산업 > 산업공학, 매체공학, 물류시스템공학, 미생물공학, 반도체공학, 보석공학, 산업공학, 산업안전공학, 생물공학, 섬유공

계열	중계열	학 과
이 과		학, 세라믹공학, 실내건축학, 안전공학, 인공지능학, 인쇄공학, 자동화공학, 자연환경공학, 환경공학, 식품가공, 재활공학 화학 〉 물질화학공학, 화학공학, 염색공학 항공, 우주, 해양 〉 항공교통학, 항공기계공학, 항공우주공학, 항공운항학, 항공재료공학, 항공운항학, 항공재료공학
	의학 계열	의학 〉 의학과, 의예과, 보건학과, 수의학 치의학 〉 치의학, 치의예과 한의학 〉 한의학, 한의예과 간호학 〉 간호학과 약학 〉 약학과, 제약학과, 한약학과 보건학 〉 보건학과, 환경보건학 재활 〉 재활학과, 물리치료학과, 작업치료학과, 언어치료학 공학, 장비 〉 의료공학과, 치기공과, 의공학 치위생 〉 치위생과 임상병리 〉 임상병리학과 방사선 〉 방사선학과 응급구조학 〉 응급구조과, 의료경영학
예 체 능	미술 계열	디자인 〉 산업디자인학, 시각디자인학, 시각디자인정보학, 공업디자인학, 패션디자인학, 환경디자인학, 공업디자인학, 가구디자인학, 공예디자인학, 광고디자인학, 멀티미디어디자인학, 섬유디자인학, 실내디자인학, 영상디자인학, 요업디자인학, 장신구디자인학, 의상디자인학, 정보디자인학, 컴퓨터디자인학, 컴퓨터디자인그래픽학

계열	중계열	학 과
예체능	미술계열	공예 > 공예학, 도자기공예학, 도예학, 사진학, 산업공예학, 섬유공예학 사진, 만화 > 만화영화학, 만화예술학, 만화학, 애니메이션학, 사진영상학 연극, 영상, 영화 > 영상미술학 미술 > 회화학, 동양학, 미술학, 산업미술학, 응용회화학, 기타 > 환경조경학, 서양화학, 서예학, 섬유예술학, 예술학, 전통의상학, 조소학, 조형학, 커뮤니케이션디자인학, 컴퓨터그래픽학, 판화학, 환경조각학
	연극음악계열	무대디자인학, 방송연예학, 연극영화학, 연극학, 영상예술학, 영상정보처리학, 영화학, 관연악학, 교회음악학, 국악학, 기악학, 성악, 실용음악학, 영상음악학, 음악학, 작곡학, 피아노학, 한국음악학. 모던음악학, 공연영상학
	체육계열	체육학, 태권도학, 유도학, 사회체육학, 생활체육학, 특수체육학, 바둑학, 무도학, 스포츠경영학, 레저스포츠학, 관광레저스포츠학, 골프학, 경호학, 경기지도학, 건강관리학, 동양무예학, 모터스포츠학, 스포츠건강관리학

2
전문대학 학과 분류

계열	중계열	학　　과
문 과	사회 계열	경제학, 관광정보학, 생명자원경제학, 세무학, 세무회계정보학, 세무회계학, 소비자경제학, 수산경영학, 유통관리학, 유통정보학, 재무학, 중국통상학, 중소기업학, 지식경영학, 축산경영학, 호텔경영학, 호텔식당경영학, 호텔관광경영학, 회계정보학, 회계학, 경찰행정학, 공법학, 국제법무학, 도시행정학, 법률학, 법학, 보건의료행정학, 비서행정학, 사법학, 세무행정학, 외교학, 자치행정, 정책학, 정치외교학, 정치학, 행정학, 지적재산권법학, 교정학
	교육 계열	기술교육학, 건축공학교육학, 금속공학교육학, 기계공학교육학, 전자공학교육학, 토목공학교육학, 화학공학교육학, 교육심리학, 교육공학, 교육학과, 유아교육학, 유아특수교육학, 중등특수교육학, 초등교육학, 치료특수교육학, 특수교육학, 기관공학교육학, 냉동공학교육학, 식품공학교육학, 양식공학교육학, 어업공학교육학, 국어교육학, 독어교육학, 불어교육학, 영어교육학, 일어교육학, 한국어교육학, 한문교육학, 과학교육학, 농업교육학, 농산업교육학, 물리교육학, 보건교육학, 생물교육학,

계열	중계열	학 과
		수학교육학, 지구과학교육학, 컴퓨터교육학, 화학교육학, 환경교육학, 가정교육학, 교리교육학, 국민윤리교육학, 기독교교육학, 문헌정보교육학, 사회교육학, 상업교육학, 상업정보교육학, 역사교육학, 윤리교육학, 일반사회교육학, 종교교육학, 지리교육학, 미술교육학, 선교체육교육학, 음악교육학, 응용미술교육학, 특수체육교육학, 체육교육학
이 과	자연 계열	관광농업과, 녹지조경과, 농업경영과, 동물지원과, 생물배양과, 애완농불과, 원예과, 조경과, 축산전공과, 해양산업과, 해양생물자원개발과, 해양식품산업과, 해양자원환경전공, 화훼원예과, 약용자원원예개발과, 동력시스템과, 관광생명자원과, 뷰티디자인과, 다이어트건강관리과, 국제호텔쿠킹과, 건강미용학과, 가정과, 가족복지과, 관광외식조리과, 관광호텔조리과, 김치식품과학과, 바이오생명정보과, 바이오식품과, 생활과학과, 식생활학과, 식음료조리과, 식품영양학과, 아동영어보육과, 아동예술교육가, 아동컴퓨터교육과, 여성교양과, 외식산업과, 의상과, 전통복디자인과, 제과데코레이션학과, 조리전공, 패션디자인과, 패션액세서리디자인과, 푸드스타일리스트과, 호텔외식산업과, 호텔조리제빵과, 다이어트정보과, 보건복지행정과, 보건식품가공과, 보건행정과, 뷰티디자인과, 생활보육과, 안경광학과, 의무행정과, 자연요법과, 장례지도과, 피부미용과, 헬스매니지먼트과, 환경관리과, 의료코디과, 화장품과학과, 건강관리과

계열	중계열	학 과
이 과	공학 계열	컴퓨터응용과, 컴퓨터응용설계과, 컴퓨터정보과, 인터넷보안과, 인터넷상거래과, 전산정보처리과, 전자계산과, 전자통신과, 제어계측과, 이동통신과, 인터넷방송과, IT기술정보과, 웹디자인과, 웹마스터과, 웹컨텐츠개발과, 웹프로그래밍과, 행정전산과, 뉴미디어과, 마이콤응용전공, 마이크로로봇전공, 반도체전공, 방송이벤트설비전공, 방송제작기술과, 사무자동화과, 산업경영과, 산업공학과, 산업디자인과, 산업안전과, 생명과학과, 선박해양시스템과, 선박해양정보과, 설비디자인과, 디지털모터과 화장품과학과, 화학공업과, 환경공업과, 팬시디자인과, 포장시스템과, 표면처리과, 플랜트설계과, 한약자원개발과, 화상인쇄과, 음향과, 의료정보시스템과, 항공경영과, 항공기계과, 항공서비스과, 항만경영과, 영상정보과, 완구디자인전공, 도자기디자인과, 섬유과, 소방안전관리과, 시각정보디자인과, 시계정보기계설계전공, 식품가공과, 식품공업과, 식품과학과, 신소재계열공정학과, 실내건축과, 제철산업과, 신재생에너지과 건물관리과, 건축과, 건축디자인과, 건축설계과, 건축설비과, 공업디자인과, 공업화학과, 국방특수기술과, 귀금속디자인가공과, 금속과, 금속재료과, 금형설계과, 기계과, 기계설계과, 기계자동차과, 냉난방공조제어과 건축공학, 건축디자인학, 건축설계학, 건축설비학, 고분자공학, 광학공학, 교통공학, 구조시스템공학, 금속공학, 금속재료학, 금형설계학, 기계공학, 기술설계학, 기계재료학, 냉동공조공학,

계열	중계열	학　　　과
이 과		도시공학, 동력기계공학, 매체공학, 멀티미디어공학, 메카트로닉스공학, 무기재료공학
	(의학) 간호 보건 계열	간호학 〉 간호과 보건학 〉 노인보건복지과 재활 〉 작업치료과 공학, 장비 〉의료공학과 치위생 〉 보건위생과, 치기공과, 치위생과, 환경위생과 방사선 〉 방사선과 응급구조학 〉 응급구조과 물리치료과 〉 물리치료과 임상병리과 〉 임상병리과
예 체 능	미술 계열	디자인 〉 제품디자인학과, 출판디자인과, 컴퓨터그래픽디자인과, 크래프트디자인과, 헤어디자인과, 화훼디자인과, 생활용품디자인과, 신소재디자인과, 시각디자인과, 실내디자인과, 생활장식디자인과, 보석디자인과, 세라믹디자인과, 공예디자인과, 금속공예디자인과, 가구디자인과, 프로랄디자인과, 디자인마케팅학과 공예 〉 산업공예과, 실용미술과, 응용미술과, 아동미술과, 도자기공예과 사진, 만화 〉 만화예술과, 애니메이션과, 사진과, 사진영상과 관광문화재전공 〉 미술 〉 조형미술학과, 플라워아트과

계열	중계열	학　　　과
예체능	미술계열	창작 〉문예창작과, 일러스트레이션학과, 코디메이크업과, 응용회화과, 이벤트연출과, 모델과, 미용예술과, 모델이벤트과, 뷰티코디네이션과, 광고기획과, 디지털아트과, 매직엔터테이먼트과, 마사과, 동물조련이벤트과, 인형캐릭터창작전공, 레이싱모델전공
	음악예능	연극, 영상, 영화 〉미디어편집전공, 방송극작가, 방송연예과, 방송영상과, 실용음악과, 연극과, 연극영상과, 연극영화과, 연예연기과, 연출전공, 영상디자인과, 영상음악과, 영화과, 극작과, 디지털영상미디어과, 요가과, 국악과, 문화전통규수과, 전통공연예술학
	체육계열	체육과, 사회체육과, 생활스포츠과, 스포츠외교과, 경찰경호행정과, 골프지도과, 레저스포츠학과, 레크레이션과, 스포츠게임과

3

전국 정규대학 안내

학교명	위 치	비 고
경주대학교	경북 경주시 효현동	사립종합대
경일대학교	경북 경산 하양읍	사립종합대
경성대학교	부산 남구 대연동	사립종합대
경동대학교	강원 고성 토성 봉포리	사립종합대
경남대학교	경남 마산 월영동	사립종합대
카톨릭대학교	서울시 서초구 반포동	사립종합대
카톨릭대학교	경기 부천 원미 역곡	사립종합대
카톨릭대학교	서울시 종로구 혜화동	의과대학
군산대학교	전북 군산 미룡동	국공립대
군산대학교	전북 군산 미룡동	대학교
국방대학교	서울 은평 수색동	국공립대
경찰대학	경기 용인 구성 언남	국공립대
경북대학교	대구 북구 산격동	국립종합대
경북대학교	대구시 중구 동인동	의과대
강원대학교	강원 춘천 효자2동	의과대
강릉대학교	강원도 강릉 지변동	의과대
광주여자대학	광주 광산구 산정동	사립종합대
공주대학	충남 공주 신관동	국공립대
공주교육대학	충남 공주 봉황동	교육대학
경인교육대학	인천 계양 계산	교육대
그리스도신학대	서울 강서구 화곡동	사립신학대
광주카톨릭대	전남 나주 남평읍 남석리	사립종합대
금오공과대학	경북 구미 양호동	공과대학

학교명	위 치	비 고
감리교신학대	서울 서대문구 냉천동	신학대
광주교육대	광주광역시 북구 풍향동	교육대
광주대학교	광주광역시 남구 진월동	사립종합대
광신대	광주광역시 북구 본촌동	사립종합대
경원대	경기 성남 수정 복정동	대학교
경상대	경남 진주 칠암동	의과대학
경상대	경남 진주 가좌동	국공립대
극동대	충북 음성 감곡면	사립종합대
금강대	충남 논산 상월면 대명리	불교대
나사렛대	충남 천안 쌍용동	대학교
남부대학	광주광역시 월계동	대학교
대구카톨릭대	대구시 남구 대명동	의과대학
대구카톨릭대	경북 경산 하양	사립종합대
단국대	서울 용산 한남동	사립종합대
단국대	충남 천안 안서	의과대학
동덕여대	서울 성북 하월곡동	사립종합대
대진대	경기 포천 선단동	사립종합대
동서대	부산 사상 주례동	사립종합대
동신대	전남 나주 대호동	사립종합대
덕성여대	서울 도봉 쌍문동	사립종합대
대전대	대전시 동구 용운동	사립종합대
대구외국어대	경북 경산 남천 협석	사립외국어대
대구대	경북 경산 진량읍 내리리	사립종합대
대구예술대	경북 칠곡 가산 다부리	예술대
대구한의대	대구시 수성구 상동	한의대
대구한의대	경북 경산 유곡동	한의대
대구교육대	대구시 대명2동	교육대
대불대	전남 영암 삼호 산호리	대학교
동의대	부산진구 가야동	사립종합대
대전카톨릭대	충남 연기 전의 신방리	신학대
대전신학대	대전시 대덕구 오정동	신학대
동국대	서울시 중구 필동	사립종합대
대신대	경북 경산 백천동	사립종합대

학교명	위 치	비 고
동아의대	부산 서구 동대신동	의과대
동아대	부산 사하 하단2동	사립종합대
동양대	경북 영주 풍기읍	사립종합대
동해대	강원도 동해시 지흥동	사립종합대
목포해양대	전남 목포 죽교동	국공립대
목포대	전남 무안 청계면	국공립대
목원대	대전시 서구 도안동	사립종합대
명지대	서울 서대문구 남가좌동	사립종합대
명신대	전남 순천 벽량 금치리	사립종합대
부산대	부산 금정 장전동	국공립대
부산대	부산 금정 장전	의과대
부경대	부산 남구 대연동	국공립대
부산교육대	부산시 연제구	교육대
부산외국어대	부산 남구 우암1동	사립종합대
부산카톨릭대	부산시 금정구 부곡3동	사립종합대
배재대	대전 서구 도마2동	사립종합대
부산장신대	경남 김해 구산동	대학교
서울장신대	경기 광주 경안동	대학교
성균관대	서울 종로 명륜동	사립종합대
성균관의대	경기 수원 장안 천천동	의과대
세종대	서울 광진구 군자동	사립종합대
순천향대	충남 아산 신창 읍내	의과대
순천향대	충남 아산 신창면	사립종합대
순천대	전남 순천 매곡	국공립대
서울대	서울 관악 신림동	국공립대
서울대의대	서울 종로 연건동	의과대
선문대	충남 아산 탕정면	사립종합대
서원대	충북 청주 홍덕 모충	사립종합대
서경대	서울 성북 정릉	사립종합대
서남대	전북 남원 광치동	사립종합대
성신여대	서울 성북 동선동	사립종합대
서울여대	서울 노원 공릉동	사립종합대
숙명여대	서울 용산 청파동	사립종합대

학교명	위 치	비 고
서울교육대	서울 서초구	교육대학
서울신학대	경기 부천 소사	사립신학대
상지대	강원도 원주 우산동	사립종합대
상명대	서울 종로 홍지동	사립종합대
삼육대	서울 노원 공릉동	사립종합대
세명대	충북 제천 신월동	사립종합대
수원카톨릭대	경기 화성 봉담	사립신학대
수원대	경기 화성 봉담	사립종합대
신라대	부산시 사상구 괘법동	사립종합대
숭실대	서울 동작구 상도동	사립종합대
공회대	서울 구로 향동	신학대
성결대	경기 안양 만안 안양동	신학대
서강대	서울시 마포구 신수동	사립종합대
서울시립대	서울 동대문구 전농동	국공립대
안양대	경기 안양 만안	사립종합대
아주대	경기 수원 팔달 원천동	사립종합대
인하대	인천 남구 용현동	사립종합대
인하의대	인천시 중구	의과대
인천대	인천 남구 도화동	사립종합대
을지의과대	대전시 중구 용두동	의과대
영남의대	대구시 남구	의과대
이화여대	서울시 서대문구 대현동	사립종합대
이화의대	서울시 서대문구 대현동	의과대
여수대	전남 여수 둔덕동	국공립대
안동대	경북 안동 송천동	국립종합대
우석대	전북 완주 삼례읍	사립대
위덕대	경북 경주 강동면	사립종합대
인제대	경남 김해 어방동	사립종합대
인제의대	부산진구 개금동	의과대
연세대	서울 서대문구 신촌동	사립종합대
연세의대	서울 서대문구 신촌동	의과대
연세원주의과대	강운도 원주시 일산동	의과대
울산의대	서울 송파 풍납동	의과대

학교명	위 치	비 고
원광대	전북 익산 신용동	사립종합대
원광의대	전북 익산 신용동	의과대
인천카톨릭대	인천시 강화 양도면 도장리	사립신학대
울산대	울산 남구 무거2동	사립종합대
용인대	경기 용인시 삼가동	사립종합대
영동대	충북 영동 영동읍	사립종합대
영남대	경북 경산 대동	사립종합대
영남신학대	경북 경산 진량 봉휘	신학대
영산원불교대	전남 영광 백수 길룡	불교대
예원예술대	전북 임실 신평 창인	예술대
조선대	광주광역시 동구 서석동	사립종합대
조선의대	광주광역시 동구 서석동	의과대
전남대	광주광역시 북구 용봉동	국공립대
전남의대	광주 동구 학1동	의과대
전북대	전북 전주 덕진	국공립대
전북의대	전북 전주 덕진구 금암동	의과대
제주대	제주시 아라동	국립종합대
제주교육대	제주시 상사석로	교육대학
제주의대	제주시 대학로	의과대
전주교육대	전주시 완산구 동서학동	교육대학
진주국제대	경남 진주 문산 상문리	사립대
중부대	충남 금산 추부면	사립종합대
전주대	전북 전주 완산 효자동	사립종합대
중앙대	서울 동작 흑석동	사립종합대
중앙의대	서울 동작 흑석동	의과대
추계예술대	서울 서대문구 북아현동	예술대
충남대	대전 유성 궁동	국공립대
창원대	경남 창원 사림동	국공립대
춘천교육대	강원도 춘천시 공지로	교육대학
청주교육대	충북 청주 흥덕 청남로	교육대학
청주대	충북 청주 상당 내덕	사립종합대
천안대	충남 천안 안서동	사립종합대
충북대	충북 청주 흥덕 개신	국공립대

학교명	위 치	비 고
충북의대	충북 청주 흥덕 개신동	의과대
총신대	경기 용인 처인구 양지	사립대
포항공과대	경북 포항 남구 효자동	공과대학
평택대	경기 평택 용이동	사립대
탐라대	제주 서귀포시 하원동	사립종합대
호남대	광주광역시 서구 상무동	사립종합대
한양대	서울 성동구 행당동	사립종합대, 안산캠퍼스
한양의대	서울 성동구	의과대학
한국체육대	서울 송파 오륜동	국공립대
한국교원대	충북 청원 강내면	국공립대
한동대	경북 포항 북구 흥해읍	사립종합대
협성대	경기 화성 봉담	사립종합대
호서대	충남 아산 배방면	사립종합대
홍익대	서울 마포 상수동	사립종합대
한영신학대	서울 구로 개봉동	사립신학대
한신대	서울 오산 양산동	사립대
한세대	경기 군포 당정동	사립종합대
한성대	서울시 성북구 삼선동	사립종합대
한림대	강원 춘천 옥천동	사립종합대
한라대	강원 원주 흥업면	사립종합대
한남대	대전시 대덕구 오정동	사립종합대
한국항공대	경기 고양 덕양 화전동	사립항공대
한북대	경기 동두천 상패동	사립대
한민대	충남 논산 연산 신양리	사립대
호남신학대	광주광역시 남구 양림동	신학대
한서대	충남 서산 해미면	사립종합대
한림의대	강원 춘천시	의과대학
한국해양대	부산 영도 동삼동	국공립대
한국외국어대	서울시 동대문구 이문동	사립외국어대
한국성서대	서울 노원 당현2길	사립대
한국정보통신대	대전시 유성구 문지동	사립대

특수대학

국립경찰대	경기 용인 기흥 언남동	

학교명	위 치	비 고
국군간호사관학	대전시 유성구 추목동	
공군사관학교	충북 청원 남일 쌍수리	
한국과학기술원	대전시 유성구 과학로	
해군사관학교	경남 진해 액곡동	
육군사관학교	서울 노원 공릉	

산업대학

학교명	위 치	비 고
경운산업대	경북 구미 산동면	사립
남서울산업대	충남 천안 성환 매주리	사립
환경산업대	경기 안성 석정동	국립
동명정보대	부산시 남구 용당동	사립
서울산업대	서울 노원 공릉	국립
상주산업대	경북 상주 가장동	국립
우송산업대	대전시 동구 자양동	사립
호원산업대	전북 군산 임피면	사립
한국산업기술대	경기 시흥 정왕동	사립
한밭산업대	대전시 유성구 덕명동	국립
청운산업대	충남 홍성 남장리	사립
영산산업대	경남 양산 웅상읍	사립
진주산업대	경남 진주칠암동	국립
충주산업대	충북 충주시 이류면	국립
삼척산업대	강원도 삼척시 교동	국립
한려산업대	전남 광양 광양읍	사립
밀양산업대	밀양시 내이동	국립
초당산업대	전남 무안 성남리	사립

4
전국 전문대학 안내

학교명	위 치	비 고
광주보건대	광주광역시 광산구 신창동	
구미1대학	경북 구미 부곡동	
국립의료간호대		
군산간호대	전북 군산 개정동	
군장대	전북 군산 성산 도암리	
극동정보대	경기 이천 장호원	충북 충주 만정
기독간호대	광주광역시 남구 양림동	
김천과학대	경북 김천 삼락동	
김천대	경북 김천 삼락동	
김포대	김포시 월곶면 포내리	
나주대	전남 나주 다시 복암리	
남도대	전남 담양 향교리	
남해전문대	경남 남해 남변리	
농협대	경기 고양 덕양 원당	
대경대	경북 경산 자인 단북리	
대구공업대	대구시 달서구 본동	
대구과학대	대구시 북구 태전동	
대구미래대	경북 경산 평산동	
대구보건대	대구시 북구 태전동	
대구산업정보대	대구시 수성구 만촌동	
대덕대	대전시 유성구 장동	
대동대	부산시 금정구 부곡동	
대림대	경기도 안양시 비산동	

학교명	위 치	비 고
대원과학대	충북 제천 신월동	
대전보건대	대전시 동구 가양동	
동강대	광주시 북구 두암동	
동남보건대	경기 수원 장안 정자	
동명대	부산시 남구 용당동	
동부산대	부산 해운대구 반송2동	
동서울대	경기 성남 성남대로	
동아방송대	경기 안성 삼죽 진촌리	
동아인재대	전남 영암 학산 독천리	
동양공업전문대	서울 구로 고척동	
동우대	강원 속초 노학동	
동원대	경기 광주시 실촌 신촌리	
동의공업대	부산진구 양정동	
동주대	부산 사하구 괴정동	
동해대	강원도 동해시	
두원공과대	경기 안성 죽산 장원리	경기 파주 봉암리
마산대	마산시 내서읍 용담리	
명지전문대	서울시 서대문구 홍은3동	
목포과학대	전남 목포 상동	
문경대	경북 문경	
배화여자대	서울 종로구 필운동	
백석대	충남 천안 안서동	
백제예술대	서울 강남 삼성동	전북 완주 봉동읍
벽성대	전북 김제 공덕리	
부산경상대	부산시 연제구 고분로	
부산여자대	부산진구 진남로	
부산예술문화대	부산 남구 대연동	
부산정보대	부산 북구 구포3동	
부천대	경기 부천 소사구	
신구대	경기 성남 중원 금광2동	
신성대	충남 당진 정미 덕마리	
신흥대	경기 의정부시 호원1동	
삼육간호보건대	서울 동대문구 휘경2동	

학교명	위 치	비 고
삼육대	서울 노원구 공릉동	
상지영서대	강원 원주시 우산동	
서강정보대	광주시 북구 운암동	
서라벌대	경북 경주 충효동	
서울보건대	경기 성남 수정 양자동, 대전 중구 용두동	을지대
서울여자간호대	서울 서대문구 홍제동	
서울예술대	안산시 단원구 고잔동	
서일대	서울 중랑구 면목동	
서정대	경기 양주 은현 용암리	
서해대	전북 군산 오룡동	
선린대	경북 포항 흥해 초곡동	
성덕대	경북 영천 신녕 화남리	
성화대	전남 강진 성전 월평리	
세경대	강원도 영월 하송리	
송원대	광주광역시 남구 송하동	
송호대	강원 횡성 남산리	
수원과학대	경기 화성 정남 보통리	
수원여자대	경기 수원 권선 오목천동	
순천제일대	전남 순천 제일대학길	
순천청암대	전남 순천 덕월동	
승의여자대	서울 중구 예장동	
안동과학대	경북 안동 서후면 교리	
안동정보대	경북 안동 임하면 신덕리	
안산1대학	경기 안산 상록 일동	
안산공과대	경기 안산 단원 초지동	
안양과학대	경기 안양	
양산대	경남 양산 명곡동	
여주대	경기 여주읍 명성로	
연암공업대	경남 진주 가좌동	
영남이공대	대구광역시 남구 대명3동	
영진전문대	대구시 북구 복현2동	
오산대	경기도 오산시 청학동	
용인송담대	경기도 용인 처인구 마평동	

학교명	위 치	비 고
우송공업대	대전시 중구 자양동	
우송정보대	대전시 중구 자양동	
울산과학대	울산광역시 동구 봉수로	남구 대학로
웅지세무대	경기 파주 탄현 금승리	
원광보건대	전북 익산 신용동	
원주대	강원 원주시 남원로	
유한대	경기 부천 소사구 괴안동	
익산대	전북 익산시 마동	
인덕대	서울시 노원구 월계4동	
인천전문대	인천시 남구 도화동	
인하공전대	인천시 남구 용현동	
장안대	경기 화성 봉담 상리	
재능대	인천시 동구 송림동	
적십자간호대	서울 종로 새무안길	
전남과학대	전남 곡성 옥과면 옥과리	
전북과학대	전북 정읍 시기3동	
전주공업대	전북 전주 완산 우전로	
전주기전여자대	전북 전주 완산 중화산동	
제주관광대	제주시 애월읍 광령리	
제주산업정보대	제주시 영평동	
제주한라대	제주시 한라대학로	
조선간호대	광주광역시 동구 서석동	
조선이공대	광주광역시 동구 서석동	
주성대	충북 청원 내수 덕암	
진주보건대	경남 진주 상봉서동	
창신대	경남 마산 합성2동	
창원전문대	경남 창원시 두대동	
천안연암대	충남 천안 성환 수향리	
청강문화산업대	경기 이천 마장 청강로	
청양대	충남 청양 벽천리	
청주과학대	충주대학교로 합병	
춘해대	울산시 울주군 웅촌 곡천리	
충북과학대	충북 옥천 금구리	

학교명	위 치	비 고
충청대	충북 청원 강내면 월곡리	
포항1대	경북 포항 흥해 죽천동	
한국관광대	경기 이천 신둔 고척리	
한국재활복지대	경기 평택 장안동	
한국철도대	경기 의왕 월암동	
한림성심대	강원 춘천 동명 장학리	
한영여자대	서울 성동구 행당동	
한영대	전남 여수 여서동	
혜전대	충남 홍성 남장리	
혜천대	대전시 서구 복수동	

☞ 각 대학 안내에 관한 것은 여러 자료를 수집하여 만든 것으로 일부 대학이 누락될 수 있음을 알려드립니다.

맹키 진화정보론 Ⅲ

PART 13

진학상담의 진보

맹귀진화정보론 Ⅲ

대학교 재학생을 대상으로 설문조사를 실시하는 과정에서 필자가 발견한 내용은 40%에 이르는 대학생들이 본인의 태어난 시를 모르고 있다는 사실이었다.

명리학에서는 태어난 시를 모르면 그 사람의 운명을 75%만 안다고 하였다. 그럴 수 있다고 판단한다. 그렇지만 75%의 운명이라도 정확히 알 수 있다면 운명의 대가라고 할 것이다. 시를 모르면 노후에 대해 불투명하다고 한다.

본 서는 청소년에게 꿈과 희망을 제공해 주기 위하여 진로에 대해 연구한 책이다. 또한 어떻게 하면 학생마다 자신의 적성을 찾아가면 좋은지 그 가능성을 찾는 데 중점을 둔 책이다.

그렇기 때문에 격국을 정할 때 시를 모르면 격국을 정하기 어렵다고 할 수 있고, 용신의 존재 여부에 대해서도 밝힐 수 없기 때문에 노후를 불투명하게 판단할 수밖에 없다는 논리이다. 사주를 몰라도 대학을 진학하는 데는 큰 영향이 없을 뿐만 아니라 명리학의 관점을 불신시키기 위해서는 명리학과 교육학이 접목되어 융합 학문으로 등장하면 좋을 것이라는 판단 하에 나온 연구 자료가 바로 심리분석과 계열관계라는 내용이다.

서울과 경기에 속한 7개 명문대학교 재학생 1,200명을 연구 대상으로 성격 심리분석과 전공에 대해 설문조사를 실시하였으며 그 결과가 완료되었다.

많은 분들의 도움으로 2년의 세월을 연구한 결과 심리분석을 통한 진학계열 관계에 대해 자료가 완료되었다. 명리학의 십성을 바탕으로 성격 심리분석을 실시하여 나온 결과이다.

그 결과는 다음과 같다.

1
적성검사와 진로

◉ **성격을 알면 진로가 보인다**

그동안 명문대학 3개 학교 재학생을 대상으로 설문조사를 실시하여 격국과 계열과의 관계에 대해 집중분석을 실시하였다. 그 과정에서 발견한 내용이 생년, 월, 일, 시를 기록하는데 40%에 해당하는 학생들이 본인의 태어난 시를 모른다고 응답하였다.

명리학에서는 시를 모르면 운명을 판단하는데 적중률이나 인생에 대해 판단을 하는데 어려움이 많다고 하였다. 시는 노년기와 자식관계를 보게 된다. 시가 있어야 사주 강약과 용신, 격국을 정하여 살펴보게 되는데 시가 없으면 이러한 내용을 알 수 없다는 것이다.

그러나 진학을 준비하는 학생들은 시보다 더 중요한 것이 월주이다. 월주를 기준하여 격을 정하게 되고, 격을 기준하여 계열과의 관계에 대해 알아보는데 이러한 것을 연구한 자료가 바로 『명리 진학정보론』,

『명리 진학정보론Ⅱ』이다.

그러면서도 다중지능이론, 에니어그램, 홀랜드이론과 같이 명리학에서도 성격 심리분석을 기준하여 진학계열과의 관계성에 대해 분석하면 좋겠다는 발상을 계기로 명리학의 십성을 기준하여 100문항의 성격 심리를 활용한 설문지를 제작하였다. 그리하여 서울, 경기에 속한 7개 명문대학교 재학생을 대상으로 설문을 실시하여 나타난 결과를 보고 학생들의 성격구조와 지능발달에 대해 살펴볼 수 있었고 성격구조와 계열, 학과와의 관계에 대해 통계분석을 실시하였다.

그 결과 사주를 기록하지 않아도 성격 심리검사를 통하여 계열에 대한 정보를 제공해 줄 수 있다는 결론을 얻었다.

● **십성의 지능 활용**

이제는 명리학에서도 사주를 기준하여 계열과 학과에 대한 정보를 제공해 주는 연구가 더욱 진보되어야 한다고 보았다. 나아가 십성의 성격과 특성을 활용한 지능을 바탕으로 정보를 제공해 주는 시대에 도래되었다.

먼저 1,200명을 대상으로 설문지를 배포하였고 그중 통계분석이 가능한 설문지 회수는 1,104명에 해당하여 92%의 회수율을 보였다. 96부 중 63부는 100문항 중 일부분만 기록하다 중지한 설문지이고 나머지 33부는 응답을 하지 않고 제출하였다.

십성별로 각각 10문항씩 세분화하여 특성을 문항에 나열하였고 5지 선다형에서 자신과 가장 적합한 내용에 체크를 하는 것으로 하였다. 십성별 가장 점수가 높은 십성을 용신으로 취하였고, 그다음으로 높은 십성을 희신으로 하여 구조를 분석하는 것으로 하였다. 그 결과 90개의 문항으로 이루어지게 되었고, 구조도 90개의 구조로 이루어지게 되었다.

90개의 구조를 기준하여 전체 1,104명이 어느 구조가 많았는가를 살펴보았고, 그 구조 중에서는 어느 구조가 어느 계열에 진학자가 많은가를 살펴보았다. 각 구조별로 어느 계열에 진학률이 높은가에 대해 구체적으로 통계분석을 내어 검증을 해보았다. 그 결과에 대해서는 아래에 나열하였다.

대학에 재학 중인 학생을 기준으로 성격 심리를 분석한 자료이다. 본 자료는 서울의 S1대, S2대, E여대, H대, D대, K1대, K2대, S(경기)대 재학생들이 협조를 해주어 만들어 낸 자료이다.

① ①의 구조

설문응답 인원 1,104명을 대상으로 십성별 평균인원을 산출하면 110.4명에 해당한다. ①의 구조인 경우는 184명이 응답하여 16.67%에 해당하였다.

구 분	계 열									비 고
	인문	사회	교육	자연	공학	의학	미술	음악	체육	
①과 ②	10	17	1	3	18	1	0	1	3	54
①과 ③	3	3	0	2	3	0	0	0	0	11
①과 ④	3	2	0	1	7	2	0	0	0	15
①과 ⑤	1	4	0	2	3	0	0	0	0	10
①과 ⑥	2	1	0	1	7	2	1	0	0	14
①과 ⑦	6	7	0	3	15	1	1	0	4	37
①과 ⑧	1	4	2	4	5	0	1	0	0	17
①과 ⑨	0	5	0	0	7	0	0	0	0	12
①과 ⑩	3	6	1	1	3	0	0	0	0	14
계	29	49	4	17	68	6	3	1	7	184

가. 184명을 기준하여 구조를 분석한 결과 ①과 ②의 구조가 54명이고, 다음으로 ①과 ⑦의 구조가 37명에 해당하였다.

나. 9개의 계열을 기준하여 분석한 결과 공학계열이 68명으로 36.96%에 해당하였다. 다음으로 사회계열이 49명으로 26.63%였다.

다. 교육, 의학, 예체능계열에서는 체육계열이 다소 앞선 것으로 나타났다.

❶ 인문계열에 적합한 구조는 ①과 ②의 구조이다.

❷ 사회계열은 ①과 ②, ①과 ⑦, ①과 ⑩의 구조이다.

❸ 교육계열은 ①과 ⑧의 구조이다.

❹ 자연계열은 ①과 ⑧, ①과 ②, ①과 ⑦의 구조이다.

❺ 공학계열은 ①과 ②, ①과 ④, ①과 ⑥, ①과 ⑦, ①과 ⑨의 구조이다.

❻ 의학계열은 ①과 ④, ①과 ⑥이다

❼ 미술계열은 ①과 ⑥, ①과 ⑦, ①과 ⑧이 각각 1명씩 진학하였다.

❽ 음악계열은 ①과 ②가 많았다.

❾ 체육계열은 ①과 ②, ①과 ⑦이 진학자가 가장 많았다.

② ❷의 구조

설문응답 인원 1,104명을 대상으로 십성별 평균인원을 산출하면 110.4명에 해당한다. ❷의 구조인 경우는 124명이 응답하여 11.23%에 해당하였다.

구 분	계 열									비 고
	인문	사회	교육	자연	공학	의학	미술	음악	체육	
❷와 ❶	4	6	1	2	8	0	1	0	2	24
❷와 ❸	4	4	0	4	6	0	0	0	0	18
❷와 ❹	4	3	0	3	4	0	0	0	0	14
❷와 ❺	0	0	0	1	4	0	2	0	0	7
❷와 ❻	3	0	0	4	1	0	0	1	0	9
❷와 ❼	6	6	1	4	9	0	0	0	0	26
❷와 ❽	1	3	1	1	3	1	0	0	0	10
❷와 ❾	0	0	1	0	2	0	0	0	0	3
❷와 ❿	2	4	1	2	4	0	0	0	0	13
계	24	26	5	21	41	1	3	1	2	124

㉮. 124명을 기준하여 구조를 분석한 결과 ②와 ⑦의 구조가 26명이

고, 다음으로 ②와 ①의 구조가 24명에 해당하였다.

ㄴ. 9개의 계열을 기준하여 분석한 결과 공학계열이 41명으로 36.96%에 해당하였다. 다음으로 사회계열이 26명, 인문계열이 24명에 해당하였다.

❶ 인문계열에 진학률이 높은 경우는 ②와 ⑦의 구조이다.

❷ 사회계열은 ②와 ①, ②와 ⑦의 구조이다.

❸ 교육계열은 두드러지지 않았다.

❹ 자연계열은 ②와 ⑦, ②와 ③, ②와 ⑥의 구조이다.

❺ 공학계열은 ②와 ①, ②와 ③, ②와 ⑦의 구조이다.

❻ 의학계열은 ②와 ⑧의 구조이다.

❼ 미술계열은 ②와 ⑤의 구조이다.

❽ 음악계열은 ②와 ⑥의 구조이다.

❾ 체육계열은 ②와 ①의 구조이다.

③ ❸의 구조

설문응답 인원 1,104명을 대상으로 십성별 평균인원을 산출하면 110.4명에 해당한다. ❸의 구조인 경우는 61명이 응답을 하여 5.53%에 해당하였다.

구 분	계 열									비 고
	인문	사회	교육	자연	공학	의학	미술	음악	체육	
③과 ①	0	2	1	1	2	0	0	1	0	7
③과 ②	3	2	0	2	6	0	0	0	0	13
③과 ④	2	0	0	0	5	0	0	0	0	7
③과 ⑤	2	1	0	0	1	0	0	0	0	4
③과 ⑥	0	2	0	1	3	0	0	0	0	6
③과 ⑦	3	2	0	2	1	0	0	0	0	8
③과 ⑧	1	1	0	1	1	1	0	0	0	5
③과 ⑨	1	0	0	1	2	0	0	0	0	4
③과 ⑩	3	1	0	1	2	0	0	0	0	7
계	15	11	1	9	23	1	0	1	0	61

가. 61명을 기준하여 구조를 분석한 결과 ③과 ②의 구조가 13명이고, 다음으로 ③과 ⑦의 구조가 8명에 해당하였다.

나. 9개의 계열을 기준하여 분석한 결과 공학계열이 23명으로 37.70%에 해당하였다. 다음으로 인문계열이 15명으로 24.59%였다.

❶ 인문계열에 진학률이 높은 경우는 ③과 ②, ③과 ⑦의 구조이다.

❷ 사회계열은 ③과 ①, ③과 ②, ③과 ⑥, ③과 ⑦의 구조이다.

❸ 교육계열은 ③과 ①의 구조가 가장 많았다.

❹ 자연계열은 ③과 ②, ③과 ⑦의 구조가 가장 많았다.

❺ 공학계열은 ③과 ②, ③과 ④의 구조가 가장 많았다.

❻ 의학계열은 ③과 ⑧의 구조가 가장 많았다.

❼ 미술계열은 진학자가 없었다.

❽ 음악계열은 ③과 ①의 구조가 가장 많았다.

❾ 체육계열은 진학자가 없었다.

4 ④의 구조

설문응답 인원 1,104명을 대상으로 십성별 평균인원을 산출하면 110.4명에 해당한다. ④의 구조인 경우는 55명이 응답을 하여 4.98%에 해당하였다.

구 분	계 열									비 고
	인문	사회	교육	자연	공학	의학	미술	음악	체육	
④와 ①	2	2	0	0	2	0	0	0	0	6
④와 ②	2	4	0	1	1	0	0	2	0	10
④와 ③	0	2	0	2	0	0	0	0	0	4
④와 ⑤	0	2	0	1	2	0	0	0	0	5
④와 ⑥	1	0	0	0	0	0	0	0	0	1
④와 ⑦	4	5	0	3	2	0	0	0	0	14
④와 ⑧	0	5	0	1	0	0	0	0	1	7
④와 ⑨	0	3	0	0	0	0	0	0	0	3
④와 ⑩	0	3	0	1	0	0	1	0	0	5
계	9	26	0	9	7	0	1	2	1	55

가. 55명을 기준하여 구조를 분석한 결과 ④와 ②의 구조가 10명이고, ④와 ⑦의 구조가 14명에 해당하였다.

나. 9개의 계열을 기준하여 분석한 결과 사회계열이 26명으로 47.27%에 해당하였다. 다음으로 인문, 자연계열이 9명으로 16.36%였다.

❶ 인문계열에 진학률이 높은 경우는 ④와 ⑦의 구조에서 진학자가 많았다.

❷ 사회계열은 ④와 ⑦, ④와 ⑧의 구조가 유리하였다.

❸ 교육계열에서는 진학자가 없었다.

❹ 자연계열은 ④와 ⑦의 구조가 가장 많았다.

⑤ 공학계열은 ④와 ①, ④와 ⑤, ④와 ⑦의 구조가 가장 많았다.

⑥ 의학계열은 없었다.

⑦ 미술계열은 ④와 ⑩의 구조가 진학자가 없었다.

⑧ 음악계열은 ④와 ②의 구조가 가장 많았다.

⑨ 체육계열은 ④와 ⑧의 구조가 진학자가 없었다.

5 ⑤의 구조

설문응답 인원 1,104명을 대상으로 십성별 평균인원을 산출하면 110.4명에 해당한다. **⑤의 구조**인 경우 33명이 응답하여 2.99%에 해당하였다.

구 분	계 열									비 고
	인문	사회	교육	자연	공학	의학	미술	음악	체육	
⑤와 ①	0	2	0	0	3	0	0	0	0	5
⑤와 ②	2	1	0	0	2	0	0	0	0	5
⑤와 ③	0	1	0	0	1	0	0	0	0	2
⑤와 ④	0	0	0	1	0	0	0	0	0	1
⑤와 ⑥	0	1	0	1	1	0	0	0	0	3
⑤와 ⑦	2	1	0	0	3	0	0	0	0	6
⑤와 ⑧	2	3	0	0	0	0	0	0	0	5
⑤와 ⑨	0	0	1	0	1	0	0	0	0	2
⑤와 ⑩	0	1	0	1	1	1	0	0	0	4
계	6	10	1	3	12	1	0	0	0	33

가. 33명을 기준하여 구조를 분석한 결과 ⑤와 ⑦의 구조가 가장 많았다.

나. 9개의 계열을 기준하여 분석한 결과 공학계열이 12명으로 36.36%에 해당하였다. 다음으로 사회계열이 10명으로 30.30%였다.

❶ 인문계열에 진학률이 높은 경우는 ⑤와 ②, ⑤와 ⑦, ⑤와 ⑧의 구조에서 진학자가 많았다.

❷ 사회계열은 ⑤와 ①, ⑤와 ⑧의 구조가 유리하였다.

❸ 교육계열에서는 ⑤와 ⑨에서 진학자가 많았다.

❹ 자연계열은 ⑤와 ④, ⑤와 ⑥, ⑤와 ⑩의 구조가 가장 많았다.

❺ 공학계열은 ⑤와 ①, ⑤와 ⑦의 구조가 가장 많았다.

❻ 의학계열은 ⑤와 ⑩의 구조가 유리하였다.

❼ 미술계열은 진학자가 없었다.

❽ 음악계열은 진학자가 없었다.

❾ 체육계열은 진학자가 없었다.

⑥ ❻의 구조

설문응답 인원 1,104명을 대상으로 십성별 평균인원을 산출하면 110.4명에 해당한다. ❻의 구조인 경우 131명이 응답하여 11.87%에 해당하였다.

구 분	계 열									비 고
	인문	사회	교육	자연	공학	의학	미술	음악	체육	
❻과 ❶	2	0	0	2	4	1	0	1	0	10
❻과 ❷	2	5	0	1	5	1	0	0	1	15
❻과 ❸	2	0	0	0	5	1	0	0	0	8
❻과 ❹	0	1	0	2	1	0	0	0	0	4
❻과 ❺	2	2	0	1	2	0	0	0	0	7
❻과 ❼	4	6	0	9	26	2	1	0	0	48
❻과 ❽	1	3	1	3	5	2	0	0	0	15
❻과 ❾	0	1	0	3	2	0	0	0	0	6
❻과 ❿	2	4	0	3	7	0	1	1	0	18
계	12	22	1	24	57	7	2	2	1`	131

가. 131명을 기준하여 구조를 분석한 결과 ⑥과 ⑦의 구조가 가장 많았다.

나. 9개의 계열을 기준하여 분석한 결과 공학계열이 57명으로 43.51%에 해당하였다. 다음으로 자연계열이 24명으로 18.32%에 해당하였고, 그다음으로 사회계열이 22명으로 16.79%였다.

❶ 인문계열에 진학률이 높은 경우는 ⑥과 ⑦의 구조에서 진학자가 많았다.

❷ 사회계열은 ⑥과 ②, ⑥과 ⑦의 구조가 유리하였다.

❸ 교육계열에서는 ⑥과 ⑧에서 진학자가 많았다.

❹ 자연계열은 ⑥과 ⑦의 구조가 가장 많았다.

❺ 공학계열은 ⑥과 ⑦, ⑥과 ⑩의 구조가 가장 많았다.

❻ 의학계열은 ⑥과 ⑦, ⑥과 ⑧의 구조가 유리하였다.

❼ 미술계열은 ⑥과 ⑦의 구조가 진학자가 많았다.

❽ 음악계열은 ⑥과 ①의 구조가 진학자가 많았다.

❾ 체육계열은 ⑥과 ②의 구조가 많았다.

⑦ ⑦의 구조

설문응답 인원 1,104명을 대상으로 십성별 평균인원을 산출하면 110.4명에 해당한다. ⑦의 구조인 경우는 247명이 응답하여 22.37%에 해당하였다.

구 분	계 열									비 고
	인문	사회	교육	자연	공학	의학	미술	음악	체육	
⑦과 ①	7	15	0	7	22	1	0	3	1	56
⑦과 ②	6	8	2	9	6	1	0	1	1	34
⑦과 ③	2	3	0	1	3	0	0	0	0	9
⑦과 ④	0	2	0	1	4	1	1	1	0	10
⑦과 ⑤	1	7	0	1	6	0	0	0	0	15
⑦과 ⑥	3	10	1	5	11	1	0	0	0	31
⑦과 ⑧	3	16	3	6	18	1	1	0	1	49
⑦과 ⑨	3	4	0	3	6	0	0	0	0	16
⑦과 ⑩	3	11	1	3	7	2	0	0	0	27
계	28	76	7	36	83	7	2	5	3	**247**

가. 247명을 기준하여 구조를 분석한 결과 ⑦과 ①의 구조가 가장 많았다.

나. 9개의 계열을 기준하여 분석한 결과 공학계열이 83명으로 33.60%에 해당하였다. 다음으로 사회계열이 76명으로 30.77%였다.

❶ 인문계열에 진학률이 높은 경우는 ⑦과 ①, ⑦과 ②의 구조에서 진학자가 많았다.

❷ 사회계열은 ⑦과 ①, ⑦과 ⑧의 구조가 유리하였다.

❸ 교육계열에서는 ⑦과 ②, ⑦과 ⑧의 구조에서 진학자가 많았다.

❹ 자연계열은 ⑦과 ①, ⑦과 ②의 구조가 가장 많았다.

❺ 공학계열은 ⑦과 ①, ⑦과 ⑧의 구조가 가장 많았다.

❻ 의학계열은 ⑦과 ⑩의 구조가 유리하였다.

❼ 미술계열은 ⑦과 ④, ⑦과 ⑧의 구조가 진학자가 많았다.

❽ 음악계열은 ⑦과 ①의 구조가 진학자가 많았다.

❾ 체육계열은 ⑦과 ①, ⑦과 ②, ⑦과 ⑧의 구조가 많았다.

⑧ ⑧의 구조

설문응답 인원 1,104명을 대상으로 십성별 평균인원을 산출하면 110.4명에 해당한다. ⑧의 구조는 112명이 응답하여 10.14%에 해당하였다.

구 분	계 열									비 고
	인문	사회	교육	자연	공학	의학	미술	음악	체육	
⑧과 ①	2	7	1	4	7	1	0	0	0	22
⑧과 ②	1	5	0	1	5	0	0	0	1	13
⑧과 ③	0	3	0	0	1	0	0	0	0	4
⑧과 ④	0	2	0	1	2	0	0	0	0	5
⑧과 ⑤	1	0	0	0	2	0	0	0	1	4
⑧과 ⑥	3	5	0	1	6	2	0	1	0	18
⑧과 ⑦	4	13	1	3	6	0	1	0	0	28
⑧과 ⑨	0	2	0	2	2	0	0	1	0	7
⑧과 ⑩	3	6	1	0	1	0	0	0	0	11
계	14	43	3	12	32	3	1	2	2	112

가. 112명을 기준하여 구조를 분석한 결과 ⑧과 ⑦의 구조가 28명으로 가장 많았다.

나. 9개의 계열을 기준하여 분석한 결과 사회계열이 43명으로 38.39%에 해당하였다. 다음으로 공학계열이 32명으로 28.57%였다.

❶ 인문계열에 진학률이 높은 경우는 ⑧과 ⑦의 구조에서 진학자가 많았다.

❷ 사회계열은 ⑧과 ⑦, ⑧과 ①의 구조가 유리하였다.

❸ 교육계열에서는 ⑧과 ①, ⑧과 ⑦, ⑧과 ⑩에서 진학자가 많았다.

❹ 자연계열은 ⑧과 ①, ⑧과 ⑦의 구조가 가장 많았다.

❺ 공학계열은 ⑧과 ①, ⑧과 ⑥, ⑧과 ⑦의 구조가 가장 많았다.

ⓗ 의학계열은 ⑧과 ⑥의 구조가 유리하였다.

ⓖ 미술계열은 ⑧과 ⑦의 구조가 진학자가 많았다.

ⓗ 음악계열은 ⑧과 ⑥의 구조가 진학자가 많았다.

ⓘ 체육계열은 ⑧과 ②, ⑧과 ⑤의 구조가 많았다.

⑨ ⑨의 구조

설문응답 인원 1,104명을 대상으로 십성별 평균인원을 산출하면 110.4명에 해당한다. **⑨의 구조**는 53명이 응답하여 4.80%에 해당하였다.

구 분	계 열									비 고
	인문	사회	교육	자연	공학	의학	미술	음악	체육	
⑨와 ①	0	3	0	2	2	0	0	0	0	7
⑨와 ②	0	1	0	2	0	0	0	0	0	3
⑨와 ③	1	0	0	0	2	0	0	0	0	3
⑨와 ④	1	2	0	0	1	0	0	0	0	4
⑨와 ⑤	0	0	0	0	2	0	0	0	0	2
⑨와 ⑥	0	1	0	0	2	0	0	0	0	3
⑨와 ⑦	0	5	0	2	6	0	0	0	0	13
⑨와 ⑧	1	3	0	0	3	0	0	0	0	7
⑨와 ⑩	0	4	0	2	5	0	0	0	0	11
계	3	19	0	8	23	0	0	0	0	**53**

가. 53명을 기준하여 구조를 분석한 결과 ⑨와 ⑦의 구조가 가장 많았다.

나. 9개의 계열을 기준하여 분석한 결과 공학계열이 23명으로 43.39%에 해당하였다. 다음으로 사회계열이 19명으로 35.85%였다.

❶ 인문계열에 진학률이 높은 경우는 ⑨와 ③, ⑨와 ④, ⑨와 ⑧의 구

조에서 진학자가 많았다.

❷ 사회계열은 ⑨와 ⑦, ⑨와 ⑩의 구조가 유리하였다.

❸ 교육계열에는 약하였다.

❹ 자연계열은 ⑨와 ①, ⑨와 ②, ⑨와 ⑦, ⑨와 ⑩의 구조가 가장 많았다.

❺ 공학계열은 ⑨와 ⑦, ⑨와 ⑩의 구조가 가장 많았다.

❻ 의학계열은 다소 약하였다.

❼ 미술계열은 다소 약하였다.

❽ 음악계열은 다소 약하였다.

❾ 체육계열은 다소 약하였다.

⑩ ⑩의 구조

설문응답 인원 1,104명을 대상으로 십성별 평균인원을 산출하면 110.4명에 해당한다. **⑩의 구조**는 107명이 응답하여 9.69%에 해당하였다.

구 분	계 열									비 고
	인문	사회	교육	자연	공학	의학	미술	음악	체육	
⑩과 ①	3	4	1	0	3	0	0	0	0	11
⑩과 ②	5	2	0	3	1	1	0	0	1	13
⑩과 ③	5	4	0	0	3	0	0	0	0	12
⑩과 ④	1	6	0	2	1	0	0	0	0	10
⑩과 ⑤	0	2	0	0	1	0	0	0	0	3
⑩과 ⑥	2	3	0	0	0	0	0	0	0	5
⑩과 ⑦	9	5	1	3	4	0	0	0	0	22
⑩과 ⑧	8	4	0	1	5	0	2	1	0	21
⑩과 ⑨	1	3	0	0	6	0	0	0	0	10
계	34	33	2	9	24	1	2	1	1	107

가. 107명을 기준하여 구조를 분석한 결과 ⑩과 ⑦의 구조가 가장 많았다.

나. 9개의 계열을 기준하여 분석한 결과 인문계열이 34명으로 31.78%에 해당하였다. 다음으로 자연계열이 33명으로 30.84%였다.

❶ 인문계열에 진학률이 높은 경우는 ⑩과 ⑦, ⑩과 ⑧의 구조에서 진학자가 많았다.

❷ 사회계열은 ⑩과 ④, ⑩과 ⑦의 구조가 유리하였다.

❸ 교육계열은 ⑩과 ①, ⑩과 ⑦에서 진학자가 많았다.

❹ 자연계열은 ⑩과 ②, ⑩과 ⑦의 구조가 가장 많았다.

❺ 공학계열은 ⑩과 ⑦, ⑩과 ⑧, ⑩과 ⑨의 구조가 가장 많았다.

❻ 의학계열은 ⑩과 ②의 구조가 유리하였다.

❼ 미술계열은 ⑩과 ⑧의 구조가 진학자가 많았다.

❽ 음악계열은 ⑩과 ⑧의 구조가 진학자가 많았다.

❾ 체육계열은 ⑩과 ②의 구조가 많았다.

● 진로 적성 검사 계획

필자는 대학에 재학 중인 학생이 아니라 입학사정관제와 수시 1, 2차로 입학한 고등학교 3학년 1,200명을 대상으로 설문조사를 실시하여 교차분석을 하려고 계획 중에 있다. 현재 서울, 인천에 속한 고등학교 교사와 진학상담교사를 통하여 진로상담지도사 과정을 개설하여 50시간의 강의를 수료하면 곧바로 학생들을 대상으로 진학상담을 진행하게 된다.

지금까지 교사나 진학상담교사들이 성적에 맞추어 진로에 대해 상담을 해주거나 전문업체들이 학생을 대상으로 설문조사를 실시한 결과를 참고하며 진학상담을 해주었지만, 이제는 담임이나 상담교사가 직접 학생의 성격 심리검사를 실시하고 즉석에서 성격 유형과 지능구조에 대해 설명하고 장단점에 대해 알려준다. 또한 어느 계열로 진학을 해야 미래를 열어가는데 유리하다는 방향을 1지망, 2지망, 3지망으로 나누어 안내를 해주게 된다.

이제는 명리학에서도 십성의 지능구조를 활용하여 성격과 심리를 기준하여 진학계열에 대한 정보를 제공해 줄 수 있는 시대에 접어들었다. 장점으로는 사주를 기준하여 나타난 계열과 심리구조를 통하여 나타난 결과를 기준하여 가장 합리적인 분야로 진학하도록 안내해 줄 수 있는 시대이다.

적중률이 80% 이상 높게 나타나게 되며 대상은 초등학생부터 고등학교 1학년까지는 자신의 적성을 조기에 찾아줄 수 있도록 하며, 고등학교 2, 3학년인 경우는 자신이 해당계열에서 어느 분야로 진학하면 좋은가와 인연이 되는 대학명까지 정보를 제공해 줄 수 있게 되었다.

위 구조를 보면 평균 이상의 구조를 가진 경우는 ❼번 구조와 ❶번 구조로 이루어진 경우가 많게 나타났다.

❼번 구조는 행동하고 실천하려는 기질이 강하고, ❶번 구조는 자존지능을 바탕으로 인간관계나 자아의 욕구가 강하게 작용하는 것으로 나타났다.

이처럼 내면에 감추어진 심리분석을 자신이 설문에 응답하고 가장 장점으로 나타난 구조를 기준하여 계열과 학과에 대해 정보를 제공해 주고 있다는 것을 인지해야 한다.

설문조사서 (이화여대)

본 설문은 이화여대생을 대상으로 실시하는 이유는 석사논문 연구에서 진학계열에 대해 연구하고자 하오니 아래 문항에 성실하게 기록하여 주시기 바랍니다. 본 자료는 학술연구 외에 다른 용도로는 사용하지 않을 것을 약속드립니다.

1 귀하의 성별을 기록해 주세요.

   여 (   )

2 귀하의 생년, 월, 일, 시를 기록해 주세요. (둘 중 1개만 기록)

   양력 :   년   월   일   태어난 시간

   음력 :   년   월   일   태어난 시간

3 합격을 하셨다면 어디에 합격을 하셨나요? (   )

   ① 입학사정관   ② 수시 1차

   ③ 수시 2차   ④ 정시

4 귀하가 희망하는 학과에 합격을 하셨는지요? (   )

   ① 네   ② 아니오

5 최종 합격한 학과를 기록해 주시기 바랍니다. (자필)

   1차 설문조사시 희망한 학과 :

   합격한 학과 :

6 현재 몇 학년에 재학 중이신지요? (   )

   ① 1학년   ② 2학년   ③ 3학년

   ④ 4학년   ⑤ 졸업생

⑦ 귀하가 현재 합격한 학과는 어떤 방법으로 결정하셨나요? ( )

  ① 처음부터 학과 결정   ② 적성에 맞아서

  ③ 성적에 맞추어   ④ 잘 모르겠다

⑧ 귀하는 대학과 학과 중 어느 것이 더 중요하다고 생각하시는지요? ( )

  ① 대학   ② 학과

  ③ 둘다 중요하다   ④ 잘 모르겠다

⑨ 귀하가 진학한 학과에 대해 만족하시는지요? ( )

  ① 만족   ② 반반이다

  ③ 만족하지 않다   ④ 잘 모르겠다

⑩ 귀하가 전공한 학과를 훗날 직업으로 가지실 것인지요? ( )

  ① 그렇다   ② 반반이다

  ③ 잘 모르겠다   ④ 아니다

⑪ 귀하는 어느 쪽으로 직업을 고려하고 있나요? ( )

  ① 공무원   ② 교사   ③ 교수

  ④ 직장인   ⑤ 자영업   ⑥ 모르겠다

⑫ 귀하는 어느 성격의 유형이신가요? ( )

  ① 적극적이다   ② 내성적이다

  ③ 반반이다   ④ 모르겠다

성실히 응답해 주셔서 대단히 감사합니다.

○○○ 올림

참고문헌

단행본

- 김상연, 『명』, 갑을당, 2002.
- 심재열 강술, 『증보 연해자평 정해』, 명문당.
- 심재열 강해, 『명리정종 정해』, 명문당.
- 이용준, 『명리학사』, 명운당, 2006.
  『정선명리약언』, 청학출판사, 2007.
- 안상현, 『우리 별자리』, 현암사, 2008.
- 안성재, 『규명』, 한솜미디어, 2008.
  『명리상담술』, 한솜미디어, 2012.
  『진로와 전공』, 한솜미디어, 2012.
  『명리 진학정보론』, 상원문화사, 2014.
  『명리 진학정보론 II』, 상원문화사, 2014.
- 최봉수·권백철, 『궁통보감 정해』, 명문당, 1999.
- 한동석, 『우주 변화의 원리』, 대원출판, 2006.
- 한명호, 『사주격국의 원류와 흐름을 찾아』, 두원미디어, 2009.

연구논문

- 안성재, 〈사주와 학습시간과의 상관관계 연구〉, 국제대학원대학교, 석사학위논문, 2006.
  〈격국 용신과 전공 선택과의 상관관계 연구〉, 동방대학원대학교, 박사학위논문, 2011.
- 정국용, 〈성격특성의 예측을 위한 사주명리학에 관한 연구〉, 동의대학원, 박사학위논문, 2003.
- 권상도, 〈대학생의 진학계열 선택에 관한 연구〉, 국제문화대학원대학교, 박사학위논문, 2013.

여자대학생을 모델로 한

명리 진학정보론 Ⅲ

1판 1쇄 인쇄 | 2014년 12월 3일
1판 1쇄 발행 | 2014년 12월 10일

지은이 | 안성재
펴낸이 | 문해성
펴낸곳 | 상원문화사
주소 | 서울시 은평구 신사1동 32-9호 대일빌딩 2층(122-882)
전화 | 02)354-8646 · **팩시밀리** | 02)384-8644
이메일 | mjs1044@naver.com
출판등록 | 1996년 7월 2일 제8-190호

책임편집 | 김영철
표지 및 본문디자인 | 개미집

ISBN 979-11-85179-09-4 (03180)

이 도서의 국립중앙도서관 출판예정도서목록(CIP)은 서지정보유통지원시스템 홈페이
지(http://seoji.nl.go.kr)와 국가자료공동목록시스템(http://www.nl.go.kr/kolisnet)에
서 이용하실 수 있습니다.(CIP제어번호: CIP2014034210)